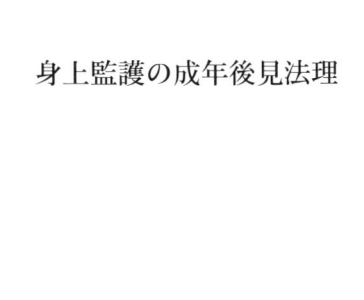

身上監護の成年後見法理

身上監護の成年後見法理

渡部朗子 著

民法

信山社

はしがき

　本書は，筆者が提出した学位論文を大幅に加筆，訂正してまとめたものである。成年後見制度の中でも，とくに「身上監護」に焦点を当てて検討した。修士課程では，寄与分制度を中心に民法における「療養看護」の捉え方や法律上の問題を検討対象にしていた。博士課程でも「療養看護」をめぐる民法上の問題の検討を続けていたが，より広い生活全般の支援を含む「身上監護」の意義，内容，法的性質へと検討対象が広がり，結果として，成年後見制度を検討課題にすることとなった。成年後見制度の対象者の多くは福祉の対象者でもある。そして，成年後見制度の理念は，ノーマライゼーション，自己決定権の尊重，残存能力の活用と本人の保護の調和である。これらの理念は福祉の理念と共通するものがある。そこで，法律のみならず福祉との関連を視野に入れながら検討することを試みた。また，本人の生活を支援するためには法律のみならず，医療・保健・福祉との連携を考慮する必要があると考えた。その具体的な方法としてケアマネジメント手法を転用した援助が有効との視点から，成年後見制度においてケアマネジメントを議論の対象にする可能性を考慮しながら検討を続けた。

　成年後見人等の行う職務には財産管理と身上監護があり，これらの職務全般の遂行にあたって一般的な責務があることを明らかにするために，本人の意思尊重義務と身上配慮義務が規定されている。身上監護の具体的な内容（身上監護事項）は何か，本人の意思尊重義務と身上配慮義務を果たすとはどういうことなのかを検討しなければならない。また，介護保険や障害者福祉サービスは従来の措置から契約へ大きく転換し，利用者本人が福祉サービスを選ぶようになった。しかし，これらの福祉サービスを利用するためには行政機関へ申請して，契約を締結しなければならない。そのため，成年後見制度の対象者が福祉サービス利用契約をする際には法的支援が必要になる。身上監護が福祉へ完全に移行するのではなく，本人の側に立って援助する必要があることを念頭に置いて，民法に規定があることの意義を意識しながら検討した。

　検討方法は，外国法から示唆を得て，そこからわが国の法制度や福祉の理念を検討した。海外の成年後見に関する法制度も改正が相次いだが，過去の議論

にも学ぶべき課題があると考えて検討対象とした。そして，法律のみならず，福祉の分野からも教示を得ることを試みた。検討する際には，成年後見人等の職務内容をできるだけ具体的に取り上げるようにした。

なお，「障害者」の表記であるが，「障害者」の「害」という文字には負のイメージがある，同じ人を表す言葉の中に入れることは適切ではない，障害者は「害」になる存在であるという差別意識を植えつける，などの批判があり，社会的に「障がい」と表記をすることが多い。しかし，法律用語として正式に使用されていることから，本書では「障害者」の表記に統一した。

筆者が本書を上梓することができたのは，お世話になった皆様のおかげである。修士課程，博士課程とも新井誠教授（現中央大学教授）にご指導を受けた。時に厳しいこともあったが，筆者の拙い検討をおおらかに見守って下さり，また，多くの外国法の文献をご教示いただいた。新井誠教授の後を引き継いでいただいた半田吉信教授（現駿河台大学法科大学院教授）からは，懇切丁寧なご指導をしていただいたばかりでなく，研究テーマを継続することをお許しいただく等大変温かなご配慮をいただいた。さらに，本書を公表するにあたっては，お手を煩わせたうえ多大なるご尽力を賜った。格別のご厚情に改めて深甚の感謝を捧げるとともに，お礼申し上げる。ここでは主任の指導教官のお名前のみをあげたが，他にも多くの研究者や実務家の方々にもご指導，ご鞭撻，ご助言をいただいた。この場を借りて謝意を表するとともに，お礼申し上げたい。

本書を刊行するにあたっては，信山社袖山貴社長と稲葉文子氏に格別なご配慮をいただき，大変お世話になった。深く感謝するとともに，お礼申し上げる。

　2015年3月

　　　　　　　　　　　　　　　　　　　　　　　　　渡部朗子

〈目　次〉

序 ———————————————————————— 3
　1　身上監護の問題点 ………………………………………… 3
　2　成年後見制度と福祉の関係 ……………………………… 4
　3　本書の構成 ………………………………………………… 5

第1章　ドイツの成年後見制度 ———————————— 9
　はじめに ……………………………………………………… 9
　第1節　後見制度の沿革 …………………………………… 10
　　1　ドイツ私法の歴史 …………………………………… 10
　　2　後見制度の性質 ……………………………………… 11
　　3　19世紀までの後見制度 ……………………………… 12
　　　(1) ローマ法における後見制度 (12)／(2) ドイツにおける
　　　ローマ法の継受 (14)／(3) 普通法（Gemeines Recht）(14)
　　　／(4) プロイセン法の影響と拡張された裁判処理 (15)／(5)
　　　その後のドイツ法 (15)
　第2節　世話法の成立 ……………………………………… 16
　　1　立法の経緯 …………………………………………… 16
　　2　従来の成年者に対する後見法の問題点と世話法の特徴 … 16
　　　(1) 従来の成年者に対する後見法 (16)／(2) 問題点 (19)
　　3　世話法の特徴 ………………………………………… 20
　　　(1) 世話の概念 (20)／(2) 世話と介護の違い (20)／(3) 被
　　　世話人の意思の尊重 (21)／(4) 限定後見の原則 (23)
　第3節　世話法の概要 ……………………………………… 25
　　1　世話法の基本原則（1896条）………………………… 25
　　2　世話人の選任 ………………………………………… 25
　　3　世話人の義務（1901条）……………………………… 26
　　4　世話裁判所の許可が必要な世話職務 ……………… 26
　　　(1) 健康状態の検査，治療行為及び医的侵襲（1904条）(27)

〈目　次〉

　　　　　／(2)　不妊手術（1905条）(27)／(3)　収容（1906条）(27)／
　　　　　(4)　住居の使用賃貸借関係などの終了（1907条）(28)
　　　5　裁判所の手続と定期的審査 …………………………………… 28
　　　6　個人的な世話（1897条）と世話人の義務（1901条）の関係 … 29
　第4節　世話法の具体的な内容 …………………………………………… 30
　　　1　前 提 条 件 ……………………………………………………… 30
　　　2　世話の要件 ……………………………………………………… 32
　　　3　職務範囲の特定 ………………………………………………… 33
　　　4　老後に予め備える代理権（Vorsorgevollmacht） …………… 35
　　　　　(1)　代理の目的 (35)／(2)　世話代理 (35)／(3)　代理の方法
　　　　　(37)／(4)　老後に予め備える代理権が有効になる時期 (38)／
　　　　　(5)　任意代理人の監督 (38)／(6)　補充世話人 (39)／(7)　基
　　　　　本的な関係 (39)
　　　5　世話人の地位 …………………………………………………… 39
　　　　　(1)　世話人に適している人 (39)／(2)　個人の世話人，協会
　　　　　世話人及び官庁世話人 (40)／(3)　共同世話人 (40)／(4)　世
　　　　　話人として不適切な人 (41)
　　　6　世話人の職務，権利，義務一般 ……………………………… 41
　　　　　(1)　身上監護 (41)／(2)　休暇中の代理 (42)／(3)　協議義務
　　　　　(42)／(4)　被世話人の福祉と希望 (42)
　　　7　世話人の個別の職務範囲 ……………………………………… 43
　　　　　(1)　法律行為を含む身上の世話 (43)／(2)　職務範囲に含ま
　　　　　れない行為 (44)／(3)　家族法との関係 (44)／(4)　職務範囲
　　　　　の具体例 (45)
　　　8　個人的な世話（Persoenliche Betreuung） ………………… 48
　　　　　(1)　世話の内容 (48)／(2)　個人的な世話 (48)／(3)　世話の
　　　　　内容——介護との違い (50)／(4)　判例 (50)／(5)　小括 (54)
　第5節　世話法におけるケースマネジメント …………………………… 55
　　　1　背　　景 ………………………………………………………… 55
　　　　　(1)　ナチの優生思想と従来の精神障害者の隔離政策 (56)／
　　　　　(2)　脱施設化への方向転換 (57)／(3)　ケースマネジメント
　　　　　の必要性 (58)

2　ケースマネジメントの担い手……………………………………58
　　　　(1) 社会精神医療サービス──医療・保健・福祉の連携の視
　　　　点から (59)／(2) 世話官庁──自治体の費用負担の抑制の視
　　　　点から (62)／(3) 職業世話人──世話の質の保障の視点から
　　　　(64)
　　　3　ケースマネジメントの問題点……………………………………67
　　　　(1) 世話人の福祉やケースマネジメントへの関与 (67)／(2)
　　　　世話計画の問題点 (69)
　　　4　連邦政府の実態調査──ケースマネジメントの新たな展開 …71
　　　　(1) 総論 (72)／(2) 世話管理の具体的な内容 (73)

第6節　第2次世話法改正における世話計画の概要 ……………………76
　　1　制度改正の動き …………………………………………………76
　　2　世話計画の内容 …………………………………………………77
　　　　(1) 世話計画の概要 (77)／(2) 世話計画を作成する世話人
　　　　の資格 (78)／(3) 世話計画開始後の世話人の変更 (79)／(4)
　　　　複数の世話人が選任された場合 (79)／(5) 世話計画の報告
　　　　義務の根拠 (80)／(6) 世話計画を報告する時点 (81)／(7)
　　　　世話計画のための世話の職務範囲 (81)
　　3　世話計画と援助計画（Hilfeplan）の違い ……………………82
　　4　世話計画における世話人の義務 ………………………………83
　　5　世話計画における本人の権利…………………………………83
　　6　世話計画に関する補足 …………………………………………84

本章のまとめ …………………………………………………………………84
　　1　個人的な世話と世話計画 ………………………………………85
　　2　世話法とケースマネジメント…………………………………86

第2章　アメリカの成年後見制度 ── 89

はじめに ………………………………………………………………………89
第1節　法定後見制度………………………………………………………91
　　1　概　　要 …………………………………………………………91
　　　　(1) 法定後見制度の用語の整理 (92)／(2) 後見人の職務と

〈目　次〉

　　　　　　権限，義務 (93)
　　2　後見手続の基本的な流れ …………………………… 94
　　3　後見の監督 ………………………………………… 95
　　4　財産目録及び後見計画 ……………………………… 95
　　5　財産や身上に関する管理に対する裁判所の命令 …… 96
　　6　身上後見人の任命 …………………………………… 97
　　7　財産管理後見人の任命 ……………………………… 98
　　8　精神療法または収容に関する任命 ………………… 99
　　9　後見人が被後見人に与える影響 …………………… 100
　　10　後見制度の問題点 ………………………………… 102

第2節　持続的代理権制度 ………………………………… 102
　　1　沿　革 ……………………………………………… 102
　　2　1979年統一持続的代理権授与法の概要 …………… 103
　　　(1)　基本条項 (103)／(2)　持続的代理権授与行為とその内容 (106)
　　3　持続的代理権の適用 ………………………………… 107
　　　(1)　通常の場合 (107)／(2)　適用が認められない場合 (109)／(3)　適用が認められる場合 (110)
　　4　身上のための持続的代理権 ………………………… 110
　　　(1)　身上（person）に関する管理及び監督 (110)／(2)　州法における身上のための持続的代理権授与法 (111)／(3)　身上のための持続的代理権に関する議論 (112)／(4)　裁判所の役割 (113)
　　5　医療（health care）のための持続的代理権授与制度 …… 114
　　　(1)　通常の医療の代理人 (115)／(2)　誰が代理人になるのか (115)／(3)　目的 (116)／(4)　代理人またはその代わりの人の選任 (116)／(5)　代理人への権限の付与と制限 (118)／(6)　有効な文書と文書の管理 (119)

第3節　リビングウィル ………………………………… 120
　　1　目　的 ……………………………………………… 120
　　2　準　備 ……………………………………………… 121
　　3　管　理 ……………………………………………… 122

〈目　次〉

第4節　信託制度 …………………………………………………… 122
　　1　信託の設定 ……………………………………………… 122
　　2　生前信託と撤回可能生前信託 ………………………… 123
　　3　スタンドバイ信託 ……………………………………… 124
　　4　撤回可能信託に含まれる信託条項 …………………… 125
　　5　生前信託と注ぎ込み遺言（pour-over will）………… 126
　　6　信託条項と社会福祉の関係 …………………………… 127
　　7　持続的代理権制度，信託制度が適用される具体例 … 128
第5節　それぞれの制度との関係について …………………… 129
　　1　UDPAA と信託の関係をめぐる議論 ………………… 129
　　2　事前の計画と法定後見との関連 ……………………… 130
第6節　ケースマネジメントと成年後見に関する議論 ……… 132
　　1　ケースマネジメントの本質 …………………………… 132
　　2　ケースマネジメントの展開と役割 …………………… 133
　　3　成年後見制度とケースマネジメントの共同研究 …… 134
　　　(1)　高齢者のケアのネットワークと裁判所の関与 (134)／(2)
　　　高齢者のケアのネットワークのサービス (136)
第7節　日本への示唆 …………………………………………… 137
　　1　持続的代理権授与制度 ………………………………… 138
　　2　信託制度 ………………………………………………… 139
　　3　法定後見制度 …………………………………………… 140
　　4　成年後見制度と福祉 …………………………………… 141
第8節　近時の動向——治療的法学（therapeutic jurisprudence）
　　　と法定後見制度 ………………………………………… 142
　　1　概　要 …………………………………………………… 142
　　2　治療的法学と法定後見制度 …………………………… 142
　　3　法定後見制度における具体的な対応方法 …………… 144
　　　(1)　問題を解決する裁判所（problem-solving courts）(144)
　　　／(2)　仲裁（mediation）(144)／(3)　限定された決定（limit-
　　　ed orders）(145)／(4)　後見計画（guardianship plans）
　　　(146)／(5)　被後見人に必要な社会資源や情報 (146)

〈目　次〉

　　　4　おわりに ………………………………………………………… 147

第3章　イギリスの成年後見制度 ────────── 149

　はじめに ……………………………………………………………………… 149

　第1節　障害者の意思決定をめぐる法改革の動向
　　　　　── 1995年報告書の内容 …………………………………… 150
　　　1　法律委員会の方針 …………………………………………… 151
　　　2　「能力」の定義 ……………………………………………… 152
　　　3　ガイドライン ………………………………………………… 153
　　　4　草案で検討されたケアをする者の基本的な権限 ……… 154
　　　5　治療の事前の拒否（advance refusal） ………………… 155
　　　6　議論のある治療行為 ………………………………………… 156
　　　7　治療ではない手続 …………………………………………… 157
　　　8　身上監護のための持続的代理権（Continuing Powers of
　　　　 Attorney） …………………………………………………… 159
　　　9　裁判所の権限 ………………………………………………… 160
　　　10　精神保健法との関係 ………………………………………… 162
　　　11　保護が必要な人のための公的支援 ……………………… 162

　第2節　2005年意思能力法 …………………………………………… 163
　　　1　2005年意思能力法の制定 …………………………………… 163
　　　2　概　　要 ……………………………………………………… 163
　　　3　基 本 原 理 …………………………………………………… 164
　　　4　最善の利益 …………………………………………………… 164

　第3節　1983年精神保健法 …………………………………………… 166
　　　1　1983年精神保健法の概要 …………………………………… 166
　　　　　(1)　正式の手続（formal process）をとらない場合 (166)／
　　　　　(2)　非司法的手続 (167)
　　　2　1983年精神保健法における強制治療と強制入院制度 … 168
　　　　　(1)　患者の同意のある治療 (168)／(2)　精神保健法の規定に
　　　　　おける強制治療 (168)／(3)　緊急の治療（62条）(169)／(4)
　　　　　精神保健法第4A章 (170)／(5)　1983年精神保健法第4章の

〈目　次〉

　　　　　適用が除外される場合 (172)／(6)　強制入院患者に関する判
　　　　　例 (172)
　　　3　精神科病院への非強制入院とボーンウッド（Bournewood）
　　　　事件 ……………………………………………………………………… 173
　　　　　(1)　ボーンウッド（Bournewood）事件の概要 (174)／(2)
　　　　　精神保健法のもとでの患者のための保護手段 (174)／
　　　4　1983年精神保健法改正 …………………………………………… 175
　　　　　(1)　制度改正への動き (175)／
　　　　　(2)　草案で検討された内容 (176)／
　　　　　(3)　精神障害者の拘禁 (179)／
　　　5　2007年精神保健法——1983年精神保健法の改正点 ………… 179
　　　6　後見制度（guardianship）……………………………………… 181
　　　　　(1)　背景——1959年精神衛生法 (181)／(2)　1983年精神保健
　　　　　法の問題点 (182)／(3)　福祉の動向と権利擁護 (184)／(4)
　　　　　1983年精神保健法における財産管理 (185)
　　　7　1983年精神保健法改正後の後見制度 ………………………… 186
　　　　　(1)　概要 (186)／(2)　2007年精神保健法における後見制度
　　　　　(187)

　第4節　1983年精神保健法と2005年意思能力法 ………………………… 191
　　　1　2つの法制度の関係 …………………………………………… 191
　　　2　両制度が重複する場合 ………………………………………… 192

　本章のまとめ ……………………………………………………………… 193

第4章　わが国の成年後見制度と身上監護 ―――――― 195

　はじめに ………………………………………………………………… 195
　第1節　身上監護の立法過程 ……………………………………………… 195
　　　1　明治民法における療養看護義務 ……………………………… 195
　　　2　精神病者監護法における禁治産後見に関する議論 ………… 198
　　　3　精神病院法の制定 ……………………………………………… 200
　　　4　戦後の民法改正と精神衛生法の制定 ………………………… 201
　　　　　(1)　民法の改正 (201)／(2)　精神衛生法の制定 (202)
　　　5　成年後見制度制定における身上監護に関する議論 ………… 203

XIII

〈目　次〉

　　　　(1)　『成年後見問題研究会報告書』(204)／(2)　『成年後見制度の改正に関する要綱試案の解説——要綱試案・概要・補足説明——』(211)
　　6　成年後見制度制定と身上監護……………………………………216
　　　　(1)　基本理念 (217)／(2)　身上監護に関する一般規定と個別規定の創設 (217)／(3)　身上監護事項の内容 (218)／(4)　身上監護に関する義務の範囲 (218)／(5)　身上監護に関する事務の具体的な内容 (219)／(6)　身上監護に含まれない事項 (219)／(7)　任意後見制度における身上監護 (219)
　　7　精神保健福祉法との関係…………………………………………220
第2節　学説の検討………………………………………………………222
　　1　扶養義務との関係…………………………………………………222
　　　　(1)　私的扶養と公的扶養 (222)／(2)　扶養義務の内容 (223)／(3)　高齢者扶養の法的性格 (225)
　　2　財産法と家族法の関係……………………………………………226
　　3　身上監護事項をめぐる学説………………………………………229
　　　　(1)　成年後見制度制定前の学説 (229)／(2)　成年後見制度制定後の学説 (231)
第3節　身上監護の具体的内容…………………………………………235
　　1　介護サービスの利用………………………………………………235
　　2　医療における援助…………………………………………………236
　　3　施設の入退所，処遇の監視・異議申立てなどに関する事項…237
　　4　虐待への対応………………………………………………………238
　　　　(1)　高齢者虐待 (238)／(2)　高齢者虐待防止法と成年後見制度 (240)／(3)　障害者虐待 (241)／(4)　障害者虐待防止法と成年後見制度 (242)
　　5　任意後見制度における身上監護事項……………………………243
　　6　若干の検討…………………………………………………………243
　　　　(1)　本人の意思の尊重 (243)／(2)　身上配慮義務 (245)／(3)　身上監護事項 (246)

本章のまとめ………………………………………………………………247

〈目　次〉

第5章　成年後見制度と福祉の接点 ── 251

　はじめに …………………………………………………………… 251

　第1節　成年後見制度と福祉の基本的理念 ……………………… 251

　　1　ノーマライゼーション ……………………………………… 251
　　2　リハビリテーションとQOL（生活の質）の保障 ………… 254
　　3　アドヴォカシー ……………………………………………… 256
　　4　エンパワメント ……………………………………………… 257
　　5　アドヴォカシーとエンパワメント ………………………… 258
　　6　高齢者・障害者の人権について …………………………… 260
　　　(1)　高齢者の人権 (260)／(2)　障害者と人権 (261)
　　7　障害者権利条約 ……………………………………………… 262

　第2節　成年後見制度とケアマネジメント ……………………… 263

　　1　総　論 ………………………………………………………… 263
　　2　ケアマネジメントの利用者 ………………………………… 265

第6章　社会福祉法制と福祉契約 ── 269

　はじめに …………………………………………………………… 269

　第1節　社会福祉基礎構造計画と社会福祉法制 ………………… 270

　　1　社会福祉基礎構造計画における社会福祉サービス利用契約制度の導入 ……………………………………………………… 270
　　　(1)　背景 (270)／(2)　具体的内容 (270)
　　2　介護保険制度 ………………………………………………… 271
　　　(1)　介護保険給付の要件（18条・19条）(271)／(2)　介護保険給付の手続（27条・32条）(272)／(3)　介護保険制度におけるケアマネジメント (273)
　　3　障害者総合支援法 …………………………………………… 273
　　　(1)　経緯 (273)／(2)　自立支援給付の基本的な手続の流れ (274)／(3)　障害者総合支援法と障害者ケアマネジメント (275)／(4)　地域生活支援事業と成年後見制度 (276)／(5)　障害者総合支援法と本人の意思決定の支援 (277)
　　4　日常生活自立支援事業 ……………………………………… 277

〈目　次〉

　　　　　(1)　目的 (277)／(2)　基本的な枠組みと視点 (278)／(3)　内容 (279)／(4)　具体的な手続の流れ (279)／(5)　成年後見制度の併用 (281)／(6)　日常生活自立支援事業が利用できない場合 (282)

　第 2 節　福祉契約の法律関係 …………………………………………… 282
　　　1　福祉契約の構造 ………………………………………… 282
　　　2　福祉契約の法的性格 …………………………………… 283
　　　3　福祉契約の特色 ………………………………………… 283

第 7 章　身上監護と権利擁護 ──────────────── 289
　　　1　内容の整理 ……………………………………………… 289
　　　　　(1)　ドイツ法 (289)／(2)　アメリカ法 (290)／(3)　イギリス法 (291)／(4)　わが国の成年後見制度 (292)／(5)　成年後見制度と福祉の関係 (292)／(6)　社会福祉法制と福祉契約 (293)／(7)　小括 (293)
　　　2　身上監護事項 …………………………………………… 293
　　　　　(1)　事実行為について (293)／(2)　成年後見制度と福祉の連携 (294)
　　　3　身上監護とケアマネジメント ………………………… 295
　　　　　(1)　成年後見法においてケアマネジメントを検討する意義 (295)／(2)　成年後見計画の作成 (297)／(3)　身上監護事項とケアマネジメント (297)
　　　4　自己決定権の尊重と本人保護との調和 ……………… 298
　　　5　今後の課題 ……………………………………………… 300

　索　引 (303)

身上監護の成年後見法理

序

1　身上監護の問題点

　成年後見制度とは，判断能力が十分ではない成年者の財産管理や身上監護を行うために法定後見人（成年後見人，保佐人，補助人）や任意後見人を選任して本人の権利擁護を行うための制度である。そして，判断能力が不十分なため，契約の締結等の法律行為における意思決定が困難な人について，その不十分な判断能力を補い，本人が損害を受けないようにし，本人の権利が守られるようにするための制度である。身上監護については，民法858条に成年被後見人に対する本人の意思尊重義務と身上配慮義務に関する規定と，民法859条の3に成年被後見人の居住不動産について家庭裁判所の許可を要する旨定めた規定がある。任意後見制度については，任意後見契約に関する法律6条に，民法858条と同様の規定がある。

　成年後見制度の基本理念は，自己決定権の尊重，残存能力の活用，ノーマライゼーション（障害のある人も家庭や地域で通常の生活をすることができるような社会をつくるという理念）と本人の保護の調和を図ることとされている[1]。成年後見制度の目的は，高齢社会への対応及び知的障害者・精神障害者等の福祉の充実の観点から，この基本理念に基づいて，個別の状況に応じた柔軟かつ弾力的な利用しやすい制度を利用者に提供することである。

　身上監護とは成年被後見人等の生活と療養看護に関する事務を民法858条

---

[1]　法務省民事局参事官室『成年後見制度の改正に関する要綱私案及び補足説明』（1998年）1頁。自己決定権と保護との調和については，星野英一「民法典の100年と現下の立法問題（中）」法学教室211号（2000年）43頁，「成年後見制度と立法過程〜星野英一先生に聞く」ジュリスト1172号（2000年）3〜4頁，大村敦志『『能力』に関する覚書」ジュリスト1141号（1998年）16〜22頁。自己決定権については，鎌田薫・加藤新太郎・須藤典明・中田裕康・三木浩一・大村敦志編『民事法Ⅰ』（日本評論社，2005年）（大村敦志執筆部分）1〜10頁（それぞれ大村敦志『学術としての民法Ⅱ　新しい日本の民法学へ』〈東京大学出版会，2009年〉171〜183頁，450〜459頁所収）参照。本書では，成年後見制度による支援を受けている者（成年被後見人，被保佐人，被補助人）及び成年後見制度の対象者のことを「本人」という。

の規定に従って遂行することである[2]。民法858条に規定されている成年後見人の身上監護に関する義務の範囲は，成年後見人の法律行為に関する権限の行使にあたっての善管注意義務の具体化という規定の性質上，契約等の法律行為に限られる。民法858条に規定されている本人の意思尊重義務と身上配慮義務の具体的な内容は，成年後見制度が法定代理制度から導き出されるため法律行為を伴う事項に限られ，単独の事実行為は民法858条を根拠には認められない。したがって，身上監護は，法律行為に付随する事実行為の範囲内で行われることになるのだが，その具体的な内容（生活，療養看護に関する事務）は解釈と運用に委ねられているためにわかりにくさが指摘される。

　成年後見制度制定前は，要保護成年者の身上監護については「禁治産者の療養看護義務」（民法旧858条）と規定しているだけで，これ以外の必要な援助については特に規定せず，事実上放置したままであった[3]。これまでは，民法旧858条における禁治産者，準禁治産者の権利に関する議論は皆無に等しかった。成年後見制度の対象者の権利を擁護するとは，最終的には，対象者個人の尊厳を守ることである[4]。そのために必要な身上監護事項（身上監護の具体的な内容）とは何か，本人の意思を尊重するためにどうすればよいか，本人の自己決定権と保護の調和を図りながら身上配慮義務を果たすとはどういうことなのか検討を要する。

2　成年後見制度と福祉の関係

　成年後見制度の基本理念である「自己決定権の尊重，残存能力の活用，ノーマライゼーションと本人の保護の調和」は，少し視点を変えれば，福祉の基本理念と，民法における後見制度の従来からの考え方である能力を制限することにより本人を保護する考え方との調和を図るともいえる。そして，認知症高齢者，知的障害者，精神障害者など成年後見制度の対象者は，同時に福祉の対象者でもあることが多い。しかし，立法過程において法制度と福祉をどのように調和させるのか，及び両者の関係は十分に議論されてこなかった。また，

---

[2]　小林昭彦・大鷹一郎・大門匡編『新版　一問一答新しい成年後見制度』（商事法務，改訂版，2006年）96頁参照。

[3]　この指摘については，明山和夫『扶養法と社会福祉』（有斐閣，1973年）1頁参照。

[4]　本人の権利擁護と尊厳を守る視点から身上監護について検討したものに，小賀野晶一『民法と成年後見法──人間の尊厳を求めて──』（成文堂，2012年）参照。

福祉についても議論すべき範囲は必ずしも明らかではない。社会福祉法制との関係をどのように検討すべきなのか，成年後見制度と共通する福祉の理念をどのように実現するのか，検討する必要がある[5]。諸外国の成年後見制度の成立の過程で共通することは，福祉の理念や発展から少なからず影響を受けていることである。そして，それは実際に制度の背景や根本となる基本理念に大きく関わった。福祉の理念を成年後見制度の解釈や運用にどのように反映させるかの課題が残る。

また社会福祉基礎構造改革により，福祉サービスの利用者と福祉サービス提供事業者（施設・機関の経営者）が直接交渉する契約制度が導入された。これにより，本人が自己の意思に基づいてサービスや施設を選択できる可能性が開かれたが，契約制度である以上，契約の成否は当事者間の交渉に委ねられることになるため，判断能力の十分ではない人は，契約締結のために支援が必要である。成年後見人の身上監護の職務として，このような福祉サービス契約の支援が含まれる。介護保険制度や障害者総合支援法等，新たに福祉の分野に契約が導入されることになったが，このような社会福祉サービス契約を締結するための支援をするために，日常生活自立支援事業（地域生活権利擁護事業）がある。これらの社会福祉法制と福祉契約について，成年後見制度との関係を視野に入れて検討する必要がある。福祉サービスを利用するための契約の支援の具体的な範囲は何かについての検討を要する。

3 本書の構成

このような問題意識に立ち，民法 858 条に規定されている身上監護事項，本人の意思尊重義務，身上配慮義務の内容を中心に，福祉の分野で議論されていることも視野に入れながら身上監護について総合的に検討を試みることが本書の目的である。外国法は，ドイツを中心に，アメリカ，イギリスについて検討する。わが国の成年後見制度には，法定後見制度と任意後見制度があるが，それぞれ大陸法と英米法に由来する。そのため，両方の法体系に属する法制度

---

[5] 成年後見制度と社会保障や社会福祉との関係についての先駆的な研究については，新井誠編『成年後見――法律の解説と活用の方法』（有斐閣，2000 年），小賀野晶一『成年身上監護論』（信山社，2000 年），本澤巳代子「成年後見と介護保険」民商法雑誌 122 巻 4＝5 号（2000 年）554～574 頁，大曽根寛『成年後見と社会福祉法制――高齢者・障害者の権利擁護と社会的後見』（法律文化社，2000 年），同『社会福祉における権利擁護』（放送大学教育振興会，2008 年）など。

を検討することで，身上監護について総合的に検討することができると考えるからである。わが国の成年後見制度については，立法過程を中心に制度の沿革や学説において議論されたことを整理，検討する。身上監護についてできるだけ具体的に内容を検討することを試みる。

　新たな成年後見制度の基本理念には，福祉の基本理念と共通するノーマライゼーションやアドヴォカシーが含まれる[6]ので，成年後見制度の基本理念を理解するために，検討すべき内容と考えられる福祉に関する事項を整理する。成年後見制度の対象者である認知症高齢者，知的障害者，精神障害者の多くは医療，福祉の対象者なので，法律のみならず，医療や福祉の分野との関連を視野に入れて議論する必要があるため検討対象とした。とくに医療・保健・福祉との連携を視野に入れながら検討するために，近時の成年後見制度と医療や福祉の分野を結びつけるケアマネジメントに関する議論[7]を中心に検討を進める。そして，日本における議論の可能性について示唆を得ることを目的とする。ケアマネジメントはわが国では，介護保険制度や障害者総合支援法の中に導入されている。成年後見人等はこの既存のケアマネジメントに対する支援をすることが職務内容に含まれるが，単独でケアマネジメント手法を取り入れた支援が可能かどうかの検討を試みる。

　現行法では，身上監護に対して単独の事実行為を職務内容にすることは認められないので，諸外国のように事実行為を職務内容として認める法制度をすべてそのままわが国の議論に反映させることは難しい。しかし，諸外国の成年後見制度に共通する理念や制度を検討することは，なお意義があることと考えられる。議論の方向としては，①自己決定権を尊重するために，自己決定（自律）が認められる人の範囲を可能な限り拡大するとともに，私的自治が行われやすいように条件や環境を整備すること，②代行決定を適用する場面を可能な限り縮小すること，③代行決定が開始される前提条件として，本人が意思決定能力を有していないことが必要であることが十分に認識されていること，④やむを得ず代行決定を行う際には，その基準が明らかになっていること，⑤本人の生命，身体の安全の確保が必要な場合に限り本人を保護すること，⑥本人の

---

[6] 前掲1)『成年後見制度の改正に関する要綱私案及び補足説明』(1998年) 1頁，41頁参照。

[7] 成年後見制度とケアマネジメントについて指摘したものに，新井誠『高齢社会の成年後見法［改訂版］』(有斐閣，1999年) 166頁，小賀野・前掲書66頁，231頁以下参照。

自律と生活支援のために法律と医療や福祉との連携を視野に入れた援助方法や職務内容を検討すること，⑦身上監護事項に該当すると考えられる単独の事実行為について検討すること，が考えられる。

　以上検討したことを整理して，身上監護について内容，検討すべき課題，果たすべき役割を明らかにすることを試みる。

はじめに

第1章　ドイツの成年後見制度

はじめに

　ドイツにおける成年後見制度に相当する世話法（Betreuungsrecht）は，1990年に制定され，1992年1月1日より施行されている。そして1998年6月25日に第1次世話法改正法（Betreuungsrechtsaenderungsgesetz＝BtAendG）が制定され，1999年1月1日に施行されている。さらに2003年11月に第2次世話法改正法案が連邦司法大臣へ提出され，2005年3月18日に制定され，2005年7月1日に施行された。さらに2009年9月1日に第3次世話法改正法が施行されている。

　この世話法を理解し，検討するために，まず後見制度の沿革，及び世話法制定前の成年者に対する後見制度の概要及び問題点を整理する。次に1990年に制定された世話法及びその改正法について検討する。とくに身上監護全般を検討するために，世話の要件や世話法の一般原則（必要性の原則・補充性の原則）（1896条），個人的な世話（1897条），世話人の義務（1901条）を中心に検討する。これらの規定について，改正された個所を検討する。そして世話人の義務について2005年改正の際新たに制定された世話計画（1901条4項）を検討する。

　これらの規定を検討する理由は，まず，世話法の法的性格を知るためには，その一般原則を検討する必要があるからである。そして世話法における「個人的な世話」は，わが国の成年後見制度における身上監護に相当する。この個人的な世話の具体的な内容は，世話人の義務規定の中で示されている。その義務規定の中に，世話計画に関する規定がある。そのため，これらの規定を検討することが身上監護について検討するために必要であると考えるからである。

　世話計画をめぐっては，1992年に世話法が施行されて以来，様々な形で議論された。特徴は，従来は社会保障や社会福祉援助技術（ソーシャルワーク）の分野で議論されていたケースマネジメントの内容が，世話計画に関連して議論されたことである。そこで，世話計画について考察するためにケースマネジメントをめぐる議論も取り込みながら検討を試みる。

第1章　ドイツの成年後見制度

第1節　後見制度の沿革

1　ドイツ私法の歴史

　後見制度の沿革に触れる前に，ドイツ私法の沿革についてごく簡単に整理する[1]。

　ドイツ法の時代区分は，ゲルマン時代（フランク時代以前），フランク時代（5世紀から10世紀初め），中世（10世紀初めから15世紀）およびそれ以降に分けることができる。ドイツ法の沿革の特徴は，15，6世紀に行われた外国法の継受である。

　ゲルマン時代には，成文法は存在せず，裁判は慣習法ないし法律感情によって行われた。

　フランク時代には，ローマに法典が存在したのにならって，法典を作成した。法典の内容の大部分は，ゲルマン固有の慣習法を記録し編纂したもの（部族法）であった。この部族法は国王でさえ単独で廃止・変更することはできなかったが，フランク王は部族法を補充し，施行する範囲内では勅令を発布することができた。

　中世には，部族法は判例などによって次第に発達し，ラント法に発展した。ラント法は諸侯の領域で行われる一般法だが，ラント法の適用地域内の各地にはそれぞれ特別の慣習法があり，それがラント法に優先して適用された。自治権を獲得した都市には都市法が形成され，都市の一般法としてラント法に優先して適用された。その他にも階級制度に応じてそれぞれ封建法等の法律が作成された。

　15世紀ごろから，外国法の継受（ローマ法，カノン法等をドイツに輸入したこと）が行われた。13世紀ごろから継受され始めたローマ法は，15世紀末にライヒ宮廷裁判所（常設のドイツ最高裁判所）が設立され，ライヒ宮廷裁判所法は，ライヒ宮廷裁判所でローマ法を適用することを命じたことで本格的に継受された。その後下級裁判所もこれにならい，16世紀中頃までには，ドイツの大部分の裁判所でローマ法が適用されるようになり，ローマ法の継受が完成した。継受されたローマ法は紀元6世紀にユスティニアヌス帝が編纂したローマ法

---

[1]　ドイツ私法の沿革については，山田晟『ドイツ法概論Ⅱ［第3版］』（有斐閣，1987年）3～11頁の内容を整理した。

全典を一体としたものであった。また，ローマ法とともに，カノン法も継受された。カノン法とは，中世のカトリック教会の立法（法王の命令，宗教会議の決定等）であり，カノン法全典としてまとめられた。その内容は，ローマ法を取り入れたものも多く，古くからドイツでも研究され，ローマ法より近代的な需要にかなっていた。カノン法の継受とは，教会裁判所で適用されていたカノン法がドイツの一般の裁判所で適用されるようになったことである。カノン法とローマ法が異なる場合は，カノン法が継受された。

継受された外国法は，ドイツ普通法（Gemeines Recht）としてドイツ全域に適用された。しかし，ドイツ普通法は各地方で施行されていたゲルマン固有法（地方特別法）に対して補充的な効力を有するにすぎなかった。継受された外国法は学説・判例によって発達し，ローマ法はカノン法やドイツ固有法も取り入れて実用的なドイツ普通法が成立した。ローマ法の一部であった「パンデクテン」の用語はドイツ普通法の別名として用いられ，これが実用的に変更されて適用されるようになったことを「パンデクテンの現代的慣用（Usus modernus Pandectarum）」という。17 世紀の中頃には「パンデクテンの現代的慣用」はほぼ完成し，その後も実用化の傾向を続けた。

18, 9 世紀になり，包括的大法典を編纂することになった（地方法法典の編纂）。地方法法典が編纂された地方ではドイツ普通法はその効力を失った。例えばプロイセンではプロイセン普通法，フランスではナポレオン法典，ザクセンではザクセン民法が編纂された。したがって，ドイツ民法典施行の時（1900 年）まで，プロイセン普通法の法域，ナポレオン法典の法域，ザクセン民法の法域，ドイツ普通法の法域に分かれていた。

2　後見制度の性質

後見制度は，後見人の利益のための制度（自益後見）か，被後見人や家族の相続やその他の目的のための制度（他益後見）か，の二つの性質を持つ。後見制度は，もともと家産維持のために相続と密接に関連して仲継相続の役割を果たした後，後見人が収益権を有した自益後見を経て，被後見人のためにその財産を監護する他益後見へと推移した。

ローマ法においては，被後見人を保護する制度として発展した。後見人の職務は，被後見人のために義務付けられた。後見人の職務の指導や監督は国家によって行われ，被後見人の利益を保護した。

第 1 章　ドイツの成年後見制度

　中世の後見に関する法については，特に世襲法において，後見を利用することで，後見人の利益のための制度として発展した。ブルターニュ地方やノルマンやイギリスの世襲法においては，後見人が被後見人の財産を取得することが定められ，それが結局王の財産となった。

　ザクセン人の慣習法であるラント法もまた，特に貴族にとっては，後見人の利益を得るための制度であった。それに対して，都市や市民の間では，後見は被後見人の利益のために使用された。まさに，早期のローマ法を継受したのである。アンシャン・レジーム（旧体制）のフランスにおいて存続していた自益後見（tutela fructuaria）は，過去の遺物となった。ドイツにおいては，18 世紀後半に，自益後見は消滅した[2]。

3　19 世紀までの後見制度

(1)　ローマ法における後見制度

　後見の起源は，ローマ法における後見（tutela）と監護（cura）にさかのぼる。後見（tutela）の対象者は，未成年者（男子は 14 歳未満，女子は 12 歳未満）及び婦女である。監護（cura）の対象者は，はじめは精神障害者と浪費者であったが，後に 25 歳未満の者も含まれるようになった。ローマ法においては，最初から後見制度は，被後見人を監督し保護するための制度であった[3]。

　未成年後見の種類は，遺言による後見の指定がない場合に家族が後見人を指定する法定後見と，遺言により後見人を指定する指定後見があった。のちに，

---

[2]　Helmut Coing, Europaeisches Privatrecht, Band Ⅰ Aelteres Gemeines Recht (1500 bis 1800), 1985, C.H.Beck, S.255. 後見制度の沿革については，ヘルムート・コーイング『ヨーロッパ私法』1，2 巻で検討されている個別制度の中の後見に関する記述を引用した。『ヨーロッパ私法』1，2 巻の中で引用されている文献については記載を省略した。『ヨーロッパ私法』では，普通法の成立してくる時代から 19 世紀の終わりまでの法の変遷が論じられている。第 1 巻は 1500 年から 1800 年までを対象とし，普通法がテーマとなっている。普通法の基礎的部分の後で，一般理論，私法の領域における個別制度を取り上げている。第 2 巻は，普通法が適用されていた諸国における 19 世紀私法の発展をテーマに取り上げている。個別制度のほかに，第 1 巻と同様基礎的部分となる 19 世紀の法学の傾向が取り上げられている。ヘルムート・コーイングの研究活動，文献の紹介，検討については，角田光隆「ヨーロッパ共通法への潮流(1)」琉大法学 59 号（1998 年）115 頁以下，133 頁，137～139 頁，ドイツ法の沿革については，同「ヨーロッパ共通法への潮流(2)」琉大法学 60 号（1998 年）101 頁以下，162～162 頁参照。

[3]　Coing, a.a.O., S.255.

第 1 節　後見制度の沿革

法定後見も指定後見もない場合に選任される官選後見があった。

後見人は，被後見人の職業訓練をし教育する義務を負う。被後見人の財産管理について財産管理目録を作成する義務を負い，裁判所の許可なしに，土地を売却することを禁止した[4]。

後見人の職務は，財産に関するものが中心であった。後見人が義務を怠った場合は，後見訴訟（actio tutelae）により制裁を受けた。しかし，後見訴訟は，後見人が後見事務を引き受けながら途中で怠ったことにより成立するので，後見人が全くその事務を処理しない場合は，被後見人を救済することができなかった。後見人は，後見開始後50日以内に免責事由を証明しなければ，その不作為により生じた損害について責めを負うものとされ，その制裁のために，後見訴訟に準ずる訴訟（utilis actio tutelae）が認められていた。のちにユスティニアヌス法において，法定後見，指定後見，官選後見の三種の後見義務制裁方法は，後見訴訟に統一された[5]。

婦女に対する後見は，女子の行為能力が認められ普及するにつれて必要がなくなり，婦女後見人の権限は次第に縮小されて，存在意義を失った[6]。

精神障害者への保佐は例外的な制度とされ，遺言による指定保佐は認められなかったので，指定保佐人制度は存在しなかった。法務官により選任されたものが官選保佐人になるのみであった。保佐人は，精神障害者の身分及び財産について後見人と同様の立場であった。そして，精神障害者の通常の財産管理の限度で，財産を処分できた。保佐は，被保佐人の精神障害状態が治れば，当然に消滅した[7]。

浪費者に対する保佐人の権限は財産に限られていた[8]。

25歳未満の者に対する保佐については，被保佐人の申請によってのみ認められるもので，強制的なものではなかった。保佐人は財産管理権を持たず，ただ被保佐人の補助者としての役割を果たすにすぎなかった[9]。

ユスティニアヌス法において，後見に関する規定に，25歳未満の者の保佐

---

4) Coing, a.a.O., S.258.
5) 船田享二『ローマ法　第1巻』（岩波書店，1943年）214〜216頁。
6) 前掲5)225〜226頁。婦女後見及びローマ法における後見については，河上正二『歴史の中の民法——ローマ法との対話』（日本評論社，2001年）154〜155頁参照。
7) 前掲5)229〜230頁。
8) 前掲5)232頁。
9) 前掲5)235頁。

の語を加え，また，後見人の語を保佐人に換えて，両者の区別を言葉の違いにすぎないものとして混同してしまった。近代法がローマ法を継受するときに，この混同した後見制度を引き継ぐことになった[10]。

(2) ドイツにおけるローマ法の継受

ローマ法は，一般的・普遍的な意味を持つ規範（ius commune）として，ヨーロッパがローマ法を継受するときの基礎となった。後見制度もこの中に含まれていた[11]。13世紀ごろからドイツへ継受されはじめたローマ法は，ユスティニアヌス帝法の各々の規定や原則ではなく，その総体であるとされている。ドイツで実際に適用されるにつれて，さらに変更して，ローマ法の現代的慣用（usus modernus Pandectarum）となった。このようなローマ法は，ドイツで普通法（Gemeines Recht）の効力をもつ[12]。

(3) 普通法（Gemeines Recht）

15世紀ごろの後見制度は，後見（tutela）と保佐（cura）が統合されたものである[13]。後見人は，被後見人の法定代理人として身上と財産に関する職務を行った。被後見人のために行為するときは，後見人の名義で行われた。不動産の処分など法律で定められた法律行為は，後見裁判所による許可が必要であった。被後見人の財産目録の作成も必要であった。

精神障害者や浪費者の後見は，不在者のための財産管理，相続や被後見人の利益に関する限りで有効であった[14]。

後見制度における普通法の原則は，19世紀ごろまで続いた。官庁ではなく

---

[10] 前掲5）242〜244頁。

[11] Coing, a.a.O., S256. なお，コーイングは，ヨーロッパ大陸諸国の内部で行われた共通の法思想が存在し，その共通の法思想が，ius commune，「普通法（Gemeines Recht）」であると理解している。それは，継受されたローマ法のことであるが，常に補充的に普通法として通用したに過ぎず，原則的には局地適法慣習がローマ法に優先した。この指摘については，H. コーイング著，佐々木有司編訳『ヨーロッパ法史論』（創文社，1980年）10〜11頁，136頁以下参照。

[12] ローマ法の継受については，山田前掲1)5〜9頁，碧海純一・伊藤正己・村上淳一編『法学史』（東京大学出版会，1998年）123〜126頁参照。

[13] Helmut Coing, Europaeisches Privatrecht, Band Ⅱ 19. Jahrhundert : Ueberblick ueber die Entwicklung des Privatrechts in den ehemals gemeinrechtlichen Laendern, 1989, C.H.Beck, S.329.

[14] Coing, a.a.O., S.330.

個人による後見制度が維持された。個々の重要な変更があるときは，官庁の監督の下で行われた。例えば，官庁による後見は，法律に定められた原則を免れるために利用された。また，被後見人の親の側からの遺言による処分や，法律の定めにより親戚，必要があれば後見裁判所の名義による控訴を起こす控訴の原則が認められていた。いずれにせよ，被後見人に対する財産管理が後見人の職務である点では，19世紀の後見法は普通法に基づくものであった[15]。

(4) プロイセン法の影響と拡張された裁判処理

この頃，プロイセン普通法（ALR）は，後見は国家が担うもので，絶対専制主義の下で，すべての生活領域において，国民が理性に従うように指揮し，世話するために国民を国が管理する考えの下で行われていた。この考え方は，ドイツにおいて，後見裁判所による後見人の指導に置き換えられた。特に被後見人の財産管理に対し，裁判所が厳しく関与するようになった。後見人の任務は法律の規定及び裁判所の特別の指導によるもので，これを尊重する義務があった。財産管理のために詳細な決定がされ，裁判所が関与することに決定的な意味が与えられた。現金や，重要な動産は裁判所で保管された。動産は，裁判所の決定があれば売却してもよかった[16]。

(5) その後のドイツ法

プロイセンにおいては，プロイセン普通法が1875年5月7日に改正された。のちのドイツ民法典（BGB）における後見制度は，このプロイセン法を模範にしたといわれる。両方の法制度は，原則においては従来の普通法（Gemeimes Recht）へもどった。後見人の独立性の原則は，再度導入された[17]。

後見制度の対象者となる成年者については，19世紀の民法典において，精神障害者や浪費者のほかに，アルコール依存症患者も対象者になった[18]。

公後見制度は，ドイツでは未成年者に対して，1922年に青少年福祉法において導入されたが，その原型は19世紀の法律が始まりといわれている[19]。

---

15) Coing, a.a.O., S.330.
16) Coing, a.a.O., S.331.
17) Coing, a.a.O., S.333.
18) Coing, a.a.O., S.334.
19) Coing, a.a.O., S.333.

第1章　ドイツの成年後見制度

第2節　世話法の成立

1　立法の経緯

　成年後見に関する議論は，1970年代初めから学会のみならず民間の諸団体などでもされるようになった。1975年に連邦政府は精神医学に関する調査結果を公表し[20]，広く一般にも議論が広がった。1988年には，連邦政府は成年者世話法の討論のための改正案を提案した。同じ年にマインツで開催されたドイツ法曹大会でこのテーマが取り上げられ，法改正の必要性が承認された。改正法案やドイツ法曹大会の決議を踏まえて，1989年法改正のための政府草案を連邦参議院に提出した[21]。連邦参議院からこれに対し修正提案が出された[22]。そして政府の見解を付したこの政府草案は連邦議会に送付され，1990年連邦議会は，政府草案[23]と連邦参議院の提案の調整案を可決し，改正法が成立した。そして，1992年に施行された。その後1998年，2005年，2009年に法改正がされている。

2　従来の成年者に対する後見法の問題点と世話法の特徴

(1)　従来の成年者に対する後見法

　世話法が施行される前には，行為能力剥奪・制限の宣告（Entmuendigung）制度と障害監護（Gebrechlichkeitspflegschaft）制度があった。行為能力剥奪・制限の宣告を受けた者には後見人が付された。障害監護は，このような宣告なしに監護人をつけた。

　行為能力剥奪・制限宣告制度の対象者は，精神病，心神耗弱，浪費癖，アルコール依存症，薬物依存患者で（旧ドイツ民法6条，以下，世話法制定前の民法の条文については旧法と略す），成年者が行為能力剥奪宣言を受けた場合には，

---

20) Bericht ueber die Lage der Psychiatrie in der Bundesrepublik Deutschland, BT-Drucks. 7/4200.
21) BR-Drucks. 59/89.
22) BT-Drucks. 11/4528.
23) BT-Drucks. 11/6949. なお，ドイツ世話法の立法の経緯については，新井誠『高齢社会の成年後見法』（改訂版，有斐閣，1999年〈平成11年〉）24頁，神谷遊『西ドイツにおける成年後見制度の改正について』京都学園法学創刊号98頁（1990年〈平成2年〉）を参考にした。

これに後見人を付する（旧1896条）。行為能力剥奪宣告は，その理由が消滅した場合は，取り消される（旧6条2項）。精神病を理由として後見人がつけられた場合には，全ての行為能力が剥奪された（旧104条）。精神病以外の理由により後見人がつけられた場合には，後見の同意があれば法律行為ができるものとされた（旧105条)[24]。

成年者に対する後見は，成年者が行為能力の剥奪・制限宣告を受けた場合に開始する（旧1896条）。成年者の後見については，特則（旧1898条〜旧1908条）がない限り，未成年者の後見に関する規定が適用された。その特則は，父母による後見人指定の否定（旧1898条），父母への成年後見人資格の付与（旧1899条），配偶者への成年後見人資格の付与（1900条），身上監護義務の範囲（旧1901条），裁判所の許可を要する法律行為（旧1902条），後見人である父母の免責規定（旧1903条），後見監督人の任命（旧1904条），暫定後見への後見規定の不適用（旧1907条），暫定後見の終了（1908条）である。行為能力剥奪宣告の前に，その成年者の身体又は財産の著しい危険を避けるために，必要があれば，行為能力剥奪宣告が申し立てられると同時に，暫定的後見をつけることができた（旧1906条)[25]。

成年者後見について，未成年後見に関する規定が適用される範囲（旧1773条〜旧1895条）を整理すると次のとおりになる[26]。

①後見人の選任：後見人は後見裁判所により職権をもって選任される（旧1774条）。

②後見人の権利，義務：後見人は被後見人の法定代理人であって，被後見人の一身上の監護及び財産の管理をなし，特に被後見人を代理する権利，義務を有する（旧1793条）。被後見人の金銭は支出を支弁するために用意しなければならないものを除き，利息付きで法律の定めた方法によって投資しなければならない（旧1806条，旧1807条）。後見人は被後見人の財産を自己又は後見監督人のために消費してはならない（旧1805条）。後見人の行為は，後見裁判所の全面的な監督を受ける。

---

[24] 日弁連司法制度調査会成年後見制度海外調査団『欧米6カ国の成年後見制度調査報告書』（1995年）133頁。
[25] 田山輝明編著『成年後見制度に関する調査報告書　ドイツ編』（社会福祉法人　東京都社会福祉協議会　権利擁護センターすてっぷ，1995年）8〜9頁。
[26] 山田晟・前掲1)321〜322頁。

第 1 章　ドイツの成年後見制度

③後見監督人（Gegenvormund）：後見監督人の選任は，必ずしも必要ではない。しかし，後見事務が多額の財産管理を内容とする場合には，原則としてこれを選任すべきである（旧1792条1項・2項）。後見監督人の選任は後見人選任の規定に従って行われ（旧1792条4項），その職務は，後見人の職務を監督するものである（旧1799条）。

④後見裁判所（Vormundschaftsgericht）：後見裁判所は後見事務の監督をなす裁判所であり，区裁判所が後見裁判所である。後見人のなす行為はほとんど全て後見裁判所の監督を受け，その許可を必要とする行為も少なくない（旧1819～1823条，旧1837条以下）。後見人が義務に違反したときは，裁判所は，最悪の場合にはこれを解任しなければならない（旧1886条）。

後見制度には，一部後見として保護（Pflegschaft）がある。本質は後見と同じであるが，後見裁判所によって定められた特定の事務について他人を保護する制度である。保護人（Pfleger）はその事務の範囲内で，被保護者の法定代理人と同様の地位を有すると考えられる。保護には6つの形態がある。すなわち①親権者または被後見人の行い得ない事務（旧1909条），②障害者の行い得ない事務（旧1910条），③成年の不在者の財産管理（旧1911条），④胎児の将来の権利保護（旧1912条），⑤不明又は不確実な利害関係人の保護（旧1913条），⑥寄付財産の保護（旧1914条）がある。この中で②の障害者のための保護の制度を障害監護（Gebrechlichkeitspflegschaft）制度という。

障害監護は，身体及び精神に障害があるために自己の事務の全部又は一部を処理できない成年者を補助する制度である（旧1910条2項）。本人との意思の疎通が不可能でない限り，本人の同意がなければ適用することができない（旧1910条3項）。しかし，本人の同意なしに実施される障害者監護があり，これを強制監護（Zwangspflegschaft）という。

障害監護制度においては，行為能力の剥奪が宣告されることはない。しかし，この強制的監護が，事実上行為能力剥奪宣告の代替手段となってしまった。つまり，行為能力剥奪宣告制度が，形式的にも行為能力を明確に剥奪し，あらゆる法的能力を否定してしまうため，行為能力剥奪宣告はしないが，代わりに部分的に法的能力を制限できるよう強制的監護制度が利用されるようになっていた。

(2) 問題点

このような行為能力剥奪宣告制度と強制的監護制度には，多くの問題点があった。どちらの制度においても本人の意思は尊重されず，本人の自己決定権は存在しないに等しかった。また，後見人または保護人の権限の範囲が本人に対して広すぎること，財産に対する保護が中心で，本人の個人的な生活支援が十分に行われていなかったことが問題点としてあげられた。そして，行為能力剥奪宣告・強制的監護制度の両制度において，裁判の手続きの際，本人に対して十分な保護が行われていなかったことが指摘された[27]。そこで，これらの問題に対応するため，民法及び非訟事件手続法が改正された。これがドイツにおける成年後見制度である世話法である。

連邦政府は，1990年世話法制定に際し，成年者に対する後見及び保佐に関する法律の改正法案の理由づけをし，問題点を次のように整理した[28]。

① 禁治産宣告は行為能力がないか，または限られた行為能力のある人に対して過度に機械的な法律効果を与えるため，本人の権利を侵害する。本人の能力に留意することは考えていない。社会復帰の可能性を阻害する。

② 禁治産宣告は，本人に対し不必要な差別とスティグマ（烙印）を与える。禁治産宣告をすることにより，婚姻能力や遺言能力への不必要な権利侵害を与える。

③ 身体に障害のある人の保佐は，禁治産宣告のための権利剥奪に似ているが，これは強制的な保佐を指定した場合である。任意の保佐と強制的な保佐の間の定義は，実務上広範囲において行為能力があるかないかの定義と同じことである。強制的な保佐がなされた人は，広範囲において法律的な生活から除外されたことになる。保佐人の活動範囲は通常とても広く一括して決められており，すべての財産管理や，滞在地の予定や実務上のすべての事務を含むものである。

④ 行為能力のない人も，場合によっては完全に理性的に要求を主張することがある。このような要求を考慮することは，本人の社会復帰を促進する。それでも原則的には後見人の意見の方が，被後見人の意見より上位である。

⑤ 特に問題なのが，本人がしばしば対人的な世話をされないことで，「職業

---

27) 前掲24)134頁，前掲25)11〜18頁の内容を整理した。
28) Bienwald, Werner. Betreuungsrecht, Kommentar zum BtG/BtBG, 2. Aufl. Bielefeld 1994, E. u. W. Gieseking, S.5-6. BT-Drucks. 11/4528, S.49.

後見人」または「職業保佐人」にのみ任せきりで，匿名で行われている。個人的な接触，特に個人面談の場合にこのような状況を認めると，信頼関係を築くことができない。被後見人が後見人に一度も会ったことがない場合がある。職業後見や法人後見，保佐の範囲で，個人の協力者のための重要な労務の負担については，たびたび後見人になる人を交換することで，個人的な世話はもはや保障されない。

⑥ 立法者は，財産管理について詳しく規定し，法律を制定したが，身上監護についてはおろそかにした。施設の金銭管理の状況は十分に規制されていなかった。この曖昧さが，複雑で閉鎖的な施設への拘束のように自由を制限することに結びついた。

⑦ 後見人や保佐人に対する助言，指導，教育継続や知識の交換が不十分であった。後見や保佐について，名誉職の後見人や保佐人の数が不足していた。十分な援助を受ければそれだけ費用が高くついた。

3　世話法の特徴

(1)　世話の概念

世話（Betreuung）の概念は，今までの後見（Vormundschaft）や障害者の監護（Gebrechlichkeitspflegschaft）とは違う新しい概念である。世話とは，保護（Fuersorge）と支援（Hilfe）を意味する新しい用語である。本人のための個人的な世話（persoenliche Betreuung）を強化することを目標とするための有効な表現とした。世話人の制度上の特徴は，被世話人の福祉のみを考える信託法上の受託者のような（Treuhaenderische）性格を持つことである[29]。

(2)　世話と介護の違い

世話は，被世話人と世話人が接触し，話し合いをすることにより世話の内容が決定し，提供されるものである（1901条）[30]。これに対して介護給付（Pflegeleistung），例えば買い物，料理，洗濯，介護などは，世話人に義務づけられているものではない[31]。世話人は，被世話人の代理人として第三者（社会的なサー

---

29) BT-Drucks. 11/4528, S.114-115.
30) Palandt/Heinrichs, Buergerliches Gesetzbuch Kommentare, 57. Aufl. 1998, C.H.Beck, S.1780. 同様の指摘は，Juergens/Kroeger/Marschner/Winterstein, Das neue Betreuungsrecht, 4. Auflage, 1999, C.H.Beck, S.55.
31) Palandt/Heinrichs, a.a.O., S.1781.

ビス機関，老人ホーム）との間で相当な介護契約を締結することができる。世話人が被世話人に報酬を払ってもらった場合，世話裁判所は「介護契約の締結」という職務範囲の世話人を選任しなければならず，その場合には，被世話人を代理して世話人と介護給付提供者の間で世話契約を締結しなければならない[32]。

(3) 被世話人の意思の尊重

世話法は被世話人の希望をできる限り優先させることによりその目的を追求している（1896条1項，2項，1897条4項，1901条2項，3項，1908b条3項，1908d条2項）。そのために，世話が必要な場合に備えて，被世話人が自らの自由意思で決定できるうちに老後に予め備える代理権を活用することが勧められる。老後に予め備える代理権とは，わが国の任意後見制度に相当するものである。老後に予め備える代理権は，世話が必要になったときに初めて世話の業務を遂行することができるので（1896条1項），あらかじめ世話の指定は必要ない。世話の指定とは，世話人の担当や世話の最善の状況を決めるもので，世話の指定の際にも被世話人の希望を聞くことを義務づけている（1901条3項）[33]。このことは，被世話人の自律（Autonomie）を維持するために重要なことである[34]。

近時，とくに自律（Autonomie）や私的自治（Privatautonomie）についても考慮される[35]。これは，世話法の対象者には精神障害者，知的障害者，認知症の人が含まれるため，本人だけでは自らを律することが困難で，自己決定や自己選択が困難な場合が存在することに留意しなければならないからである。

① 世話法における自律の考え方

世話法における自律の内容は，第一に本人の自己決定能力が減退していてもなお，自らの生活関係を自己決定によって形成できることを保証することが重要である，という考え方である。これは，自己決定をすることができなくなっ

---

[32] Walter Zimmermann, Betreuungsrecht, 1994, C.H.Beck, S.40.
[33] Palandt/Heinrichs, a.a.O., S.1781.
[34] この場合の自律とは，本人が主体的に自分の生活をプログラムし，自己決定や自己実現を図っていく精神的な自立を意味し，経済的な自立とは区別される。この指摘については，伊藤周平「障害者の自立と自律権——障害者福祉における自立概念の批判的一考察」季刊社会保障研究第28巻4号（1993年）426～435頁参照。
[35] Palandt, BGB Buergerlichers Gesetzbuch Kommentare, 72. Aufl. 2013, C.H.Beck, S.2134-2135.

た時点で効力が生じることになる決定を，あらかじめしておくことができるということである[36]。第二に常に本人の希望と意思を実現することを最優先にすることが重要である，という理解である。「常に本人の希望と意思を最優先にすること」とは，本人の希望と意思を保護するためには，客観的な福祉を実現することを優先してはならない，ということであり，本人の私的自治にも関わることである[37]。

本人の希望を最大限考慮するために，可能な限りの本人の自律性を維持し続けるべきである[38]。本人は，世話人が選任された後で自らの自律性を放棄することができない[39]。

本人に世話人が不要になった場合，あるいは生まれつきハンディキャップがあるため，本人が自らの自由意思で決定できない場合は，必要性の原則（1896条）に基づいて，保護の対象になる。したがって，世話人が不要になれば解任し，必要が生じた時点で世話人が選任される。このような法律上の手続を要求する理由は，世話人の選任や解任の効力につき，後で本人の意思の変化が問題となった時に，効力そのものが無効になることは決してないことを保証するためである[40]。

② 世話法における私的自治

私的自治の原則とは，近代社会において，個人はそれぞれ自由・平等であるとされているが，そのような個人を拘束し，権利義務関係を成り立たせるものは，それぞれの個人の意思であるとする考え方に基づくもので，個人の私法関係をその意思によって自由に規律させることである[41]。契約自由の原則はその一つの表現である。この本人の意思を尊重する考え方が，世話法との関連で議

---

[36] 世話法における自律の内容については，アンネ・レーテル，冷水登紀代訳「高齢者と自律——比較法的視点から見た将来の世話を目的とした代理権の付与，患者による処分及び臨死介助——」民商法雑誌142巻4・5号（2010年）395頁。
[37] 前掲[36]397～398頁。
[38] Palandt, a.a.O., S.2134.
[39] Palandt, a.a.O., S.2134.
[40] Palandt, a.a.O., S.2135.
[41] 私的自治の原則については，内田貴『民法Ⅱ』（第三版，東京大学出版会，2011年）14頁参照。また，自律の概念の多様性を検討したものに，大村敦志＋東大ロースクール大村ゼミ『18歳の自律　東大生が考える高校生の「自立プロジェクト」』（羽鳥書店，2010年）216～223頁参照。

論されるようになった背景は，世話人が行う世話職務が，常に本人の自己決定とプライバシーに重大な干渉をすることが明らかになったからである[42]。とくに，親族が世話人になった場合，プライバシーは保護されにくく，世話人による他者決定になりがちで，本人の意思を尊重しにくいことが指摘される[43]。

世話人に他者決定される危険を回避するためには，本人の意思能力を十分に確認したうえで，世話人の職務範囲を決定することが重要である。とくに，個人的な世話（persoenliche Betreuung）（1897条1項）において，世話人が本人に代わって，医者や銀行，官庁などと会話するときに，注意する必要があると指摘される[44]。

このような問題に対応するために，世話人の指定の際には，私的自治の原則に従うことが要求される[45]。つまり，世話人の指定に際して，本人の意思を尊重し，確認する必要があるということである。このことは，老後に予め備える代理権の場合も含まれる[46]。とくに，個人的な世話についての本人の世話人選任の提案（1897条4項），本人の不妊化手術に関する複数世話人の選任（1899条2項），特定の世話職務の転用（1896条），被世話人の生活設計についての取り決め（1901条3項），住居の使用賃貸借関係等の終了（1907条），本人の長期間または自由を剥奪される収容（1906条4項）等の場合，本人の意思よりも，世話人や関係者の意向が優先されないように注意を要する[47]。

(4) 限定後見の原則

世話法における基本原理は，必要性の原則（1896条2項）と，行為能力のない本人を保護するために，あらかじめ備える世話を補助する制度である同意の留保（1903条1項）である[48]。必要性の原則は，世話は，本人にとって必要な

---

42) Martin Probst, "Betreuungsrecht - wohin?" BtPrax 2002/1, S.10.
43) Probst, a.a.O., S.10.
44) Probst, a.a.O., S.10.
45) Palandt, a.a.O., S.2135.
46) Palandt, a.a.O., S.2135.
47) Palandt, a.a.O., S.2135.
48) 世話法1896条2項，1903条1項の条文の内容は，次のとおりである。
　　1896条2項　世話人は，世話が必要な職務範囲についてのみ選任されるべきものとする。成年者の事務が，1897条3項に掲げられた者に属さない任意代理人により，または法定代理人の選任に伴わない他の援助により，世話人による場合と同様に適切に処理することができる限りにおいて，世話は不要である。

第1章　ドイツの成年後見制度

職務範囲に限り世話人が選任されるもので，世話の職務範囲が，本人の生活や財産に関するすべての事項に及ぶものではないということである。同意の留保は，世話人がその職務範囲を履行する際に，本人がその職務範囲に対して意思表示をする時に，世話人の同意が必要な場合があるということである。

　判断能力の十分ではない高齢者や障害者に対して，融通の利く援助ができるように必要性の原則と補充制の原則を定めた（1896条）。職務範囲の限りでは，裁判上，裁判外で，世話人は被世話人を代理する（1902条）。世話人がどの程度の職務で被世話人を世話するかは，被世話人の要望による（1901条）。世話人は，職務を被世話人の状況により廃止または制限したり，あるいは，職務を拡大することができる（1901条4項）。医療行為に対する世話人の同意（1904条），不妊化に対する同意（1905条），被世話人の収容または収容類似の措置（1906条），住居の使用貸借関係の終了（1907条）の個人的な決定については，世話裁判所の許可が必要で，世話裁判所の監督の下にある。被世話人の不妊化は原則禁じられている。被世話人の不妊化における承諾の決定については，常に特別の世話人が選任されなければならない（1899条2項）。

　世話は，自然人により行われることを想定しているが，法人（協会世話人や官庁世話人）も認められ，専属的あるいは部分的に世話人として活動している（1897条2項）。被世話人が収容されているホームや施設の職員や，その他の密接な関係のある者は世話人に選任されない（1897条3項）。被世話人に世話人への選任を希望する人がいる場合，被世話人の福祉に反しないときは，被世話人の意見を尊重しなければならない（1897条4項）。世話裁判所は，被世話人の身上または財産に対する著しい危険を回避するために，必要な限りで，被世話人が世話人の職務範囲にある意思表示をするには，事前に世話人の同意を要するものと命じる（同意の留保，1903条1項）。

　　（1897条3項に掲げられた者とは，本人が居住している施設，ホームまたはその他の組織に対して従属的関係その他の密接な関係にある者を指す）。
　　1903条1項　世話裁判所は，被世話人の身上または財産についての著しい危険を回避するために必要な限りで，被世話人が世話人の職務範囲にある意思表示をするには，その事前の同意を要するものと命ずる（同意の留保）。108条ないし113条，131条2項及び206条は，これを準用する。
　　世話法の条文は，法務大臣官房司法法制調査部編『諸外国における成年後見制度』（法曹会，1999年）56頁，60頁から引用した。後見裁判所の記載を世話裁判所にした。

第3節　世話法の概要

1　世話法の基本原則（1896条）

　世話法は，従来の後見制度が，あまりにも定型的で硬直した制度であったことに対する反省を出発点にしている。世話法は，高齢者や障害者の人格を尊重することを基本理念とした。従来のように，行為能力を剥奪したり制限したりせず，個別の状況に応じて柔軟な対応を行うことが可能になった。そして，世話人の選任や，世話人の職務遂行において，本人の意思が最大限尊重されるように配慮されている。高齢者，精神障害者，知的障害者，身体障害者が自己の事務の全部又は一部を処理できないときに，個別具体的に必要とされる範囲に限定して世話人を選任し，法的保護をする（必要性の原則）。高齢者や障害者本人が，家族や友人，あるいは本人が選任した任意代理人によって，十分な援助を受けている場合は，世話は必要ではない（補充制の原則）。世話人の選任は，高齢者や障害者本人の申立によってのみ行われ，親族などは，世話裁判所の所見による選任を促すことができるにとどまる。これを保証するために，新たに，成年者の自由意思に反して世話人は選任されないことが規定された（1896条1項a）。

2　世話人の選任

　被世話人が判断能力が十分ではなくても，可能な限り被世話人の希望を尊重するのが，世話法の特徴である。このために，世話人には，被世話人との個人的な接触（persoenliche Kontakt）が求められるので，これに適した自然人が選任されるのが原則である（1897条1項）。世話人の選任においては，被世話人（高齢者，障害者等）本人の希望が重視される（1897条4項）。被世話人の希望がないときは，被世話人の親族関係及びその他の個人的な関係を考慮して世話人が選任される（1897条5項）。

　親族などに世話人になる人がいない場合，世話協会（職業世話人と名誉職世話人を有する団体）などを通して世話人が選任される。それでも世話人を選任できないときは，世話協会自体が世話人になる（1900条1項）。さらに，自然人，世話協会によっても十分に世話を受けることができない場合は，世話官庁を世

話人に選任する（1900条4項）。必要がある場合は，複数の世話人が選任される（1899条）。

世話人は，自己の職務の範囲について，被世話人の法定代理人となる（1902条）。被世話人は，世話人の就任において，行為能力を剥奪されたり制限されたりしない。しかし，世話裁判所が，被世話人の身上又は財産についての著しい危険を回避するために，必要な限りで，同意の留保を命じた事項については，被世話人は行為能力を制限され，世話人の同意なしに事務を行うことはできない（1903条）。

3　世話人の義務（1901条）

世話人は，被世話人の福祉に適するように被世話人の事務を行わなければならない（1901条2項）。被世話人の福祉という概念の中には，被世話人の能力の範囲内で，本人の希望に従って，その生活を形成する可能性が含まれている。

世話人は，被世話人の福祉に反することなく，かつ世話人の要求可能な範囲内において，被世話人の希望に応じなければならない。世話人は，それが被世話人の福祉に反しない限り，すべての重要な事項について，その処理の前に，被世話人と協議しなければならない（1901条3項）。

世話人は，職務範囲内において，被世話人の疾病もしくは障害を除去し，改善し，その悪化を防止し，またはその結果を軽減する可能性が活用されるように，努めなければならない（1901条4項）。医学的，職業的，及び社会的なリハビリテーションの視点も，こうした世話人の義務に含まれることになる。従って，リハビリテーションの計画は，健康配慮の領域のみならず，およそ考え得るすべての職務範囲についても関係するものである。

世話人は，世話を終了できる事情を知ったときは，世話裁判所に通知しなければならない。職務範囲を縮小することができる事情，または職務範囲を拡大し，他の世話人を選任し，もしくは同意の留保（被世話人が意思表示をするには，世話人の同意を要すること，1903条）を命ずることを要する事情についても，同様とする（1901条5項）。

4　世話裁判所の許可が必要な世話職務

被世話人の重要な法律行為及び法的行動に対して，被世話人の財産及び人権を保護するために，次の場合に世話裁判所の許可を要件としている。

第3節　世話法の概要

(1) 健康状態の検査，治療行為及び医的侵襲（1904条）

被世話人に対して行う健康状態の検査，治療行為又は医的侵襲が，生命の危険を伴うか，長期間健康上の被害をこうむる危険がある場合，世話裁判所の許可を受けなければならない（1904条1項）。

(2) 不妊手術（1905条）

被世話人が，不妊治療に同意することができないとき，世話人は，次の各号のすべてに該当する場合に限って，同意をすることができる（1905条1項）。

① 不妊化が被後見人の意思に反するものではないこと
② 被世話人が長期にわたり同意能力を欠く状態にあること
③ 不妊化しなければ妊娠してしまうと認められる状態にあること

その妊娠の結果として当該妊婦の生命が危険となり，またはその身体的もしくは精神的健康状態に重大な侵害をもたらす危険があることが予期され，その危険が期待可能な方法によっては除去できないこと，かつ妊婦が他の期待可能な手段によっては阻止できないこと。

被世話人に対する不妊手術への同意のためには，常に世話裁判所が特別世話人を選任しなければならない（1899条2項）。世話社団もしくは世話官庁を，不妊手術への同意に関する決定のための特別世話人に選任することはできない（1900条5項）。不妊手術への同意に対して，特別世話人は世話裁判所の許可を必要とする（1905条2項）。

(3) 収容（1906条）

被世話人が自傷の恐れがある場合や，診療や治療の必要がある場合は，世話人は，被世話人を閉鎖的施設に収容することができる（1906条1項）。収容は，緊急時を除いて，原則世話裁判所の許可が必要である（1906条2項）。ベッドに固定したり，薬物により行動を制限する場合のような収容類似措置についても，世話裁判所の許可が必要である（1906条4項）。収容もしくは収容類似の措置の要件が消失したときは，世話人は，これを終了させなければならない（1906条3項）。

被世話人自身が，予防的代理権の形で，収容及び収容類似措置に関する問題を決定すべき任意代理人を指定していたので，世話が命じられなかった場合でも，世話裁判所の許可が必要である（1906条5項）。この予防的代理権は書面で示され，自由を剥奪する措置への適用が記載されている必要がある。

(4) 住居の使用賃貸借関係などの終了（1907条）

世話人が，被世話人の賃借指定住居の解約をする場合，世話裁判所の許可を必要とする。

5 裁判所の手続と定期的審査

世話法制定以前は，手続法上，行為能力剥奪宣告は争訟事件，後見人の選任などは非訟事件と位置づけられていた。また，障害監護に関する事件は，すべて非訟事件として後見裁判所の管轄とされていた。世話法制定により，すべて非訟事件に位置づけられ，後見裁判所の管轄に統一された。これにより，非訟事件手続法が改正された。さらに，成年者は新に世話裁判所の管轄となった。

世話の手続きが開始されるのは，高齢者や障害者本人の申立があったときと，職権による場合に限られる（1896条1項）。本人は能力の有無に関わらず，手続能力があると認められる（非訟事件手続法66条）。本人の利益への配慮が必要な場合は，世話裁判所は，手続補助者を選任する（同法67条）。世話裁判所は，世話人の選出及び同意権留保を命令する前に，手続きの内容や経過，任意代理の可能性やその内容，世話人選任による生活上の変化，不服申立などについて本人に説明しなければならず，原則本人を尋問しなければならない（同68条）。世話人の選任や同意権留保の命令の前には，本人に直接面接して本人の意見を個人的に聴取しなければならない（同68条4項）。本人の親族などにも手続に参加し，意見を述べる機会が与えられる（同68a条）。世話人の選任に当たっては，原則精神医学の専門家の鑑定が必要である（同68b条)[49]。

---

[49] ドイツ世話法については，すでに詳細な紹介，検討がされ，文献も数多くあるので，主な文献を紹介する。新井誠『高齢社会の成年後見法［改訂版］』（有斐閣1999年），同「ドイツ成年者世話法の運用状況」ジュリスト1011号（1992年）60～69頁，同「統計から見たドイツ成年者世話法の運用状況」ジュリスト1038号（1994年）100～103頁，神谷遊「ドイツにおける無能力者制度及び成年後見制度の新展開―改正法の概要とその特徴」ジュリスト967号（1990年）82～93頁，同「法定後見をめぐる比較法的研究」講座　現代家族法　第4巻139頁～159頁，上山泰「ドイツ世話法改正法について――世話法改正法の概要――（上）（下）」法律時報71巻12号（1999年）74～79頁，72巻2号（2000年）54～60頁，鈴木禄弥・鈴木ハツヨ「西ドイツ連邦の『成年者の世話に関する法律草案』について」判例タイムズ724号39～47頁，田山輝明「ドイツにおける行為能力剥奪宣告の廃止」高嶋平蔵先生古稀記念『民法学の新たな展開』（成文堂，1993年）31～64頁，同「ドイツにおける新成年後見制度の手続と組織」内山尚三・黒木三郎・石川利夫先生古稀記念『続現代民法学の新たな展開』（第一法規，1993年）

6　個人的な世話 (1897 条) と世話人の義務 (1901 条) の関係

　個人的な世話を遂行するためには，世話人と本人との間で，コミュニケーションをとることが重要である[50]。個人的な世話の核心となる職務は，個人的な接触 (persoenliche Kontakt) であり，本人に対する相談業務が重要である[51]。世話法1901条は，世話人の義務について規定しているが，1901条3，4項は個人的な世話の具体的な行為の指示の内容を含み，1901条2項は，世話人の職務の目標とする方針を示している[52]。

667〜691頁，同『成年後見法制の研究　上，下巻』(成文堂，2000年)，ドイツ成年後見法研究会「ドイツ成年後見制度の改革(1), (2), (3), (4)」民商法雑誌105巻4号 (1992年) 572〜596頁，同105巻6号 (1992年) 850〜873頁，同108巻3号 (1993年) 462〜478頁，同109巻2号 (1993年) 353〜379頁，ベーム，レルヒ，レェールスマイヤー，ヴァイス著，(社)日本社会福祉士会編訳，新井誠監訳，上山泰解題「ドイツ成年後見制度ハンドブック――ドイツ世話法の概要――」(勁草書房，2000年)，阿部潤「オーストリア・ドイツの成年後見制度――その裁判実務を中心にして――」家庭裁判月報49巻11号 (1997年) 1〜123頁，条文については，民事局参事官室「ドイツにおける成年後見制度」(小池泰訳)民事月報65巻6号 (2010年) 78〜108頁。また，雑誌「実践成年後見」「成年後見法研究」各号で，ドイツ世話法の改正の動向や内容を随時紹介している。近時の動向については，新井誠監修，2010年成年後見法世界会議組織委員会編，紺野包子訳『成年後見法における自律と保護――成年後見法世界会議公演録』(2012年，日本評論社)，田山輝明編『成年後見制度と障害者権利条約――東西諸国における成年後見制度の課題と動向』(2012年，三省堂) に掲載されている各論文，岩志和一郎「ドイツにおける高齢者の自律と保護――民法上の成年者保護システムについて」法律時報85巻7号 (2013年) 26〜32頁参照。

50)　Juergens/Lesting/Marschner/Winterstein, Betreuungsrecht Kompakt 2011, C. H.Beck, S.49.
51)　Juergens/Lesting/Marschner/Winterstein, a.a.O., S.50.
52)　Bienwald/Sonnenfeld/Hoffmann, Betreuungsrecht Kommentar, 5. Aufl. 2011, E. u. W. Gieseking, S.293.
　　なお，世話法1901条は，次のように規定されている。(下線は筆者)
　　1項　世話人は，被世話人の事務を以下の規定に従って法的に処理するために必要なすべての活動を含むものとする。
　　2項　世話人は，被世話人の福祉に適するように，被世話人の事務を行わなければならない。被世話人の福祉には，その能力の範囲内で本人の希望と考えに従って生活を形成する可能性も，含まれる。
　　3項　世話人は，被世話人の福祉に反せず，かつ，世話人に期待することができる限りで，被世話人の希望に応じなければならない。世話人の選任前に被世話人の表明した希望についても，同様とする。ただし，この希望を維持する意思が被世話人にないことが明らかな場合は，この限りではない。世話人は，被世話人の福祉に反しない限り，重

とくに1901条3項は，個人的な世話の原則や世話人の職務を具体化したものである[53]。世話人は本人に対して世話職務を行う場合，本人の福祉に反せず，かつ本人の希望に応じなければならない。このためには，本人について知り，接触を保ち，会話をし，できる限り正確に本人の人柄や生活状況を知ることが重要で，これが実現するときに限り，個人的な世話を行うことは可能である[54]。そのため，個人的な世話における本人への配慮は，世話人が行うすべての世話職務において必要であることを意味する[55]。本人の財産に関する職務も，世話人が本人に個人的な接触があり，本人の福祉や希望を顧慮し，認識することが可能な時にのみ，認められる[56]。

第4節　世話法の具体的な内容

ここでは，とくに世話法の基本原理や身上監護に関する一般的な内容について規定している1896条，1897条，1901条を中心に，制度の具体的な内容を整理する。

1　前提条件

世話人は1896条によって，以下の条件の場合に世話裁判所により任命される。

　要な事務を処理する前に，被世話人と協議するものとする。
　4項　世話人は，職務範囲内において，被世話人の疾病もしくは障害を除去し，改善し，その悪化を防止し，またはその結果を軽減する可能性が活用されるように，努めなければならない。世話が職業上行われる場合，世話人は適切な場合に裁判所の命令により，世話の開始時に世話計画を作成しなければならない。世話計画は世話の目的及び世話の目標達成のために，処置を記載しなければならない。
　5項　世話人は，世話を終了できる事情を知った時は，これを世話裁判所に通知しなければならない。職務範囲を縮小することができる事情，または職務範囲を拡大し，他の世話人を選任し，若しくは同意の留保を命ずる（1903条）ことを要する事情についても，同様とする。
　1901条4項の下線の部分が2005年の法改正で新たに制定された世話計画に関する条項である。

53) Juergens/Lesting/Marschner/Winterstein, a.a.O., S.50.
54) Juergens/Lesting/Marschner/Winterstein, a.a.O., S.50.
55) BT-Drucks. 11/4528, S.68.
56) Juergens/Lesting/Marschner/Winterstein, a.a.O., S.50.

① 本人は成人でなければならない。
② 本人は，自分の事務を全くあるいは一部処理することができない。
③ その原因として，精神病，あるいは肉体的，精神的，または心因的障害が存在する。
④ 世話人の任命が必要である場合でなければならない。
⑤ それに対して，本人の同意，あるいはある人または役所の提案は必ずしも必要ということではない。

本人が成人であること，とは，本人が未成年のときは，両親や後見人に世話されるので，世話人の任命の対象から除外される。ただし，未成年でも将来17歳に達したときに世話が必要な場合は，あらかじめ世話人を任命することができる（1908条a）。効力は成年に達したときに発生する。

本人が事務を処理することができないとき，とは，個々の状況に則して対応することができないとき，ということである。例えば賃貸の住居で生活している一人の年金生活者の女性は，年金でその住居，賃貸関係，居所の費用，医療費の負担及びその扶養を自ら行わなければならない。彼女が有価証券，貸家，あるいは企業を持っていれば，さらにその事務の処理をする。そのために，誰でも何らかの事務を行う。これに対してある人が事務を全く，あるいは部分的に果たすことができないかを判断することは難しい。なぜならば，多くの者が医者に行くのが遅れたり，役所に対して懈怠をしたり，住居の中に空のコップを雑然と置いたり，負債を遅ればせながら弁済したり，お金を無利子で預けたりすることがあるからである。すでに，各々の契約不履行だけをみても（例えば，賃貸借契約には取り決めているにもかかわらず，暖房設備の手入れを怠ること），事務の懈怠もあり得るだろう。また，世話は第三者の利益においても命じられる。例えば，賃借人が行為能力のない買主に解約を通知しようとするとき，あるいは被雇用者がその賃金を行為能力がなくなった雇い主に請求しようとするときなどである。

世話が必要な医学的な前提は，ある者がその事務を全部または部分的に処理することができないだけでは十分ではない。なぜならば，精神的に全く健康ではあるがだらしのない人が，世話人を持たなければならなくなるからである。法律は追加的に1896条1項において，自分の事務を処理し得ないことが特定の原因であることを要求する。以下の4つの原因が問題となる。

① 精神的な病気

①身体の欠陥ではなく物理的に理由づけられ得ない内因的な精神病，②（例えば脳膜炎のような）精神的な障害の結果生じ得る病気，（例えば事故によるもので）脳のメカニズムの障害，発作障害，または他の病気または身体障害（身体に理由づけられる，すなわち外因性の結果の精神障害），③（アルコール及び薬物依存の病気のような）依存症の病気，しかしその私癖は精神的な発病または障害と原因結果の関係がなければならない。または私癖に立ち戻る心理的な状態が表面化しなければならない。④ノイローゼや人格の障害（精神病質）

②　精神的な障害

精神的な障害として，生まれつき，あるいは脳の障害によって引き起こされる知能の低下，例えば軽度の知的障害や，老齢による場合のように後に引き起こされる精神的な障害が該当する。

③　心理的な障害

これは，精神病の結果としての精神障害である。

④　身体的な障害

例えば，盲目や聾唖である。この場合，世話人は関係者の申請に基づき選任されることが許されている。しかし，本人がその意思を表明できない場合に，世話人は同意や申請なくして選任され得る。

これに比べ，本人が精神病であろうが知的障害であろうが，また，行為能力があろうがなかろうが全く問題ではない。裁判所は，存続する精神的能力が7歳以下の子供に相当するほど著しい場合知的障害とする。両者とも医学上の専門用語とは異なる法的な概念である。規範からの乖離の必要な程度は，1896条では述べられていない[57]。

2　世話の要件

世話人は，それが必要な場合にのみ選任することができる（必要性の原則，1896条2項）。この制限は結果として次の内容を含む。

①　世話人以外の援助の可能性がある場合，選任は排除される。例えば，家族の一員や近所の人，社会サービス機関を通じての援助がこれに該当する。世話人が果たすのと同じくらいによく他の援助を通じて本人の事務を処理することができる場合，世話人は選任されない。この代替的な方法は，特に本人が法

---

[57] Zimmermann, a.a.O., S.17-19.

定代理人を必要とする場合には適用されない。
　②　世話人は，関係者の事務が代理人により処理することが可能な場合は必要ない。世話人は裁判所によって指定された代理人である。本人自ら代理人をおく場合も同様である。
　③　果たされる事務がほとんどない場合，世話人は必要とされない。
　④　行為能力のある人に対して世話人が選任される。これが本人の意思に反して起こる場合は議論の余地があり，結論は疑わしい。というのは，行為能力者の人格の自由な展開が世話人によって妨げられるからである。このような場合，「(世話の) 必要性」は，行為能力者に対してほとんど必要性が生じない[58]。

3　職務範囲の特定

　BGB1896条1項2文によれば，世話人は後見裁判所により世話が必要とされる職務範囲についてのみ選任されることが許される。この職務範囲は裁判所の決定において内容が決まる。この職務範囲においてのみ世話人は本人を代理する (1902条)。しかしこのことは世話人が後にもうひとつの範囲において本人を補助することを排除するものではない[59]。

　個々の場合にいかなる範囲が当てはまるかを確定することは難しい場合がある。したがって，例えば住居決定権が委任された世話人が老人ホームと老人ホーム契約を締結することができるのか，(あるいは，例えばそれに代えて高い費用に直面して「財産の管理」という職務範囲を伴った世話が必要とされるかどうか) は疑わしい。同様に，住居の解消の場合もまた，それが例えば身体的かつ財産上の事務に属するかどうかが問題になる。このために世話人の責任の問題が生じる可能性がある。判例では特定の職務範囲について，世話人の職務範囲に含まれることを確定した。整理すると次のようになる。
　①　財産法上の事務における代理
　例えば年金や貯金の現金高の管理や，一世帯住宅や賃貸住宅の管理や個々の財産の取得や投資が含まれる。ただ「年金の管理」が職務範囲として述べられている場合に部分領域が把握されているだけである。
　②　個人的な事務の代理
　世話人は例えば医者の治療を促すこと，職務を終えるために社会サービス機

---

[58]　Zimmermann, a.a.O., S.19-20.
[59]　Zimmermann, a.a.O., S.21.

関と契約を締結すること，本人の代わりに食料品や下着を買う権限などである。
　③　住居の決定
　多数の関係者が混在しており，一ヶ所の老人ホームに収容されなければならないことがある。この職務範囲を伴った世話人は解放された老人ホームを決定できる。
　④　医者の治療のために病院へ連れて行くこと
　ここでは，関係者の個人的な事務の一部だけが世話人に委任される。「連れて行くこと（Zufuerung）」という言葉の定義は避けなければならない。というのはそれが，医者が「連れて来られた」人に，自分の考えに基づいて手続きをすることができるという印象をもつからである。
　⑤　任意代理人の監視
　関係者が，例えば一人の親戚の者に銀行の代理権とか，その他包括的な代理権を与えているような場合がある。進行していく精神的な衰えとともに，本人はもう任意代理人をコントロールすることができない。そのような場合には，世話人が任意代理人の監視ということを特別の職務の範囲にする，世話人による世話を設定することができる[60]。
　⑥　「本人のすべての事務」の職務範囲
　多くの場合，例えば精神障害，知的障害，重症のアルツハイマー病，パーキンソン病などでは，本人は非常に多くの援助を必要としていて，自ら自分のための事務を全く行うことができず，むしろ包括的な世話が必要である。そのときは「すべての事務」という職務範囲が認められる。
　しかし，そのような場合においても，関係者の電気通信，あるいは郵便の受領，開封，保存についての決定（1896条4項）のように多くの領域が「すべての事務」から法律によって除外される。ただし，職務の範囲は広げることもできる。不妊化の同意についての決定（1899条2項）では，特別の不妊化の世話人が任命され得る。遺言能力及び婚姻能力は世話人が指定されても効力を失わない。世話人は被世話人の名前で遺言を書くことはできない。他方，被世話人は随意に遺言を作成することができる。それが有効であるかどうかは，作成者に遺言能力があったかどうかによる（2229条）。同様に被世話人は結婚することができる。戸籍役場の職員は，夫婦のうちの一人が婚姻のために必要な法律

60）　Zimmermann, a.a.O., S.22.

行為を行わないときには，結婚を無効としなければならない（婚姻法18条1項）。

世話人がその「すべての事務」の世話のために選任されている被世話人は，投票することができず（連邦選挙法13条），また被選挙人でもない。同様のことは欧州議会（EC），州，地方の選挙にも適用される[61]。

4　老後に予め備える代理権（Vorsorgevollmacht）

老後に予め備える代理権とは，本人に行為能力があるうちに将来の世話を目的とした代理権を事前に付与することである。任意代理の一つの形態で，わが国の任意後見制度に相当する。本人に関する事務が，任意代理人や法定代理人の選任を伴わない他の援助によって，世話人と同様に適切に処理できる場合，世話は開始しない（1896条2項）。したがって，任意代理は法定後見としての世話に優先する（補充性の原則）。ただし，被世話人が居住し，または収容されている施設やホームまたはその職員は任意代理人に含まれない（1896条2項）。

(1)　代理の目的

代理人によって当事者の事務が配慮されるならば，世話人は必要ではない。世話人は裁判所によって選任された代理人である。本人が世話人を任命する場合も同じように有効である。当事者は世話手続の前またはその間に代理権を与えることができる。

代理権の付与は授権者，すなわち本人の行為能力を必要条件としている。代理権の付与に際し本人が行為無能力の場合，その代理権は無効である。他の援助が存在しない場合は世話が必要である。疑わしい場合，裁判官は本人が代理権付与に際して行為能力を有しているか否かを専門家の助けを得て調べなければならない。

本人が自由な意思決定ができない精神機能の病的な障害の状況にあるときは，行為無能力である。本人が自らの意思決定を理性的に考慮できる状態にもはやない場合，自由な自己決定は代理権付与により排除される[62]。

(2)　世　話　代　理

世話代理は，法律上認められ得る代理権である。代理権授与者（すなわち関係者や被世話人）は，この場合一定の状況（例えば行為無能力の発生や世話の必要

---

61) Zimmermann, a.a.O., S.23.
62) Zimmermann, a.a.O., S.24.

第1章　ドイツの成年後見制度

性の発生）のために，一般的代理権（包括的代理権）あるいは，一定の事例のための代理権（例えば銀行の代理）が認められる。行為無能力の発生時にこれらの代理権は消滅しない（BGB168，672，675条）[63]。

老後に予め備える代理権は数多くの問題がある。長所は，本人は老齢になったときに世話をしてもらう人を自ら選任することができる点と，後に世話人を裁判所が選任することを避けることができる点，及び本人が求めていない未知の第三者が資産状況を見ることを免れる点である。短所は，濫用の可能性がある点と，代理人が期待されているほど後で信用し得ない点である。代理の対象として，治療行為，住居の決定，自由剥奪を伴う収容，及びそれに類似の職務の承諾が可能かどうかは議論が分かれていた[64]。

2009年施行の第3次世話法改正法では，健康に関する将来の世話を目的とした代理権の事前付与について1904条を改正して，老後に予め備える代理権を認めた。医療行為の決定に関する代理権を付与する場合（1904条5項）及び，住居の決定に関する代理権を付与する場合（1906条5号2文）は必ず書面に内容を明示しなければならない[65]。また，2009年改正法により，患者（被世話人）自身による意思能力を喪失した場合に備えた医療に関する患者の処分（リビングウィル）を認める規定を創設した（1901a条，1901b条）。健康に関する将来の世話を目的とした代理権の事前付与と，医療に関する患者の処分の違いは，前者は治療措置について同意するか拒絶するかを第三者（代理人）に移譲しているのに対して，後者は，同意する治療措置について患者（被世話人）本人が意思を表明することである[66]。

ドイツはコモンロー諸国と異なり，別段の定めがない限り，代理権を付与した者が死亡または行為能力を喪失しても任意代理権は消滅しない（BGB168，672，675条）。そのため任意後見制度に相当する制度を法制度化する必要性はない。しかし，身上に関する事務に対する決定権限をどの程度任意代理人に付

---

63)　Zimmermann, a.a.O., S.24.
64)　Zimmermann, a.a.O., S.25. なお，ドイツにおける任意後見制度については，田山輝明「任意後見制度──ドイツにおける老齢配慮委任状との比較」ジュリスト1141号（1998年）50〜56頁，新井誠「イギリスとドイツにおける任意成年後見法の動向」ジュリスト1061号138〜143頁，神野礼斉「ドイツにおける任意後見制度の運用」公証法学41号（2011年）1〜41頁，前掲36)参照。
65)　前掲36)399頁。
66)　前掲36)405頁。

与することができるかについては議論があった。2009年改正で，健康に関する将来の世話を目的とした代理権の事前付与を制度化したのである。

(3) 代理の方法

原則として，代理権の付与は，書面の方式を必要とせず，口頭による場合でも有効である。しかし，法的取引ではたいがい口頭による代理権の付与は受け入れられず，書面による代理権の付与を要求する。例えば銀行に行って，口座所有者が口頭で，彼に所有者の口座から金を引き出す代理権を委任すると主張しても，銀行は証拠を求めるので，銀行から金をもらうことはできないだろう。そういうわけで，代理権は（目的適合性のために）書面によって付与されなければならない。しかしまた，その場合でも，偽造の危険があるゆえの拒否をされる。銀行は，通例，少なくとも銀行内部で証明され得るものであることを要求する[67]。

偽造の危険は公証人の介入により防ぐことができる。そのため，公正証書による代理権付与がより安全である。

① 公証人により証明された代理権の場合，代理権授与者の署名は公証人により信頼すべきものとされる。

公証人は署名が実際に特定の人物の作成によること，またこの人物が彼の身分証明書またはその他の方法によって身分を明らかにすることを確認する。公証人は代理権の内容を調整しない。署名の証明のために公証人は料金を手数料規則45条にしたがって要求する。契約の相手方は，代理権授与に際しての本人の行為無能力のリスクを負う。例えば契約の相手方は，ただ完全に老け込んだ本人及び5年前に付与された代理権を見るだけであり，本人が5年前いかなる精神状態であったかはわからない。公証人自身はもっぱら署名の同一性を調べるだけであるから当時の行為能力を検査しない。

② 公証人により証明された代理権はそのためたいてい優先されるべきである。

この場合公証人は代理権を文書で証明する（公証人は署名を証明するだけではない）。そして，例えば交渉において話し合うことによって代理権授与者の行為能力を吟味する。このことは裁判所を拘束する行為能力の肯定を意味しないにもかかわらず，実務において公証人により証明された代理権の効力はほとん

---

[67] Zimmermann, a.a.O., S.26.

ど疑われることはない。なぜなら公証人は証人として訴訟上行為能力を証明するからである。公証人により証明された代理権は例えば後になって不動産が譲渡される場合，とりわけ土地登記簿取引においてもまた用いられる[68]。

(4) 老後に予め備える代理権が有効になる時期

これは，条件にあうかどうかで決まる。例えば「私の行為能力がなくなった場合のために」などである。商取引がそのような代理を受け入れるかどうかは非常に問題である。というのは，このような条件が起こっているのかどうか，行為の当事者（相手方）がどのようにして確かめるか明らかではないからである。妻が夫の持つ空き家を貸そうとするとき，利害関係者は夫を自分の目で観察し，代理の有効性を確証すべきであろうか。その夫と契約している銀行は，各々の支払いのたびごとに代理が有効であると確認する方法はあるのか。

本人が代理権を無条件で与えるが，本来の代理権を任意代理人にはじめは付与しないことは，目的に適っている。確かに代理権証書が渡されていない代理権（いわゆる内部代理）も有効であるが，任意代理人は，実務上証書の提出なしに代理権を有効とする行為の当事者（相手方）を見つけることはできない。本人は，その場合，任意の時期に証書を任意代理人に与え，その任意代理人に活動を可能にすることができる。

公証人は，本人が無条件の代理を与え，代理権を付与された者が公証人に本人の行為能力がなくなったか，あるいは少なくともなくなった疑いがあるという専門医の証明を示す場合，初めて任意代理人に証書を手渡す（公証法51条2項）。このような構成は，大きな財産があるときのみ表面化する[69]。

(5) 任意代理人の監督

任意代理人は，代理を与えた人によって監視される。本人が精神的にもはや監視を行えなくなったとき，監視は世話裁判所ではなく単に「任意代理人Aの監督」を職務範囲として有する世話人によって行われる（1896条3項）。任意代理監督世話人制度があるが，必須機関ではない（1896条3項）。本人はまた共同でのみ活動をすることができる二人の任意代理人を指名することができる[70]。

---

68) Zimmermann, a.a.O., S.26.
69) Zimmermann, a.a.O., S.27.
70) Zimmermann, a.a.O., S.27.

(6) 補充世話人

財産が巨額である場合，本人は代理人を喪失したときに，代理行為が中断しないように同じ順位の代理人を二人選任すべきである。その他の場合は当初の代理人が死亡した場合のために補充代理人が選任されるべきである。

(7) 基本的な関係

代理人と本人の法律関係（委任，雇用契約，請負契約）が代理権の基礎にある。代理権の付与に際しては，代理人の報酬，費用の内容（一括して，または個々の証拠に対して），分離した財産管理及び領収書の収集と並んだ貴重品に関する代理人の義務，年毎の締めの計算がなされるべき人の氏名，財産管理の種類についての規定（株式または固定した利子のついた有価証券への利益の投資規定など），復代理の禁止がともに定められるべきである[71]。

5 世話人の地位

(1) 世話人に適している人

過去には，しばしば弁護士が保佐人や後見人に任命された。多くの関係者は，本人に理解する能力があったにもかかわらず，本人はその保佐人にまったく会ったことがないと苦情を述べた。世話法の改正により，次の場合注意が必要である。

まず裁判上決められた職務範囲において，世話人の事務を処理することの適正さについてである。世話人に任命される人がそれにふさわしいかどうかは職務範囲次第である。莫大な財産を管理する場合は，法律行為の経験のない親戚は除外される。身上監護が問題になっている場合は，遠く離れて住んでいる親戚は除外される[72]。

必要な範囲で本人に対し身上監護を行うための適性も注意が必要である（1897条1項）。なぜならば1901条2項に従い世話人の要求を優先することがこの場合考慮されるからである。身上監護を行うには，個人的な接触，特に世話人と被世話人との個人的な会話が必要である。世話人に個々の事務を委任することは，個々に接触することで十分対応できる。適当な時間的感覚で，絶えず接触することが必要である。被世話人に理解する能力がない場合でも，世話

---

71) Zimmermann, a.a.O., S.28.
72) Zimmermann, a.a.O., S.31.

第1章　ドイツの成年後見制度

人は仕事を中止することができない。なぜならば，世話人は度々，被世話人が本当にふさわしい世話を受けているかどうか調べなくてはならないからである。被世話人が断る場合は，世話人は強制すべきではない[73]。

(2) 個人の世話人，協会世話人及び官庁世話人

世話人として次の者が任命される。

① 自然人（1897条1項）

② 認可された世話協会の職員（協会世話人）：協会がそれについて同意しているときにのみ任命され得る（1897条2項2文）

③ 世話官庁の職員（官庁世話人）：役所が了解しているときのみ任命され得る（1897条2項）

④ 世話協会（法人）：その法人が了解しており，いかなる自然人も世話人として選任されていないことが必要である。その協会は，世話の実施を内部的に一人または複数の職員にゆだね，世話裁判所に氏名を通知する（1900条2項）。他の世話人を持つようになった場合は，協会はこのことを裁判所に通知しなければならない（1900条3項）。裁判所はその場合には世話をそのような世話人に委ねることができる。

⑤ 世話官庁：自然人も世話協会も任命されないときのみ，世話人として任命することができる（1900条4項）。世話官庁は世話の実施を，内部で一人または複数の職員に委ねる。

そのため，協会世話人と世話協会は区別されなければならない。前者では，自然人が世話人であり，その人は協会の名誉職会員または常勤職員である。世話協会は職員の雇い主である。世話協会は法人としての世話人である。世話協会は自らが世話活動することができないので，職務を職員に委ねる（しかし，このとき職務を委ねられた職員は世話人ではない）。そしてここでも，世話協会は職員の使用者である[74]。

(3) 共同世話人

世話人は複数でも有効である（1899条1項）。複数の世話人は，被世話人の事務がよりよく処理できるようにする場合に問題になる。例えば，多数の不動産を所有する一人の高齢の女性に，すべての事務を任せるために姪が世話人に

---

73) Zimmermann, a.a.O., S.32.
74) Zimmermann, a.a.O., S.32-33.

任命されたとする。この場合一人の弁護士または税理士に「財産管理」の職務範囲を任せることにし、姪の職務範囲を「財産管理を除いたすべての事務」という内容にするほうが目的にかなっている。

同じ職務範囲を持った複数の世話人が任命されると彼らは共同してのみ事務を処理することができる。しかし一人の世話人は他方に明示か黙示で職権を与えることができる。裁判所はさらに選任の決定によって共同代理の例外を定めることができる[75]。

(4) 世話人として不適切な人

十分な専門知識も持たず、かつ身上監護を行うための時間が十分にない人を除いて、次に挙げる人は常に世話人としてふさわしくない（1897条1項）。

① 行為無能力者または制限行為能力者は不適切である。したがって、原則としては行為能力ある成年者だけが世話人として選任され得る。

② 本人が、その手続きにおいて、またはその手続きの前に、特定の者を世話人に選任しないように提案する場合は、これを考慮しなければならない（1897条4項2文）。ただし裁判所はこれを考慮するだけでよい。

③ 協会や役所は、不妊化の世話人としては不適切である（1900条5号）。被世話人が居住し、または収容されている施設ホームまたはその職員は世話人に選任されるべきではない（1897条3項）。

④ その手続上、本人の手続のための保佐人に選ばれた者は、利害衝突が問題にならないためにも、後に世話人に選任されるべきではない。さもなければ、手続上の保佐人は、世話人の指示に対して抗弁できないからである[76]。

6 世話人の職務、権利、義務一般

(1) 身上監護

すべての職務範囲において、単なる財産管理も含めて、世話が個人的に遂行されること、すなわち被世話人と世話人の間に連絡があるように、世話人が対応しなければならない。被世話人が、完全な理解能力を有するにもかかわらず、自分の世話人にまだ一度も会ったことがないということもあり得るからである。

そのため、1897条1項は、個人的な世話に適している人だけが世話人に任

---

[75] Zimmermann, a.a.O., S.33-34.
[76] Zimmermann, a.a.O., S.35.

命されることを要望している。世話人が例えば転居し，あるいはその他の方法で負担が過剰になって，もはや個人的な世話ができない状態であるとき，後見裁判所はその世話人を解任する（1908条b1項）。個人的な世話を促進するために世話協会はそれ自体として，あるいは世話官庁は，例外の場合においてのみ世話人に任命されるべきである。それとともに世話人と被世話人の信頼関係を発展させることができるように，なるべく被世話人によって提案された人が世話人に選任されるべきであり，本人による提案がない場合は，親戚関係その他の結びつきが考慮されるべきである（1897条5項）。したがって，可能な限り，本人の知らない人は世話人に選任されるべきではない[77]。

(2) 休暇中の代理

世話人が休暇中に旅行し，またはその他の方法で不在の場合には，世話裁判所に後で報告することなしに，管理の職務のため第三者の代理人を委任することができる。例えば職務執行を世話人に代わって行うことである。しかし個人的な身上監護（例えば宿泊施設の同意）の領域については，最終決定は依然として世話人が行わなければならない[78]。

(3) 協議義務

世話人は重要な決定を本人に相談して処理すべきである（1901条2項3文）。例えば居所の解約申込みや解消，老人ホームの引越し，終了，医学的な処置，財産の移し替えである。世話人が本人と協議することが本人の福祉に反するときは例外である[79]。

(4) 被世話人の福祉と希望

世話人は，被世話人の福祉に適するようにその事務を処理しなければならない（1901条1項1文）。世話人は，被世話人の福祉に反してはならず，かつ世話人は期待される範囲で，被世話人の希望に応じなければならない。

本人が行為能力を有するとき，世話人は本人の希望を考慮しなければならない。本人の行為能力が十分ではないときは，まず被世話人の希望がその福祉に反するかどうかが問題となる。したがって，その希望が福祉に反しはしないが，

---

77) Zimmermann, a.a.O., S.39.
78) Zimmermann, a.a.O., S.40.
79) Zimmermann, a.a.O., S.41.

適合もしない場合であっても，それが公平であれば十分である。その判断は，もっぱら客観的な福祉の観点のみからなされてはならない。本人の希望が役にもたたないが，不利益にもならないことであれば，本人の希望に沿うべきである。被世話人が，特定の色の服や決まったブランドの電気機器を要求するときは，かなえなければならない。なぜならば，1901条1項2文では，被世話人の福祉には，その能力の範囲内で，自己の固有の希望と観念に従って生活を形成する可能性も含まれる，ということを定めているからである。

被世話人の希望は，世話が必要とされる前からその希望が示されていた場合にも意味を有する。とくに財産管理についてその財産の維持や増やすことは被世話人の福祉に適合することが認められる。しかし，被世話人をその財産や所得を受領することから除外すること，及び後に問題になる相続人の取り分を多くするような取り決めを導くものではない。その財産が被世話人の苦しい状況を軽減し，以前の生活を保持するために適用されるように配慮しなければならない。

世話人は，被世話人の希望に課題がある場合はそれをかなえる必要はない。毎週多くの時間，世話人を話し相手として自由にできることを望んでいる場合，それは行き過ぎなので考慮されるべきではない。また，その他の点でも，世話人は被世話人の召使いではないことを考慮すべきである[80]。

7 世話人の個別の職務範囲

(1) 法律行為を含む身上の世話

身上の世話（Personensorge）の職務に関する委任は，その委任された内容の成立のために避けられない法律行為を含んでいる。例えば治療行為のための同意による医療または病院との契約，滞在猶予の決定による賃貸借またはホーム契約などである。1906条における自由を剥奪するための居所指定は，滞在の決定の職務を割り当てた委任であることがはっきりしていると考えられ，その後でふさわしい世話人を委任する。そのため身上の世話または身上に関する業務（Persoenliche Angelegenheiten）の職務範囲を一括して委任することはふさわしくない[81]。

そこで世話人がその職務の範囲内で被世話人を代理する（1902条）ことは，

---

[80] Zimmermann, a.a.O., S.41-42.
[81] Andreas Juergens, Betreuungsrecht Kommentar, 2001, C.H.Beck, S.279.

いずれにせよ被世話人に対して法律行為による行為とともに効果を伴うものである。被世話人に行為能力がある限り同意の留保が指定されることはありえないが（1903条），世話人が選任された限りでは独立した有効な法律行為を行うことができる。例えば治療行為のための同意や不妊化の同意のための委任は，常に被世話人の同意能力がないので自ら効果的に行為することができない，ということを前提にしている。同時に世話人の選任は，本人が自らそのときの処置に効果的に同意することができない，ということも重要である。滞在決定権も現実に決定権は本人の自己決定権を除外することと競合する。世話を滞在決定権者に委任することは，被世話人が病気あるいは傷害により制限されてもはや自己の責任による実行ができない場合—これに関しては「本人の意思」が問題になるが—または重大な自傷行為の恐れがある場合に限り許される[82]。

(2) 職務範囲に含まれない行為

世話人の職務範囲には，婚姻または死亡による自由な処分は決して含まれない。同意の留保は，このような意思表示に及ぶことはできない（1903条2項）。しかし他方，法律上の代理や世話について専属の範囲というものは，通常ありえないことである。被世話人に行為能力があるかないか，遺言能力があるかないかを判断するためには，婚姻または遺言書を分離して，自ら交渉することができるかどうかを検討する。被世話人の子供に対する親の認知は，世話人の職務範囲にすることができない（1678条2項）。これらの原則を総合すると，一身専属の性質を持つ決定のための世話人は選任することができない[83]。

(3) 家族法との関係

世話法は，家族法における職務と一致するすべての職務に及び，そのために世話人を選任することができるが，その際にそれによって差異をつけてはならず，その都度の職務範囲ははっきりしており，全体の身上の世話に相当する一般的な職務範囲の要素を世話人に委任する。個々に例をあげると以下のとおりになる。夫婦財産契約の締結（1411条2項），夫婦財産共同制による合有財産の管理（1436条），夫婦財産共同制の権利の主張（1469条5項），夫婦のうち長生きしたほうへの夫婦財産共同制の連続の拒否（1484条2項），夫婦のうちの長生きしたほうへの夫婦財産共同制の連続の取り消し（1492条3項），父子関

---

82) Juergens, a.a.O., S.279.
83) Juergens, a.a.O., S.280.

係の認知（行為無能力の被世話人に限って，世話人による認知）（1902条，1596条1項），父子関係の取消（1600a条2項），行為無能力の成年者の養子縁組（1768条2項）である[84]。

(4) 職務範囲の具体例

世話人は，被世話人の意思や希望を尊重し，被世話人の生活や福祉に配慮しながら職務範囲を遂行する。重要事項については世話裁判所の許可が必要である。

① 一般に考えられる職務範囲

まず被世話人の具体的な生活状況を考慮しなければならない。被世話人に全く財産がないのではなく，わずかばかりの所得があることがよくあるからである。あり得る職務範囲を考慮する。

・年金，生活保護，失業手当，健康保険給付金，保険の給付の申請，受領，割り振り
・労働賃金についての主張，受領，割り振り
・会計調査に対する請求権の主張，または官庁，銀行，健康保険，保険，保険の処理に対する請求権の防止またはそれに対する請求権の行使
・債権者や借金返済の代理
・扶養義務の調査または規制
・不動産や変動する有形資産の管理，利用
・小遣い銭の管理を除く財産の管理

② 居所指定義務（1907条）による特別な職務範囲については以下の職務が考えられる。

・居所の解約告知の防止
・解約または立ち退きの手続きの代理
・使用貸借または居所指定による規制
・賃貸借関係の解除
・居所や家計の解決に関する職務

③ 相続開始に関連した個々の業務については次のとおりである。

・裁判所における遺産分割の代理
・死後の遺産業務の規定に関する事項

---

[84] Juergens, a.a.O., S.280-281.

第 1 章　ドイツの成年後見制度
　　・遺産に関する権利の行使
　　・相続を放棄した場合の遺産の金額の解明
　④　老人ホームや療養所においてよくある必然的な移転によるものについても特別な職務が考えられる。
　　・ホーム契約の締結
　　・ホームの費用の調整（個人の財産または扶養義務者や社会保障費の所有者の利用によるもの）
　　・ホーム経営に関する代理
　　・小遣い銭の使い道の監督
　⑤　被世話人に対する治療行為に関する世話人の職務
　世話人が選任されるのは，被世話人に同意能力がない場合に限られる。単純な治療のための同意能力が認められるのは具体的な病気（風邪，骨折，歯の治療など）のときであり，複雑な症例（難しい手術，化学療法または放射線療法など）の場合は含まれない。
　　・身体の一部の切断のための同意の決定
　　・危険な検査のための同意
　　・発病による治療行為の同意
　　・手術後のアフターケア，入院または外来の医療上の治療行為の保護
　　・医者や病院の指導に対する権利の主張
　　・治療行為の同意
　　・（強制の）薬物療法の決定
　　・リハビリテーションの処置に対する費用に対する事項[85]
　⑥　世話裁判所の許可の必要な職務
　　・危険な検査，治療，医者の手術における世話人の同意
　　・不妊化の同意
　　・被世話人の自由を剥奪する収容
　　・世話人によって賃借された住居の告知
　　・被世話人が 4 年間を超える期間継続的な給付義務を負う契約締結（被世話人の旅館が 5 年間貸される場合など）
　　・被世話人が住居を賃貸する契約締結。これは被世話人が自ら利用しない住

---

[85]　Juergens, a.a.O., S.281-283.

第4節　世話法の具体的な内容

居が問題になるときも当てはまる。24の住居単位を伴った居住ブロックの所有者の場合，世話人は賃貸借契約のため裁判所の許可を必要とする。住居を不特定の賃貸借期間及び1年の双方的な告知権を伴った事務所に替える場合は，賃貸のためにいかなる同意も必要としない。

- 支度金の約束（被世話人の娘に対する結婚祝など）
- 被世話人の相続財産を管理する場合，被世話人の指図と相違する場合
- 被世話人の閉鎖された金銭の引出しや口座振替
- 金銭の投資の決定
- 被世話人の5000マルクを超える請求権や有価証券の処分，例えば被世話人の売買契約や損害賠償，保険給付，必要によっては年金に基づく請求権からの取り立て
- 土地や土地に関する権利（用益権，地役権，優先買取権など，土地債券や抵当権ではない）の処分
- 土地に対する所有権移転請求権の処分，例えば様式合意を求める請求権の譲渡
- 数多くのそれ以外の土地に関する行為
- 被世話人が後に帰属する相続財産または将来の法定相続分や将来の遺留分について処分する義務を負う法律行為
- 相続財産に対する被後見人の場合についての処分
- 相続分もしくは遺贈の拒絶，遺留分や遺産分割契約の放棄（一部の場合も同様である），遺産分割協議
- 特定の金銭投資，組合契約
- 農場または企業の営業上の用益賃貸借契約
- 信用引受
- 手形上の義務の負担
- 他人の債務の引受，保証の引受
- 代理権の付与
- 和解，訴訟上の和解，和解の客体が5000マルクを超えない場合を除く。金額が5000マルクを超える場合，和解が裁判所の和解の提案に一致する限り同意の必要はない。
- 被世話人の請求権のために存続する担保の廃止または減少，例えば，譲渡

担保権の放棄，担保の移転，抵当権，保証人の免責，順位の放棄[86]

8　個人的な世話（Persoenliche Betreuung）

(1)　世話の内容

「世話」の内容を日常生活の中の様々な場面で使う意味で捉えると，世話法における「世話」の意味を誤解してしまう可能性があることが指摘される。法律上有効な代理行為のなかに，「個人的な世話」は含まれるが，その具体的な内容は曖昧である。

1896条1項では，病気または傷害により，全部または一部の事務を処理することができない成年者のために世話人を選任することができる。一般の解釈では，法律上または事実上の根拠を本人の状況に当てはめないとされる。例えば行為無能力者は効果的な意思表示はできないので，世話人が必要である。しかし，自らの毎日の生計を守ることができない状況では，たとえ完全に法律上効果的な契約を締結できる場合でも，世話が必要な場合がある。1896条2項の規定によって，本人の事務が法律上の代理人が選任されることなく援助がある場合には世話は必要がなく，その援助が認められる（必要性の原則，補充制の原則）。このことから，世話を委任することができるのは，法律上の代理人に限られない[87]。

(2)　個人的な世話

世話法制定における特徴は，本人に対して「個人的な世話」が必要であることを明確にしたことである[88]。立法者は，個人的な世話は，世話人が自ら常任で行う職務と定義しているにすぎないが，そのために，世話人になる資格や条件が整っているか考慮される。自然人のみが世話人に選任され，本人の個人的な世話が必要な範囲でのみ選任される（1897条1項）[89]。世話人になる資格や条件が整わない場合，あるいは必要がなくなった場合は，世話人を解任すること

---

86)　Zimmermann, a.a.O., S.43-45.
87)　Andreas Juergens, Der Betreuer zwischen rechtlicher Vertretung und persoenlicher Betreuung, BtPrax, 1998, S.129-130.
88)　BT-Drucks. 11/4528, S.53, 68.
89)　世話法1897条1項は，次のように規定されている。
　　1897条1項　世話裁判所は，裁判上定められる職務範囲において被世話人の事務を法的に処理し，このために必要な範囲で個人的に世話人を世話することに適した自然人を世話人に選任する。

第4節　世話法の具体的な内容

ができる（1908b条1項）。個人的な世話のために世話人を選任するときは，本人の提案が考慮されなければならない（1897条4，5，6項）。世話人を選任する際は，自然人が優先され，世話協会や官庁世話人は，補充のときのみ選任が考慮される[90]。判例では，官庁は，個人や世話協会が不足したときのみ選任されることを示す[91]。

　本人に対して個人的な世話を確保することは，世話法における根本的な業務であり，世話法を特徴づけるものである[92]。個人的な世話も，あくまで必要な範囲で行われ，そのための適性がなければ，世話人を選任してはいけない。その適性を判断するためには，個人的な世話の内容をすべて包括しないほうがよく，必要な範囲を限定したほうがよい[93]。本人の障害に応じて，本人に対する職務を遂行し，本人の希望や能力を把握するために，世話人は本人に個人的な接触をすることができる。本人にとって必要な範囲で接触は許されるので，必要な範囲が少なければ，より少ない時間の接触で十分である。本人が接触を拒否している場合，世話人が接触を押しつけることは認められない[94]。

　個人的な世話の原則は，1897条1項に規定されている。世話人はこの場合自然人のみ選任され，世話人に適した人は，法律上規定された職務について被世話人の事務を行い，これに関して必要な範囲において個人的に世話をする。この定義から，個人的な世話の原則は，世話人の職務を決定するわけではない。本人を個人的に世話する義務は，世話裁判所によって決定された職務に配慮することとは取り扱いが異なる。個人的な世話は，世話人が何と係わり合い，どのように解決するかについては規定していない。個人的な接触は，本人をただ監督するだけではない。

　世話人は職務の範囲内で本人を代理する（1902条）。世話人のほかには誰も被世話人の意思表示に対して関与することはできない。法律上の代理の主張は，世話人の機能の中心の領域である。この定義は，被世話人の名における第三者との法律関係の理由となり，効果を生じるのである。

　一般に確認を必要とするのは，より詳しい説明と鑑定である。健康で障害の

---

90)　この指摘については，Juergens/Lesting/Marschner/Winterstein, Betreuungsrecht Kompakt 2011, C.H.Beck, S.48.
91)　BayObLG BtPrax 1993, S.140.
92)　Juergens/Lesting/Marschner/Winterstein, a.a.O., S.30.
93)　Juergens/Lesting/Marschner/Winterstein. a.a.O., S.30.
94)　Juergens/Lesting/Marschner/Winterstein. a.a.O., S.30.

ない人に第三者の援助や専門家を利用する機会を与える。世話人はこの機能を被世話人のためではなく，第三者を派遣するために利用する。また，訴訟を起こす場合弁護士に弁護を依頼することも含まれる[95]。

(3) 世話の内容——介護との違い

世話が必要であるかの判断について難しいことは，被世話人はその病気や傷害が原因で世話の必要性に全く気づくことができないことである。また，世話が必要なのか，介護が必要なのか，専門家が必要なのかの区別が難しい。例えば，すべての行動に対して日常生活のなかで徹底的な保護をすることは，いかに起きたり寝たりするのか，いかに自分で食事をしたり飲んだりするのか，保健体育をどうするかに関わることである。自らの家事の範囲を配慮する場合には，被世話人の日常の方法で行うことがふさわしい。毎日の買い物，食事の支度，食器を洗うこと，簡単な掃除をすること，ごみを捨てることも日常の方法で行うことであり，専門家を呼んで行うことではない。

この例で世話の必要のある人は，高齢や病気，傷害により特別の保護が必要な人ではなく，原則的に毎日の介護を必要とする人であり，自らの家計や介護を行う能力に不安があるので外来の介護サービスを利用するのである。世話人はこの場合サービス利用のための援助をするのみである。世話の必要性については，介護の必要性と混同しないようにする必要があり，両者は同じものではない。介護が必要だが世話人は必要ない場合があり，また被世話人は，必ずしも介護が必要な人ではない。介護の必要な被世話人について区別しなければならない点は，世話と介護の必要が同じ傷害や発病が原因で生じたときである。このとき世話人が行うことは，本人に強制的に第三者のサービスを調達することである[96]。

(4) 判　例

個人的な世話については，介護などの事実行為との区別がはっきりしなかったことから，個人的な世話の内容として認められるか（世話の職務を遂行したことになるか，職業世話人が世話を行った場合，報酬が請求できるか）に関する訴訟が続出した。結果的には，個人的な世話の内容は，「世話の内容を調整すること」で意見が統一されている。また，介護サービスを行うことは世話人の職

---

95) Juergens, a.a.O., S.130.
96) Juergens, a.a.O., S.130.

第4節　世話法の具体的な内容

務ではないことでも一致している。総合的な援助，治療に関する援助，そして家計に関する扶助も世話人の果たす役割ではない。外来のサービスを準備することは，世話人の職務に含まれないとする立場の判例もあるが，準備すべき状況であることは明らかであろう[97]。

① 介護行為との区別を争った判例

リムブルグ地方裁判所の決定（1996.9.18）[98]によれば，世話人が，被世話人の総合的な保健体育と傷の手当ての時間に対する世話報酬の請求の申立をしたことに対して，報酬の請求はできないと判断した。世話人の行為は，後に，医者に治療の際に指示されたことで，保健体育の指導はただその行為を補うだけであったことが説明された。裁判所の解釈は，世話人の職務範囲ではないという立場である。信頼できる介護サービスに委託することは，追加の職務であり，本来の職務には帰属しない。裁判では，本人は身体の衛生に関わることが必要な状況かを確認し，介護サービスを監督することがふさわしいと判決を下した。

コーブレンツ地方裁判所の決定（1997.10.6）[99]では，世話協会が本人の世話人に選任され，民間勤務の規定どおり雇われ，被世話人を規定どおり訪問し，いっしょに買い物をし，医者への付き添いやそれに類似する行為をした。協会は民間勤務の規定を適用することを猶予したが，時間給率の増加の根拠となると考えて世話の職務と分離しなかった。裁判所は次のように判断して訴えを退けた。

「世話人の職務ではなく，介護における職務であり，また，介護を供給する職務範囲である。この職務は，むしろ世話人を協会に組織づけるだけである。介護行為の実行または労務そのものは，世話人が被世話人に社会保障制度の援助の方法を提供することで行うことである。ドライブの費用や医者への付き添いは，世話人の職務ではない。むしろ，世話人の職務は，活発な社会サービスを組織する（organize）援助である」。

世話人の職務は，本人と社会サービスの仲介役であり，必要な援助を調達することである。世話人は，実際には料理はしないが，食事を注文することはある。被世話人のために介護サービスや住居の確保に関することを調達するだけ

---

97) Juergens, a.a.O., S.131-133.
98) LG Limburg vom 18. 9. 1996（BtPrax 1997, 119）.
99) LG Koblenz vom 6. 10. 1997（BtPrax 1998, 38）.

第1章　ドイツの成年後見制度

でなく，専門家に依頼することもある，ということである。

② 個人的な世話の委任

世話人は，権利があるのみではなく被世話人と個人的な接触を保つことが義務づけられている。少なくとも，世話法1901条は，被世話人の福祉と要望にいかに応じるかの根拠になるものである。このために，できる限り個人的な関係を築き，その状況について議論しなければならない。判例では，世話人が被世話人のために消費した時間に対して報酬を求めることができるとしているが，それは，被世話人と規定どおりの訪問と会話をするときである。

マインツ地方裁判所で1997年7月28日[100]に確定した事例では，世話人は被世話人を最大1ヶ月に2回被世話人のいる介護ホームへ訪問する必要があるとした。個人的な接触と会話が世話の主な職務内容である。このために1ヶ月にせいぜい2回の訪問で足りるとするのが判例の立場である。確かに本人の利益のために訪問をすることが望ましいが，この判例の場合被世話人には資産がない。本来，客観的に必要な職務範囲に対して，報酬の必要な世話行為を世話人に義務づける際には，本人の費用の支払能力や，国が費用を援助することを考慮して回数を決定すべきではない。しかし，判例はこの点を考慮したようである。個々の場合において，世話人の職務である訪問を利用するのは1ヶ月に2回で間に合うのかもしれない。現実には被世話人は介護ホームで生活するのみで外へ誘導することはできない。問題は，施設における配慮の様子や，他人との接触がどの程度存在しているかである。世話人が被世話人にとって唯一接触している人である場合は，1週間に1度は接触することが望ましいだろう。

③ 誕生日の訪問に報酬の請求ができるか

被世話人の誕生日のような特別の日の訪問に対して，世話職務を遂行したとして，報酬の請求ができるかどうかが争われた。簡易裁判所判事の指摘では，「誕生日の訪問その他これに類するものは，報酬を請求できる世話に含まれる」とする。これについての決定は，コーブレンツ地方裁判所の決定（1997.6.17）[101]がある

簡易裁判所では，世話人に，被世話人の生活の中で，2時間クリスマスパーティーの手配に参加した場合を報酬を請求できる境界線としていた。しかしこ

---

100) LG Mainz vom 28. 7. 1997（BtPrax 1997, 245）．
101) LG Koblenz vom 17. 6. 1997（BtPrax 1997, 242）．

第4節　世話法の具体的な内容

の判決は地方裁判所で修正された。個人的な世話のはっきりした特徴、つまり個人的な接触、対話や、世話の実行のために必要不可欠な親密さや信頼基盤を保持するためには個人的な接触が必要である。個人的な接触の度合いは、被世話人が接触を望むか断るか、被世話人の要求が世話人に割り当てられた職務の範囲に該当するか、被世話人の障害の程度によって決まる。これに続いて、クリスマスパーティーや誕生日の訪問に参加することが世話人の職務であるかは、個人的な世話の範囲内で決めることである。個人的な接触のためには、クリスマスパーティー、家族パーティーや誕生日に参加することは適しており、被世話人の人格について世話人により深い洞察を与え、本人の考え方を理解し、被世話人の意図を汲み取った世話をするための予備知識になるのである。そのような訪問を時間の単位で世話人の職務として認めた。

ユルゲン（Juergens）はこの決定は、一般的に広くは当てはまらないと考えている。世話人と被世話人の間で、直接個人的な接触をすることは、それが理由で世話人に他のサービスの成果を新たに認めるものではない。個人的な接触が世話人の職務範囲として認められるのは、世話人に誰も引き受ける人がいない場合に初めて考慮されるのであり、その職務が効果的で、本人の福祉に配慮することを要求するのである。このために費やされた時間に対して、世話人に報酬を支払わなければならない。

④　信頼関係

とくに問題なのが、世話人と被世話人が特別な信頼関係があるために、個人的な援助や擁護を望まれるときである。例えばソーシャルサービスによるか、より広い援助を行うのかというような単なる二者択一の事柄ではなく、被世話人の起こした刑事事件の主要な交渉に付き添うことが、世話人の職務に含まれるかということである。判例は意見が分かれており、肯定するもの、否定するものがある。フランクフルト地方裁判所の決定（1998.2.11）[102]は、世話人が被世話人のために費やした時間に対する報酬の請求を却下した。世話人は被世話人の刑事弁護に付き添い、暴行を受けた被害者に対して証人として証言をしなければならないとした。

---

[102]　LG Frankenthal vom 11. 2. 1998（BtPrax 1998, 151）.

第 1 章　ドイツの成年後見制度

(5)　小　　括

　ユルゲンは，1998 年に改正された世話法（1999 年 1 月 1 日施行）における「法律上の世話」を含めて，個人的な世話の内容について，将来の展望を含めて次のように指摘している。

　「世話法の改正法において，立法者は，世話人の法律上の代理人としての立場を，表面的には，個人的な世話の内容を維持したまま改正した。実質的には，1896 条の規定は，将来は，もはや『世話』でも『法律上の世話』でもないという意味である。1897 条 1 項で後見裁判所は，世話人には自然人を選任すべきであると規定されているが，いいかえれば，法律上決められた職務において，被世話人に対して法律上の事務を行い，そのために必要な個人的な世話をする，ということである。1896 条 1 項による世話人の選任とともに，世話人を選任することができる職務の範囲が議論の中心であった。改正後は個人的な世話の原則は，効力はなくなったも同然である。新しい『法律上の世話』は，世話によって行われるのは純粋な法律行為のみであるという誤解を促すことになった。実際に本人の個人的な世話は終わり，名誉職の世話（ボランティアによる世話）はすべて，法律上の世話職務の利用が多いという状況である。」[103]

　第 1 次世話法改正（1999 年）は，世話の内容を世話法に該当する「法律上の世話」に限定することで，必要以上に世話職務を増加させることを防ぐことを目的とした。しかし，その結果，世話法に規定されている内容の世話（法律上の事務）が多くなり，被世話人に個人的な接触をして，被世話人の意思を尊重する「個人的な世話」を世話人の職務範囲に反映しにくくなった。

---

[103]　Juergens, a.a.O., S.133.

第5節　世話法におけるケースマネジメント

1　背　景

ドイツの精神保健医療の分野におけるケースマネジメント[104)][105)]の存在意

---

104)　ケースマネジメントの表記は，国によってケースマネジメント，ケアマネジメントと異なるが，両者とも意味内容は同じである。ドイツやアメリカ等ではケースマネジメントの用語が使われ，日本やイギリスではケアマネジメントの用語が使われる。世話法の文献の中には，ケースマネジメントのほかに，世話法におけるケースマネジメントであることを示す世話管理（Betreuungsmanagement）や，ケースマネジメントの中で行われるケアプランについても世話計画（Betreuungsplan）との表記があるが，それぞれケースマネジメント，ケアプランと同じ意味内容なので，文献どおりに引用した。また，ドイツでは，一貫してケースマネジメントの用語を使用していることから，本書でもドイツの文献を引用する際はすべてケースマネジメントと表記した。

105)　ケースマネジメントとは，ケアマネジャーが，援助対象者のニーズとすでに制度となっているサービス，または家族，親戚，近隣，ボランティアなどのサポートの社会資源を結びつけ，対象者を継続的に援助する方法のことである。日本では，1995年に厚生省（当時）の高齢者介護・自立支援システム研究会が提出した報告書『新たな高齢者介護・自立支援システムの構築を目指して』により，ケースマネジメントの議論が積極的に行われるようになった。ここで示されたケアマネジメントの内容は以下のとおりである。
　①サービス利用に際して，高齢者や家族の相談に応じ専門的な立場から援助すること。
　②介護の必要な高齢者のニーズを把握し，そのニーズ（必要性）や介護の必要度に応じ，関係者が一緒になってケアの基本方針とケアの内容を定めたケアプランを作成すること。
　③そのケアプランを踏まえ，実際のサービス利用に結びつけること。
　④高齢者のニーズやサービス提供状況を把握しながら，適切なサービス利用を継続的に確保すること。
　ケースマネジメントを構成する基本的な要件としては，①ケースマネジメント援助を必要とする対象者，②対象者のニーズを充足する社会資源，③ケースマネジメントを実施する人，④ケースマネジメント課程があげられる。
　ケースマネジメントの内容は大きく4つに分けられる。①本人の諸種のニーズをアセスメント（情報収集）すること，②アセスメントに基づき，本人に提供されるべきサービスや支援の連携を計画すること，社会資源と本人を結びつけるだけではなく，本人の内的資源も涵養していく，③計画の実行＝本人とサービスや支援が連結するように手配する，本人が地域での生活が維持できるために，社会資源に対してアドボケート（弁護的機能）を果たすこともある，④本人とサービスの連携状況をモニタリング（監視）し，本人の変化などによって生じるニーズとサービスが合致しない場合に，再度アセスメントし，サービス計画の変更を図る。ケースマネジメントの手順は次のとおりである。

義や具体的な状況について，積極的に共同研究をしているロスラー（Roessler）は，ケースマネジメントがドイツに存在することを前提として，ケースマネジメントが導入された経緯を次のように説明している[106]。

(1) ナチの優生思想と従来の精神障害者の隔離政策

20世紀の始めの精神障害者に対する治療は，非人道的なものであった。彼らは家族から離れて非人間的な状況で生活することを強いられ，彼らを受け入れる施設がほとんど存在しなかったためにこのような状況を改善することができなかった。そこで，障害者と診断されると地理的に隔離され，権力によって無視され，公的に忘れられた。

1940年代ナチは優生思想の下で，収容所において9万人～14万人もの精神障害者を殺害したといわれている。1960年代まで精神科病院の状況は注目されず，精神病患者の生活状況について調査されなかった。1970年代になってドイツ政府は専門委員会で調査を行い，1973年の中間報告で委員会は，精神科病院——不便な場所で大きくて19世紀または20世紀始めに建設されたもの——は，「粗雑で非人間的だ」と報告した[107]。1975年の最終報告書で委員会は，国際的に受け入れられている近代の精神医療の主張にしたがって改革することを約束した。そしてアメリカやイギリスで行われているコミュニティケアの新

---

①入り口，ケースの発見，スクリーニング（ケースマネジメントの適合性の確認），インテーク（ケースマネジメントの対象とするか否かを判断すること）が行われる。②アセスメント，本人のニーズの査定（現在の問題状況，身体的・精神的な健康状態，日常生活動作能力〈ADL〉，経済状況，要援護者の士気，価値観，及び対人関係の持ち方，家族・近隣・友人に対する情報，世帯構成，要援護者の自助能力，現に利用しているサービスや支援など），③ケース目標の設定とケア計画の作成；本人に即した個別的な計画の作成，④ケア計画の実行，⑤本人及びサービス提供状況についての監視及びフォローアップ，⑥再アセスメント，⑦終結，である。重要なことは，これらの課程を反復，継続して行うことである。

ケースマネジメントについては，白澤政和「ケアマネジメント総論」リハビリテーション研究（1996年〈平成8年〉）3～5頁を参考にした。

[106] Wulf Roessler, Hans-Joachim Salize, and Anita Riecher-Roessler, "Changing Patterns of Mental Health Care in Germany." International Journal of Law and Psychiatry, Vol. 19. No. 3/4, p.391, 1996.

[107] Enquête ueber die Lage der Psychiatrie in der Bundesrepublik Deutschland: Zwischenberecht der Sachverstaendigenkommission zur Erarbeitung der Enquête Ueber die Lage der Psychiatrie in der Bundesrepublik Deutschland, BT-Drucks. 7/1124.

しいモデルを法的，社会的，政治的に適用することが長い経過の後に可能であることを証明したのである[108]。ドイツ世話法について法改正の必要性が指摘されたのは1970年以降のことであるが，1975年の報告書の中では，それまで施設中心であった福祉施策から脱施設化や地域におけるケアの必要性を指摘し，アメリカやイギリスで行われているコミュニティケアの重要性を紹介している。そして，このような福祉施策を円滑に行うために必要な法改正が世話法（成年後見制度）であることを指摘しているのである。

(2) 脱施設化への方向転換

脱施設への収容と外来患者の生活支援は従来，精神科病院が地方の隔離された場所に存在したためなかなか改革が進まなかった。孤立した場所にあれば，他の医療分野との協力が進展しないのはやむをえなかった。このことは，ケアの質を十分に維持できないことへとつながった。例えば，入院患者の3分の1は身体の病気を経験し，統合失調症患者の5分の1はノイローゼになっている。

また，精神科病院での治療は一般人口における同世代，同性に対して死亡のリスクが高いことも指摘されている。精神病の入院患者の中の1.3%以上は病院内の治療により死亡したといわれる。患者をとりまく治療の状況が深刻であることは明らかである。通常の入院患者の6.5倍の死亡のリスクを負っている。器質性の精神障害を持つ高齢の患者のみを見ると，死亡率のリスクは7.5倍を超えるといわれている。また，精神科病院内の自殺も死亡の重大な原因とされる。病院内の治療は通常の1〜3倍の自殺の増加のリスクを負うといわれている。

そこで相当の数の精神科病院患者が通常の病院での治療を好む。精神病と診断された病院で治療を受けている患者の51%は，精神科病院ではない病院で治療を受けていた。その理由は，精神科病院に対する偏見だけではなく，ほとんどの場合，もよりの精神科病院があまりに遠く，また精神科病院患者に複数の治療が同時に必要なとき，重大な治療はもよりの一般病院で引き継がれているからである。さらに，通院可能な患者については在宅ケアを中心として，それを援助するシステムの必要性が指摘されるようになった。

---

108) 前掲20）と同じ。

(3) ケースマネジメントの必要性

ドイツ政府の専門委員会は，地域におけるサービスの密接なネットワークが有効であることを指摘した。これは，従来の精神医療は，国の義務であるという考え方とは反対のものである。このサービス業務の中核は，患者のニーズを査定し，包括的なサービス計画を開発し，福祉や医療サービスの広い範囲でアレンジしたサービスを指定する。家族の援助の方向を含むより集中的なモデルは，社会のネットワークや，自立生活能力の訓練の手助けをすることである。この概念は，「ケースマネジメント」として知られる。このケースマネジメントは，慢性の精神病患者にとっては地域のサポートとして，現在必須のものと認められている。ケアの中心は，慢性の病気または能力低下の精神障害者の社会リハビリテーション[109]であるともいわれる。これらの専門家のスタッフは，主にソーシャルワーカーで構成されている。このケースマネジメントの形態は，精神障害者だけではなく，知的障害者，身体障害者，高齢者の分野にも発展し，世話法とも結びついた。バーデンヴェルテンベルク州における精神障害者への福祉サービスが，典型的なケースマネジメントであるとされている[110]。

2 ケースマネジメントの担い手

世話法においても，世話人の職務のひとつにケースマネジメントが含まれるとする指摘がある。ただ，誰がケースマネジメントを行うのか，どのような目的で行うのかについて議論は必ずしも統一されていなかった。そこで，世話法成立後比較的早い時期から議論のあった社会精神医療サービスと，世話官庁における世話と，職業世話人が行うケースマネジメントに関する議論を検討する。

社会精神医療サービスは，ドイツにケースマネジメントの素地があったこと

---

[109] 社会リハビリテーションとは，障害者が社会の中で活用できる様々なサービスを自ら活用して社会参加し，自らの人生を主体的に生きて行くための「社会生活力」を高めることを目指すプロセスである。社会生活援助プログラムを実施するほか，社会資源や福祉サービスの活用支援，対象者と家族との関係調整，対象者と環境との調整，諸サービス間の調整などの個別援助もその役割である。社会リハビリテーションの実施方法の中に，権利擁護やケアマネジメントが含まれる。この内容については，『新・社会福祉学習双書』編集委員会編『新・社会福祉学習双書第19巻・リハビリテーション論』（全国社会福祉協議会，1998年〈平成10年〉）参照

[110] W. Roessler, W. Loeffler, B. Faetkenheuer, A. Riecher-Roessler, "Does case management reduce the rehospitalization rate?" Acta Psychiatrica Scandinavica 86, p.445-449, 1992.

を示すものである。世話官庁の役割は，自治体の費用負担の抑制の視点から議論された。職業世話人は，世話の質の保障の視点から検討された。

(1) 社会精神医療サービス――医療・保健・福祉の連携の視点から

世話法では，身上監護事項の具体的内容として，医療処置手続（1904条），不妊手術（1905条），収容類似措置手続（1906条）を個別に規定している。この中で，収容の観点から社会精神医療サービス（Sozialpsychiatrischen Dienstes）についての検討がある。この社会精神医療サービスは，成年者世話法が成立する以前から存在するものであり，成立後も世話法における世話職務を援助しているのである[111]。

① 収容類似措置手続（1906条）と社会精神医療サービス

世話法1896条1項には「成年者が精神または身体，知能もしくは精神障害のために，自己の事務の全部または一部を処理することができないときは，後見裁判所は，本人の申立または職権により，その者のために世話人を選任する」と規定されている。この世話人には，個人世話人のほかに，職業世話人や官庁世話人，団体世話人も含まれるが，社会精神医療サービスもこれに該当する。これは，医療，保険，福祉が連携して行う総合的なサービスを提供する団体で，ドイツのほぼすべての州で行われているものである。

しかし，このサービスについて世話法では特別に規定されておらず，言及もされていない。世話法1906条では，被世話人の収容について規定しているが，具体的な援助方法は規定されていない。後見裁判所は，被世話人の自己決定権を尊重し，必要性の原則，補充制の原則を考慮して世話人を選任する。そのほかにも職務範囲の確定，同意の留保に対する弁明，専門家の鑑定，緊急の問題に対する指令など，裁判官は援助の必然性により特別の決定権限を持つが，この裁判官の役割が，あたかもケースマネジメントを行うケアマネジャーのようであるとの指摘がある。そして，この裁判官の決定を具体的に援護するのが社会精神医療サービスである，と指摘されている。被世話人を支援する様々な社会資源のネットワークシステムの接続点の役割を果たすのである。

---

111) この内容については，Eberhard Hoefer, „Die Inszenierung von Unterbringungen nach dem Betreuungsgesetz aus Sicht eines Sozialpsychiatrischen Dienstes." BtPrax, 1998, S.53-58.

第1章　ドイツの成年後見制度
②　社会精神医療サービスの概要
　社会精神医療サービスは，精神障害者を支援するたくさんのネットワークシステムの下で接続点の役割を果たす。主に精神障害者や知能を本質的に妨げられて，素人や専門家の援助を頼りにしている人やグループを通じて，自力救済の方法を見つけたり，社会的に支援する活動をしている。そこで，世話法の適用のために社会福祉のネットワークの要点になる箇所について，精神障害者の状況や，世話の提案，鑑定や自らの見解を示すことにより，どのような世話が必要であるかを裁判官に代弁する役割を果たす。これにより裁判官が必要な世話を判断することを援助することになるのである。
　最も多い問題は，1906条1項に規定されている「危険」が精神障害者にあるかの状況の説明である。今までは自力救済能力がもはやない状況で，本人の健康状態または経済状態の損傷の危険がある状況に対する援助であった。どのような世話が必要なのかを判断するためには，援助が必要であることを報告した人や情報提供者から，本人の社会的な状況や必要な援助を聞いて知る必要があるので，このような情報を報告者や情報提供者とともに本人のために代弁する役割を果たすのである。

③　社会精神医療サービスの必要性
　社会精神医療サービスは地方自治体の精神医学上の援助システムにおいて結びつけられたものと考えられ，その援助システムは社会的，福祉的な実生活の部分の組織や構成と関連している。精神障害や知能の状態から素人や専門家の援助を頼りにしている人やそのグループを通じて，自力救済の援助や社会的な支援を行っている。
　社会精神医療サービスが必要かどうかは，次の基準によって判断される。
①　精神障害や知的障害の結果自力救済の可能性が制限されていること
②　本人の自己決定能力が明らかに制限されていること
③　社会的な役割を病気で制限されていること
④　社会的な共同生活を病気のために制限されることで障害があること
⑤　人や周囲のために精神に関する障害や不自由を和らげるために行動が必要なこと
　まず検討されることは，本人の自力救済の可能性を促進することと，病気の問題を和らげることである。その上で，社会精神医療サービスを利用するには

第 5 節　世話法におけるケースマネジメント

自らの資源や可能性があることである。これらの要素が揃わなければ援助は困難になる。この場合は，かかりつけの医者の方が援助に適している。そのほかにも，精神科医，福祉サービス，介護サービス，被世話人の住居の提供者，相談者，世話人（名誉職の世話人，職業世話人，世話人協会，世話官庁など）が関わることが考えられる。

④　社会精神医療サービスの役割とケースマネジメント

ドイツにおける世話法の改革は，もともと精神障害者の「脱施設化」の改革と関連がある。施設から退院して独立した生活を送るための援助の中で，ケースマネジメントの議論が発展してきている。

被世話人の世話のために，治療行為を世話の対象の範囲にするのは，第三者の援助を必要とする場合であり，例えば重大な精神病を発病した被世話人が，医師の治療や薬の服用を拒否する場合である。しばしばこの状況では，被世話人本人の意思に反して病院へ入院させる結果となる。本人の意思を尊重するためには，世話法の適用が有効である。被世話人の法定代理人である世話人は，被世話人のために入院をするか否かの交渉することができる。被世話人の容態によっては，開業医と治療契約を結ぶことができる。

社会精神医療サービスは，多くの専門分野の人を配置するが，その際にソーシャルワーカーや社会教育家はすべての分野で重要な教育者のグループを組織する。同時に専門の看護職員，心理学者，精神科医と精神療法の専門医がこのサービスの中で一緒に活動する。被世話人の診察時間には医師の指導が行われる。

ここでは二つの職務範囲が考えられる。ひとつは，精神病者のための「援助」（あらかじめ備える援助とアフターケアの援助）であり，もうひとつは，いわゆる保健所における「対策」である。これらの職務範囲は，被世話人が自発的に援助を受け入れたとき，そしてすべての援助に対して，被世話人が了解したときのみ援助が行われるのが原則である。そのようなアフターケアの意味は，被世話人と相談し，問題を分析することと，関連のある人や仲介，計画，調整によって新たな成果を提供すること，すなわちケースマネジメントである。世話人の職務と保健や治療行為に優先するものは，専門の制度や法の知識を十分に利用して，外来の医学上の治療を調整することなのである[112]。

---

112)　Frank Sandlos, „Die Organisation der ambulanten psychiatrischen Behand-

第1章　ドイツの成年後見制度

(2) 世話官庁——自治体の費用負担の抑制の視点から

① 世話官庁の役割[113]

　精神病または身体的，精神的，心的障害があるために自らを完全に，または部分的に世話をすることができない成年者の事務を遂行する際に，世話法によって個人的な世話を強化し，人間としてふさわしくない場所で権利剥奪をするのに対して被世話人の能力を尊重した援助をし，重大な処置について方法を示すことは重要なことである。以前のドイツの障害者や病気の人に対する後見制度は，1990年の新しい世話法を導入することにより，成年者の禁治産制度，後見，保護制度の根本的な定義を変化させるように努力した。そのために，世話法は世話される人の福祉と保護を中心に首尾一貫して存続し，官庁もまた裁判手続や裁判官の決定に奉仕するために活用されている。

② 世話官庁の問題点

　世話法は，州や自治体が制度の施行を援護している。世話法を利用するための費用と世話人への報酬は，利用者（被世話人）自身が負担するのが原則だが，一定の低所得者については，州の国庫が負担することになっている。そのため世話法が施行されて多くの利用があることが，結果として州の財政を圧迫することになってしまった。世話官庁は，世話法が施行されて以来，問題とされている世話のための国庫負担の問題と関連して，官庁の出費を制限して財政のスリム化をはかり，世話を必要としている人に対する配慮をしながら，市場における社会競争の場へその配慮を移行させる必要があることが指摘された。州や自治体の費用負担の抑制の視点からケースマネジメントに関する議論の必要に迫られたのである。

　そのために有効な方法として次のようなケースマネジメントの議論がされる。

(i) 構造転換の必要

　まず，必要不可欠な施設が不足している。新しい世話法のもとで官庁による世話も隣接の行政単位（社会または公衆衛生など）に引き継がれたものがあるように，職業後見制度を世話官庁のために改造するべきである。社会的な分野では，職業世話人や名誉職の世話人の世話の内容が，予測していた法律の内容に

---

　　　lung Betreuter." BtPrax, 2001, S.91,95.
[113]　世話官庁と世話計画，ケアマネジメントの関係については Rainer Pitschas, „Die Betreuung in der ‚schlanken' Sozialverwaltung-Betreuungsbehoerden zwischen Buerokratie und Management." BtPrax, 1997, S.212-217.

第5節　世話法におけるケースマネジメント

あわず，司法の分野では，裁判官や司法補助者の選任について制度を整えるべき状況である。世話法の転換は，大変な出費と能力が必要なので簡単なことではない。社会的な領域における財政上の資源を世話の分野に十分に分配できないので問題が解決していない。高齢社会において問題の数が増加することが予測され，それぞれの問題に費用もかかる。世話官庁はそのための準備をして，必要とあれば，他の制度の適用の方法も検討しなければならない。

(ii)　実際の構造

実際には世話官庁の効率の悪さが指摘され，被世話人に施設の変更の希望があることや，官庁職の間違いが指摘されるようになった。世話協会の名誉職（ボランティア）や，職業世話人の職務が評価され，官庁世話人が減少した理由である。さらに，すでに任命された官庁世話人の「官僚の時代遅れ」の側面が明るみに出て，官庁世話人の世話職務の内容に被世話人が従うことを強要することが警告された。しかし，法の理解を通じて世話の本質について社会改革を試みるが，一方では民法における個人的な世話を援助することと，社会法上の内容の関係が正しく認められておらず，他方においては，世話官庁の財政上の問題と法において社会的な効率の問題にどのように対応するか，といった問題が見られるのである。

(iii)　世話官庁におけるケースマネジメントの議論

現在の福祉事業，公衆衛生と，社会領域における管理の近代化を結びつける考え方がある。これは世話の領域における「社会競争」の質的な保証を，「社会管理（Sozialmanagement）」の対象にすることである。これは，一定のモデルに従い，その中で政府補助の予算案を作成し，財源の責任を分散させることである。

世話法の改革を行う際，法改正と社会改革を平行して検討しなかった。このことにより，本人の法律上の保護が十分ではないことが明らかになってきている。裁判所補助者や裁判官は，多くの問題で手続の要求に追われる。さらに世話法において，本人が十分に保護されない場合があることが明らかになってきている。

世話協会や自由業の世話人の労働による，固有の質の標準を保証することに関連して，似たような管理職が存在する。世話の職務の質の保証はすべての官庁の世話管理（Betreuungsmanagement）の職務であり，すべての世話職務に関与することは，任意で行政の裁量に対して自らを拘束することである。この

第1章　ドイツの成年後見制度

ような社会の管理は、さらに世話労務の質と量、行動、時期や作業範囲、世話の報告の有効利用を包括することが、同時に世話に対する過程や内容の質の保証のために必要なものであることを示している。これが「世話計画（Betreuungsplan）」と結合することは、今日において社会事業の計画の方法を制度化する用意ができたことになる。

世話官庁におけるケースマネジメントの議論は、世話に対するコスト意識から導かれる議論である。ケースマネジメントの目的のひとつにはコストコントロールがあり、ケースマネジャーは、その地域の福祉予算全体との関係を考えながらケアプランを作成し、サービス提供を考える。つまり、行政サイドのコストと本人の自己負担コストを考えることがケースマネジメントとなるのである。コスト抑制のために高い公的なサービスだけを利用するのではなく、ボランティアや非営利団体を活用していくのである[114]。ドイツにおけるケースマネジメントの議論は、従来は要支援者のためにいかに必要なサービスを提供するかに重点がおかれ、コストコントロールについて十分に意識されなかった。国庫の費用負担の問題が深刻になるにつれて、コスト意識をもったケースマネジメントの議論がされるようになったのである。

1999年の法改正で新設された役所である世話相談所は、世話人に対して相談、助言、支援することになっていて、世話人の紹介や教育のためのプログラムも提供する[115]。ここで行われている業務も、広い意味では世話人に対するケースマネジメントといえるだろう。

(3)　職業世話人——世話の質の保障の視点から
① 背　景

成年者世話法における世話のあり方について、1995〜1996年以来ごくまれに世話の質の標準や、質の保障のテーマについて検討されてきた[116]。質に関する議論の目的は、被世話人の権利や利益を擁護するためのものである。また、1999年に施行された世話法の改正法の中で、世話の内容を「法律上の世話」

---

[114] 藤林慶子「ケアマネジメントにおける介護福祉士の役割」一番ヶ瀬康子監修、日本介護福祉学会編『介護福祉士これでいいか』（ミネルヴァ書房、1998年〈平成10年〉）125頁参照。
[115] 新井誠『高齢社会の成年後見法』（改訂版、有斐閣、1999年〈平成11年〉）98頁
[116] この内容については Eva-Maria Rothenburg, „Wohin geht es mit der Fachlichkeit in der ‚gesetzlichen Betreuung?'" BtPrax, 2000, S.201.

第5節　世話法におけるケースマネジメント

に限定したことから（1901条1項参照），専門家の職務として「報酬を請求できる行動の範囲」の具体的内容が検討されるようになった。ケースマネジメントは専門家が行う高度な技術を要する職務で，個人的な世話とも深く関わる職務として議論され始めた[117]。世話計画については，個人的な世話（1897条）や，世話人の義務（1901条）との関係とともに議論された。

世話法の基本原理は，本人の自律を最大限に推進することであり，入院よりも外来の生活をすることを奨励するが，本人を支援する場所が家族との生活の中にある場合は，だいたいにおいて非計画的で，特定の目的にあわせたものではない。そこで「個人的な世話」は，被世話人に対する直接の相互作用や，個人的な支援のみではなく，本人の協力のもとで，チームで援助の過程の計画や管理をすることを求める現在の「ケースマネジメント」の構想を伴った制度を含むものとして考慮され始めた[118]。

世話人は，三つの観点を同時に結びつけなければならない。法的な事務における本人の支援と，社会法上の問題の検討と，世話の過程に関与した制度とその他の援助とを調整することである。世話人は効果的に，被世話人の生活方式や日常生活を支援，援助し，例えば，通貨の変動の実施のような緊急の事情に対して，法的な利益を被世話人が獲得し得るようにするのである。このようなケースマネジメントを含む世話は，困難な問題を伴うことがあるので，職業世話人のような専門知識を持った人によることが適していることが指摘されている[119]。

②　世話の質の標準と質の保障

世話人は，本人の希望を尊重し，本人の福祉にふさわしいかを配慮する義務がある（1901条）。本人が無資力で国庫の出資を検討する場合も，裕福で自己負担をする場合も，同じように世話の質を確保し，世話の質が保証されなければならない。裕福な人は，世話の質についてはぜいたくが可能である。世話の職務を執行するにあたって，本人の経済状況に関わらず世話の質を保証することは重要なテーマとして検討された[120]。

---

117) Sabine Eichler, „Qualitaetsstandards in der gesetzlichen Betreuung." BtPrax, 2001, S.3.
118) Eva-Maria Rothenburg, a.a.O., S.201.
119) Eva-Maria Rothenburg, a.a.O., S.202.
120) Eichler. a.a.O., S.4.

第1章　ドイツの成年後見制度

③　職業世話人における質の保障

　世話法において，指定された世話人の目的と職務は，職業世話人（専門家）と名誉職の世話人（ボランティア等）の間でまったく区別がない。これに加えて，個人的な世話の原則である被世話人の福祉と要望へ配慮することもまた，被世話人の健康のために要求される。

　世話職務を有効に行うためには，本人の意思を尊重し，優先するのが原則である。このために世話人は本人の意思を確認する。そのために個人的な接触が必要である。世話人の必要性は，本人を「個人的に世話をする」状態かどうかで決められる。ここで問題になるのは，何が「個人的な世話をする」状態かということである。法律の規定では，個人的な世話の内容を具体的に特定していない。世話法制定当時の政府草案の理由づけの中でも，その内容は明らかにされていない。1999年施行の世話法改正法でも，「法律上の世話」の適用が明らかになっただけで，個人的な世話の内容が具体的に明らかにされたわけではなかった[121]。

　また，世話人が個人的な世話を行うためには，そのための適性があることが求められるので，必要があれば，世話を行うために適性のある人に世話を委任することがある。そのため，世話人の選任の際に世話法1897条1項以下を適用して，無条件に世話を委任して，法律上の解決をするために広く適用される傾向がある。そのため，世話人の適性や能力を正確に把握して，被世話人にとって本当に必要な世話を行うようにすることが，世話の質を保証することにつながるのである[122]。そのために，職業世話人がケースマネジメントを行うことが必要であることが議論された。

④　ケースマネジメントを行うために職業世話人に要求される能力，専門知識，資格

　個人的な世話を行うための適性の調査のためには，世話人は，被世話人の財産の状況や，個人的な状況や，被世話人の「以前の事情」に関する情報を提供することが，世話の役割を果たすことになり，被世話人の福祉のために面倒を見て，規定に基づきあらかじめ備えた世話に対応することを推定する。この必要条件は世話職務の最低限の質の保証がなされるためのものである。

121）　Eichler, a.a.O., S.5.
122）　Eichler, a.a.O., S.5.

とくに職業世話人が職務を行う際要求される能力は、裁判所や医師の鑑定書の理解のみならず本人の生活状況や世話の必要について書面で報告することである。世話人は、本人の情報によって、病歴によっては診察を促し、世話職務のための組織的な行動を監督するべきである。当然に本人の周囲のすべての資源をネットワーク化すべきである。ここでは、世話人はケースマネジメントの計画を立てなければならず、個人的な世話計画を実行すべきである。職業世話人は幅広い法律、経済、社会心理学のレベルでそれぞれ本人を分析し、個人的な責任を決定し、重要な行為をすべきである[123]。

3 ケースマネジメントの問題点

これに対し、ビーンヴァルド（Bienwald）は、世話官庁が行う世話管理（Betreuungsmanagement）には賛成するが、世話管理の中で行われる世話計画（Betreuungsplan）に対して次のような慎重な態度を示した[124]。ビーンヴァルドの批判は、世話人の職務内容が、社会福祉援助技術（ソーシャルワーク）と混同される可能性があることへの懸念から指摘されるものである。

(1) 世話人の福祉やケースマネジメントへの関与
① 世話職務との関係

まず世話法は、世話計画について規定していない。世話人の独自性と自己責任の原則を考えると、世話人は裁判所と職務の実行について協議するのではなく、広い意味での裁判所への報告を意味することと理解されている。個々の場合、被世話人の権利の主張が認められ、多くの問題に対して世話裁判所による決定の承諾がある。世話職務の計画はこの考え方にあわない。

1988年マインツにおける第57回ドイツ法曹大会のホルツハウアー（Holzhauer）の意見は、まず成人に対する禁治産、後見、保佐及び収容法は、新しく改正されることが推奨されるとした。そのためには、世話計画だけではなく、世話人が知る限りの被世話人の情報を示して、世話の必要を明らかにし、建設的な世話の方法を計画することを提案している。そして、世話人の報告義務については、あくまで決定権は世話人にあり、個人的な世話の目標は、それに従

---

123) Eichler, a.a.O., S.6.
124) Werner Bienwald, „Von der lebendigen Betreuung zur toten Betreuungsbuerokratur—Ein Zwischenruf zum ‚Betreuungsplan'—." Rpfleger, 1998, S.462-464.

うことであることを指摘している。これに対し，立法者は，以前は，ホルツハウアーの意見には従わなかったことがわかる。現行法では世話人の裁判所への報告義務は，すべての世話の問題について要求されているわけではないので，もし世話人が世話計画を行うとすると，世話計画に対して裁判所への報告義務がないので，世話職務の質を保つことができなくなると考えられるからである。

　世話の方法や世話をするスケジュールを総合した計画，すなわち一定の期間世話に関する業務や期限を守ることなどを処理するための方法は，世話を利用するために役に立つ手段となり，同時に援助を見落とすことなく，誤りのない世話を提供することができる。ただそれは世話人の助けとなる手段であって，被世話人に対する世話職務を前提としているわけではない。

　② 世話人の報酬

　世話計画は世話人の職務として明確に位置づけられているものではないので，世話人に対する報酬や経済的出費を償還できないという新たな問題が発生する。世話人は世話計画のために費やされた時間が報われるものでもなく，別の世話職務で出費した費用を経済的な出費としてそれを担保に費用を受け取ることもできない。そのような計画がすべての被世話人に関係があるとは限らず，また必要性の原則，補充性の原則（1896条1，2項）に基づく職務として行われるべきではない。ただ裁判所が1839条，1840条1項の範囲内で，1年よりも短い間隔で世話人に報告を要求すると，場合によってはその報告に基づいて決定した世話が増えるだけであり，それによって被世話人に現実に割り当てられる必要な援助も増加することが確実になる。そのような報告に対しては，世話人の（法律上の）世話義務が発生する可能性があり，支出と時間についてさらに報酬を支払うことになる。

　③ 世話職務と福祉に関する判例の立場

　判例も，世話法施行当初，世話人が福祉サービスに関わることについて否定的であった。必要性の原則（1896条）との関連で，たとえ外見上世話人の選任が必要な状況でも，現在存続している福祉サービスや医療で十分対応できる場合は，必要性の原則にしたがって，改めて世話人の選任や世話処置を行わないこと，そして，世話処置をするか否かは，本人の意思を最優先にすることを示

した[125]。医療や福祉の分野と世話法における世話とは厳格に区別して考えられていた。

(2) 世話計画の問題点

ビーンヴァルドは世話計画を支持する研究に対しては、次のような反論をしている。

① 世話計画と社会福祉との関係

従来の世話職務の方法論や世話を導く方法では、法と異なった指摘に対応する方法を示していない。その上、法制度上の世話に関しては、そのような研究は一つもない。さらに、福祉関係者が世話を行うことは適しているかもしれないが、世話は社会事業として行われているのではなく、また心理学者によって行われている世話は少ないのでそのための心理学の専門分野が確立していない。世話法の政府草案は、当時は弁護士や親族以外の職業団体については、世話人として適格かどうか疑問視していた[126]。とくに名誉職の世話人（ボランティアまたは外国人世話人）の世話については、専門的な職業内容を要求していない。

世話計画を行うことに対する批判は、治療、リハビリテーションの計画及び総合的な援助や、「個人的な世話」を除いた「心理学からのアプローチ」[127]の

---

125) LG Hamburg vom 22. 2. 1993（BtPrax 1993, 209-210）.
126) BT-Drucks. 11/4528, S.158.
127) 精神保健ケースマネジメントの場合、福祉のみではなく、心理教育などのほかのアプローチを組合わせることが有効だとする指摘がある。この指摘については、前掲（81）177頁参照。なおドイツで、触法精神障害者の援助のためのケースマネジメントについて、心理学的なアプローチの具体的な指摘があるので、参考までに紹介する。

　①入院患者から外来患者になるとき、リハビリテーション課程の段階で、非常に傷つきやすいことが明らかである。だからリハビリテーション課程の段階では、細心の注意を払って計画を立てるべきである。

　②患者と治療者との個人的な関係は、対応を継続し、再発を予防するために、退院後非常に有用なものである。入院していた患者が退院するときの健康状態は、治療を担当する人が変わると同時に変化することが多い。法廷で争っている患者にとって長期の入院期間の間に、個人的な関係を築かなければならなくなるので、治療者が変わることによってこの壊れやすい関係を失うことは、患者にとって害である。

　③このような患者のための対応や、代弁をするための標準となる精神医学はほとんど存在しないが、個別的に独自性を与えたプログラムは発達しており、この中で、治療の到達点は、毎日の事情や障害に対し分析されなければならないことである。これは、治療の目的は、実際の日常生活に対し、繰り返し再発見し分析をしなければならないことを意味する。この課程は、入院患者に対する治療では対応できない。

第1章　ドイツの成年後見制度

概要と比較しなければならない。1999 年世話法改正のための改正法案の中で，「社会の世話（Sozialen Betreuung）」として，法律上の世話と福祉の関係を認めた[128]が，法律上の世話と世話計画の間には境界線があり，「社会の世話」と世話計画は直接結びつくものではない。

② 世話計画と被世話人への支援

世話計画は，領域の違うリハビリテーション，治療，医学上の手術の領域や，社会福祉事業を結びつける役割をする。成果が期待され，計画がしっかり守られているかなどを監督をすることになる。最終的には計画どおり実行されるか中断されるかである。そのために世話法との関係が問題になる。世話計画では，世話人は，被世話人の立場にたって被世話人を補助するのであって，被世話人自身が行為をすることができないということではない。世話人と被世話人はそのときは有効な契約者として存在するのである。いずれにせよ，世話計画が上手くいくように世話人は妥当な手配をし，被世話人の利益を強化することにより，「法律上の」世話の職務を強化するものとして注目されるのである。被世話人のために世話計画を作成すると考えるならば，利益相反の問題が発生する場合がある。なぜなら，世話人は世話計画を作成するための世話職務を行うことにより報酬を得る場合があるため（世話人の報酬は原則被世話人の財産から支払われる），一方では被世話人と利害関係があり，他方では世話計画を立てる場合，被世話人の側に立つ必要があるからである。

世話計画を運用するためには，被世話人のために援助を代理し，世話の職務を割り当て，そのような議事録や計画について知らせ，被世話人に対する世話

---

④精神病患者は，警察を含むいくつかの公共福祉や保障，法人や代理人の指導を受けている。これらの法人やその代理人との意思疎通の方式は明白である。明らかに必要なことは意思疎通の方法のみではなく，治療の準備や患者との信頼と治療の有用性である。

⑤ほとんどの公共団体は，親戚，友人，知り合い，雇用，家庭などの社会とのつながりの重要性を強調する。これらの社会的なつながりは患者を支えることとして考慮され，患者と周囲の状況や社会的な統制のための訓練の要素の構成として考慮されるのである。これらの人々は，患者が元の状態に回復する兆しとなる要素であることを治療者は知っているのである。

この指摘については，Norbert Nedopil and Karin Banzer, "Outpatient Treatment of Forensic Patients in Germany: Current Structure and Future Developments." International Journal of Law and Psychiatry, Vol. 19. No. 1, p.77-78, 1996.

128）　BT-Drucks. 13/10301.

第 5 節　世話法におけるケースマネジメント

職務の内容を世話人に正確に伝えることによって適切な取り扱いができる。しかしこのような問題の解決のための法律上の根拠はない。世話の対象は，被世話人に対する事務であって，ただ世話ができるだけである。被世話人に対して重要かつ適切な事務や世話をする正当な利益がなければならない。世話計画は，せいぜい世話人のための手段であり，被世話人のための手段ではない。1897 条，1901 条において，世話人には「個人的な世話」をすることが要求されているが数が少ないといわれる。それは職務範囲の対象物として定義されておらず，そのために，世話人が職務を始めるにおいて独自の任務ではない「個人的な世話」は，事務を処理する方法の表現にすぎないからである。個人的な世話の計画は，特有の報酬を請求できる職務から独立させ改造する必要がある。現在の世話法ではそのような原則はない。

　将来の世話計画を行う人（さらに助言者に当たる人が必要になる）が生じることは予測するが，現在の世話職務ではそのような世話計画作成者は必要としていない。そのような世話人を認めることは，世話計画を作成することにより必要以上に職務範囲を広げて，その職務に対して報酬を請求する「金に汚い」世話職務が行われることになる[129]。

4　連邦政府の実態調査——ケースマネジメントの新たな展開

　2001～2002 年に連邦政府は世話法に関する実態調査のため，関連する職業団体に 100 項目のアンケート調査を行った。そして，世話法改正のためにドイツ各州から集められた専門家による連邦と州の合同の検討委員会により，先の調査結果を踏まえて世話法改正のための提言を 2003 年 11 月に行った。その中で，世話の質を保つために，世話人の職務として世話計画を行うことが望ましいことがはっきりと示された[130]。21 世紀を前後にして，それまで手探りで議

---

[129]　Bienwald, a.a.O., S.464.
[130]　この調査結果については，Christine Sellin, Dietrich Engels, Qualitaet, Aufgabenverteilung und Verfahrensaufwand bei rechtlicher Betreuung, 2003, Bundesanzeiger. の中で，分析，検討がされている。なお，ドイツ世話法の第 2 次改正の動向については，新井誠「ドイツ世話法の現状」臨床精神医学 33 巻 9 号（2004 年）1191～1195 頁，ベルント・シュルテ（村田彰訳）「ドイツ世話法の理論上の課題」実践成年後見 4 号（2003 年）76～86 頁，ペーター・ヴィンターシュタイン（石田道彦訳）「ドイツ世話法の実務上の諸問題」実践成年後見 5 号（2003 年）54～60 頁，ヴェルナー・ビーンバルド（村田彰訳）「ドイツにおける世話法の 12 年間——経験に基づく報告——」成年後見法研究 1 号（2004 年）28～33 頁，クリスタ・ビーンバルド（上山泰訳）「世話法の

論されていたケースマネジメントに関する議論も積極的に検討されるようになった。連邦政府の実態調査が公表された後に，ケースマネジメントについて具体的に検討された内容を整理する。

(1) 総　論

世話管理（Betreuungsmanagement）は，法律上の世話の実践にケースマネジメントを転用し，条件を適合させることを考慮したものである。ケースマネジメントは，個人，家族，団体を支援する要素となる。また法改正により1901条に，体系的な計画や職業上の救援を受け入れる計画に関する規定がある。つまり，世話人は被世話人の福祉にふさわしい被世話人の要望や生き方，考え方を見出し，すべての可能性に役立てられ，病気や障害を取り除き，改良し，悪化を防止する。法律は，世話人が被世話人に，個人的な生活状況，不足，組織の可能性を考慮することを要求している[131]。

連邦議会の世話法の改正案では，1901条4項で世話計画を義務づけることが規定された。それによると，1901条4項と関連することは，すべての職務範囲で世話計画が重要で，本人の個人的な状況を改善する上で重要である。例えば，健康に関する配慮や，滞在の決定などが挙げられる。世話管理は，世話の質を保証する道具である[132]。

世話管理において，組織的に考えて行動するのは，被世話人の個性のみではなく，生活環境を熟視するためである。世話法においてリハビリテーション任務を実現することになる。世話管理における資源を方向づけるのは，被世話人の長所を探り出し，それを引き出し（エンパワメント），欠点を除外しないことを考慮し，世話を計画することを意味する。社会資源は，個人，家族，文化や制度の範囲から見出す。世話管理の方針は，必要性の原則と補充制の原則に相当する。被世話人に対しては，本人の要望を考慮し，本人の生活へ介入することをできるだけ少なくする[133]。

改革論議」成年後見法研究1号（2004年）59～65頁，ベルント・シュルテ（伊佐智子訳）「ドイツ世話法における最新の改正動向」成年後見法研究5号（2008年）74～86頁参照。

[131] Angela Roder, "Betreuungs（case）management—Mehr Professionalitaet und Erfolg im Berufsalltag." BtPrax, 2004, S.87.
[132] Roder, a.a.O., S.87.
[133] Roder, a.a.O., S.87.

世話計画をたて，それを再審査することは，職務の質の管理（Qualitaetsmanagements）を確保することであり，いかに立法者の要求することや，被世話人が必要とすることに対して成果を具体化するかということである。経済上効率が良く，財政上透明に行い，被世話人のために，被世話人の考えを自分のことのように理解することである[134]。

(2)　世話管理の具体的な内容

　世話管理の段階のモデルは，ケースマネジメントの構想を引き継ぐものであり，世話の実践のために修正したものである。この体系は，世話行為や世話管理について，一方では適用の可能性のある事項で，他方，すでに職業世話人の業務として行われているものもある[135]。

　個別の段階を整理すると，次のようになる[136]。

①　接触すること：被世話人との最初の接触。
解明：状況の解明。
相談：職務の関係することの開始時期について。援助や対処に対する相談。
危機への干渉：損傷行為の回避（必要があれば収容）。

②　分析：問題や資源の分析。データの調査。
評価：専門の評価。被世話人の自己査定。第三者の評価（専門家の意見）。仮定または予測。

③　援助の必要：援助の目的。
計画：援助の必要の発見。可能性のある，役に立つ，あるいは避けられない援助の構想。

④　世話の計画：世話計画の話し合い（必要があれば援助会議）。世話の選択と確定。世話計画（裁判所のために）。場合によっては被世話人との契約。対応における移行世話人の職務や行為の決定と審査（法律上の任務）。

⑤　管理：目的の成果の審査。被世話人に関する調査の引き受け。関連したサービスの審査。計画の記録をとりつづけること及び修正。報告（裁判所のために）。

⑥　評価：すべての行動の評価。世話の継続，縮小，終了。他の援助の仲介。

---

[134]　Roder, a.a.O., S.88.
[135]　Roder, a.a.O., S.88.
[136]　Roder, a.a.O., S.90.

第 1 章　ドイツの成年後見制度

簡易裁判所に対する見解。成果の評価（結末の報告）。

　特に①～④の段階については重要なので整理する。まず①接触することは，世話法の規定に当てはめると世話の申し出（裁判所，世話官庁），問題を受諾すること（官庁や裁判所との話し合い）ということになる。ただ被世話人との接触に応じるだけである。この接触は，たいてい決まって裁判官のヒアリングという形で行われるが，被世話人には行動の自由がほとんどないといわれる。それだけに，接触する適格のある人を組織することは非常に重要である。なぜなら，法律上の世話の入り口に当たる職務なので，今後の世話の過程にとって重要だからである[137]。

　ケースマネジメントにとって，被世話人に接触することはインテーク（ケースマネジメントの対象とするか否かを判断すること）に相当し議論の中心になる。ケースマネジメントの計画の遂行において，この段階は，被世話人と「契約（engagement）」を締結することになると考えられているからである。契約をする立場では，意見交換したことに対して，組織的に準備をすることがふさわしい。適した場所の選択と決定，必要な基礎的なこと（例えば世話報告）や，個別の成果を記録しておくことが望ましい。

　被世話人と接触する際に重要な目標は以下のとおりである。
・信頼基盤を確立する──被世話人に対して心を開いて対応する
・部分的な問題の解決──どのような世話が必要なのか
・危機管理が必要か
・できるだけ介入しないことを目的とする
・必要があれば契約の締結（文書によって起草された取り決め）
・コミュニケーションの方法を決めること
・簡潔な評価をすること

　重要なことは，話し合いの結果を議事録に要約して標準化することである[138]。

　②分析することであるが，実施されている世話の状況を分析して評価することは，ケースマネジメントではアセスメント（情報収集）に相当する。世話法の制度上の重要な役割は，被世話人にできる限り接し，彼の要望，考え方，生活状況，個人的なオリエンテーリングに配慮し，周辺にある資源や計画を発展，

---

[137]　Roder, a.a.O., S.88.
[138]　Roder, a.a.O., S.88.

第 5 節　世話法におけるケースマネジメント

再検討することである。複数の状況から分析が困難なときは，次の 3 つの問題提起から分析を行う。
- どんな世話を求めているか問題点を見つけ，その有用性を規格化するか。
- どのような生活状況か。健康状態，暮らしぶり，社会との接触，職業，日常の状況などはどうか。
- 社会資源や，個人的な能力や，家族の世話，友人，隣人，制度との関係（職業，官庁，社団の世話）の何が不足しているか。

これらの分析は，日常の世話において，被世話人との会話を通じて行われ，また周囲の人や，周りの状況や，制度上のデータの統計をもとにして行われる。評価は唯一の手段ではなく，ケースマネジメントの基本的な過程である。分析をする際には，次の点を考慮する。
- 被世話人の分析と，考慮する可能性のある異なった特有の分析をはっきりと区別すること（記録に残す）。
- 特有の意義や規格を考慮すること，すなわち未解決の事項について（スーパービジョン）検討すること。
- 第三者を招いて分析する（精神鑑定，福祉の専門家の意見）。

アセスメント（情報収集）における分析は，同僚の相談や専門家の意見が介入することにより付加価値を持つ。アセスメントは，事例の相談を通じて，世話の問題があるたびに価値ある生活様式を検討したり，被世話人の意思や福祉を考慮することにより，援助の必要と結びつけるのである[139]。

③援助の必要を評価することは，援助の必要と目的をはっきりさせることが重要である。被世話人の要望を含めて，内側（被世話人）と外側（環境）から，考えられる，わかりやすい言葉であらわす必要がある。被世話人の要望は，例えば，将来生きていく上での要望，再び働いて賃金を稼ぐことができるかどうかといったようなことである。重要な専門家の視点は，専門家（医者，介護サービス，教育のサービス）が必要かどうかを把握することである。被世話人と世話人がコミュニケーションを取り，人や研究機関を参加させる方法で行う（ネットワーク）。評価の具体的な目標は，個人，団体，研究所が結び付けられることで，ケースマネジメントの時間や期間などが決定され，実施される。この目標は，被世話人に認められ，受け入れられた場合のみ，成果があったもの

---
[139] Roder, a.a.O., S.89.

と考えられ，存続する[140]。

④世話計画は，世話会議の中で議論されることが重要であることが強調される。世話計画の中で決められた職務は，書面で示され，契約の形で義務を定めることとされている。しかし，法律上の世話の職務範囲において，世話会議は世話計画の中で必ず行われることを保障するものではないことに注意が必要である[141]。

第6節　第2次世話法改正における世話計画の概要

1　制度改正の動き

前述のとおりドイツ連邦省の内部で委任された世話法の運用に関する実態調査の内容が2003年に公表され，その中で，世話計画について検討された[142]。この実態調査の内容をふまえて，2003年に連邦政府は制度改正の提言をし，2005年の改正に至った。

世話計画の内容については，連邦政府の実態調査に関する報告書の中で「個人的な世話計画は，個人に関連した計画であり，世話の目的を説明し，目標を達成するための手段であり，また，その目標の達成の程度である。個人的な世話計画の重要な問題は，世話を通じて達成するものは何か，それによっていかに，いつまでに，誰が世話に協力するのか，である。この問題にこたえるために，世話の過程を計画し，同時に文書でそれを証明すること，という基準を示した。個人的な世話計画は，専門的な手段のみならず，世話の質を確保するために，世話の職務は世話の内部を透明にして行い，世話を代理する場合は，その引き継ぎの負担を軽くするようにする。」[143]としている。

世話計画をめぐる当時の状況に関しては，次のような興味深い指摘がされた。「現在の法律事実の調査の範囲で，世話裁判所も世話官庁，世話協会においても需要があり，地方自治体においても世話計画の手段が研究されている。しかし，このような手段の研究の内容は，ほとんど紹介されていない。質問した際に，3分の1は否定し，11パーセントが，個人的な世話計画を作成したと答え

---

140)　Roder, a.a.O., S.89.
141)　Roder, a.a.O., S.89-90.
142)　Christine Sellin, Dietrich Engels, a.a.O., S.113-114.
143)　Christine Sellin, Dietrich Engels, a.a.O., S.113.

第 6 節　第 2 次世話法改正における世話計画の概要

た。4 パーセントは世話官庁であった。多くの質問により，世話計画（Betreuungsplanung）の概念には，様々な内容が存在することが明らかになった。それと共に，今まで職業世話人によって提案された統一の行動の計画が根拠づけられ，さらに，個人的な職務のための統一した手段が基礎づけられるかもしれない（しかし，その手段は世話の本質には及ばない）。」[144]。

世話計画に対して，世話に携わる様々な立場の世話人や関係者が，それぞれの立場や目的を果たすために，様々な形式の世話計画を作成していたため，統一の基準と世話法における根拠づけが必要なことが明らかになったのである。

2　世話計画の内容

世話法に関する実態調査の内容をふまえて 2005 年 7 月 1 日に施行された第 2 次世話法改正法により，1901 条 4 項に新たに世話計画が導入された。世話計画はケースマネジメントにおけるケアプランの考え方がもとになっている。そこで，新たに規定された世話計画の内容を整理する。

(1)　世話計画の概要

職業上取り扱われた世話によって，世話裁判所は世話人に世話計画を立てることを命じることができる。世話計画とは，世話の目的とその達成のために用いられる処置を意味する（1901 条 4 項）[145]。それに伴って，世話人は，本人の状況を知るための十分な情報を得て，世話の処置の実現見通しがあるかどうかを，分析し，世話人の行動を開発するためにはっきりした目標を示すことを継続するべきである[146]。世話計画の作成の義務が生じるのは，裁判所の命令があったときのみである。本人のためのリハビリテーションの処置は，それが特に役に立つ場合考慮される[147]。世話計画の内容は，本人の病気または障害に関する今ある健康状態や，生活状況の報告，必要があれば，その時の本人の希望が考慮される。同じくまた，世話の目標も追及されるべきであり，個々の処

---

144)　Christine Ssllin, Dietrich Engels, a.a.O., S.114.
145)　世話計画の概要については，Juergens/Lesting/Marschner/Winterstein, a.a.O., S.54-55.
146)　Tobias Froeschle, „Der Betreuungsplan nach §1901 Absetz 4 Satz 2 und 3 Buergerlichs Gesetzbuch". BtPrax, 2006, S.43.
147)　日本と異なり世話法は，身体障害者も制度の対象になる。しかし，ここでいうリハビリテーションは，身体機能を回復させるためのリハビリテーションではなく，社会リハビリテーションを指すものと考えられる。

置も，世話計画に置き換えて用いられるべきである。世話裁判所は，世話計画を調査して，必要があれば，世話人に指示を与えることができる。このことは，世話計画の変更に影響を及ぼし，個々の処置に関連づけられる。そして，世話裁判所は，世話人に指示を与える際に，特定の代理人を通じて，世話人の合理的配慮をする必要はない[148]。

世話計画を作成する際，世話計画の内容に関する実質的な構成に関しては，本人の生活の実態における形態の多様性を考慮する[149]。そのため，世話計画を遂行するためには，①世話人に割り当てる職務，②複数の世話，③本人の希望または本人が抵抗（妨害）すること，④実際の改善可能性，⑤病気の類型に対しては，融通の利く運用をすることが必要条件である[150]。

これらの基準を満たさないことや，結果が出る可能性があるのに計画を立てない，または不完全な世話計画を立てることを理由に裁判所は官庁に対してこの手続を厳重に適用する[151]。世話計画を作成する際に，原則としてそれを，一定のひな型に当てはめて作成することは不適切である。とくに，世話計画において本人の身上の変化に対して世話をする計画を作成する場合，紙の上での処理のみで行うべきではなく，世話人によって，本人の生活状態に関して，客観的対応が考慮されなければならない。世話計画は，その時その時の世話の状況を忠実に映し出すものでなければならず，決して世話人が一回行った被世話人の状況の確認の結果に固定されるものではない。

世話計画は，世話の職務範囲のすべて，及び世話人全員（複数世話人の場合）の職務範囲に及んではいけないが，及ぶ可能性がある場合は，制度上，部分的な世話計画，例えば健康状態の配慮の範囲内に限られた職務にすることは認められる[152]。

(2) 世話計画を作成する世話人の資格

職業上導かれた世話により，世話計画を作成する必要が生じた場合，世話人は，裁判所の命令により世話計画を作成する。職業上導かれた世話なので，名誉職世話人（ボランティア等）や自由業の世話人，協会世話人，官庁世話人は，

[148) Juergens/Lesting/Marschner/Winterstein, a.a.O., S.55. BT-Drucks. 15/2494, S.29.
[149) BT-Drucks. 15/2494, S.29.
[150) BT-Drucks. 15/2494, S.29.
[151) 以下の内容は，Bienwald/Sonnenfeld/Hoffmann, a.a.O., S.305.
[152) Bienwald/Sonnenfeld/Hoffmann, a.a.O., S.306.

第6節　第2次世話法改正における世話計画の概要

世話計画の作成者には含まれない。とくに官庁やその共同研究者における世話計画の作成は含まれない。世話法1901条3，4項により世話協会または官庁が裁判所により世話人に選任されたとしても，本人の財力や国庫の返済に結びつけて取り扱うこと（費用の抑制の視点から世話計画を作成すること）がないようにしなければならない。これは，世話計画を作成する際に，本人の意思や生活状況に配慮するときに，費用の抑制の問題のために，本人の意思や希望が制限されることがあってはならないということである。必要があれば，世話人の選任の際に，その世話計画が「職業上導かれる世話」かどうかを世話人に確認する[153]。

(3)　世話計画開始後の世話人の変更

職業世話人が作成した世話計画による「世話の開始」の後で，名誉職世話人が，世話の職務を引き継いだ場合，既に作成された世話計画の内容に従って，世話を行うことができる。世話人が交代した場合，世話計画は維持され，交代した世話人も世話計画にしたがって世話の職務を行うが，新たな世話人が，世話計画で作成された目標の設定に実際の状況を当てはめる際に，その目標に対して混乱が生じたときは，その目標を達成するために必要な処置を変更することができる。世話計画による世話を開始してから，世話人を交代したことや，職務の内容を変更したことなど，記録を取り続けることが必要である。

名誉職世話人が職業上の世話を引き継ぐ場合は，決められた日付や現在の業務内容の報告を職業世話人にする。そうすることにより，次に他の名誉職世話人に引き継がれても，世話計画の意義は忘れられることはない。名誉職世話人は，世話計画を引き継ぐことにより，名誉職世話人独自の世話職務の範囲は制限されるが，必要があれば，名誉職世話人固有の世話の職務を，世話をする時に行うことができる[154]。

(4)　複数の世話人が選任された場合

世話法1899条1，3項により，複数の世話人が選任された場合，一緒に世話を行う職業世話人に対してのみ，世話計画の報告をすることが義務づけられた。注目すべきことは，本人の身分法上の職務を行うために選任された所轄の名誉職世話人（本人の個人的な周囲の状況に対応するために選任された世話人）は，世

---

[153]　以下の内容は，Bienwald/Sonnenfeld/Hoffmann, a.a.O., S.300-301. による。
[154]　Bienwald/Sonnenfeld/Hoffmann, a.a.O., S.301.

話計画を報告する必要はなく，財産管理のために選任された職業世話人に対しては，世話計画の報告が義務づけられたことである。

不妊化手術に対応するために選任された世話人や，補充世話人に対しても，法律上の妨げになるため（世話法1908i条による未成年後見制度に関する規定である1795，1796条の準用），原則として世話計画の報告義務はない。これに対して，世話計画の報告のためにかなり長い時間がかかり，そのために実際に世話の職務の遂行の妨げになる場合は，世話人は引き続き最低限の変更や，世話の記録を取り続けることが必要である[155]。

(5) 世話計画の報告義務の根拠

世話法1901条4項は，通常，それぞれの世話人が，職業上行われた世話が，世話計画に該当する場合に，報告する義務があると規定する。この報告義務は職業上行われる世話に限られる。名誉職の世話人が行う世話（または様々なこと）に職業世話人が対応することは，世話計画の報告義務においては問題にならない。報告義務が及ぶのは，職業上行われる世話に対してのみである。職業上の世話職務を行う人は，世話人のほかに，後見，保佐，遺産に対する後見・保佐，訴訟に関する後見・保佐・補助人がいるが，このような人が職務を行う場合，世話法上，世話計画を作成する義務はない。

職業上行われる世話処分により，世話計画の報告義務は，その世話職務の履行について裁判所の監督，管理のもとで行われる。義務のある世話人が，世話計画の報告をしないという義務違反を犯した場合，裁判所はその計画を報告する命令を出す。適切な場合に世話人が世話計画を報告した場合，裁判所は裁決を下す。官庁から推薦された世話人がその裁決を受けた場合，計画の報告を義務づけられることによって，官庁から詳しい助言や支援を受けることができる。しかし，あくまで側面的な助言や支援であり，官庁が共同世話人として世話計画を作成することはできない。

裁判所の決定は，世話の適性を決定する。客観的な理由から，世話計画の必要性が存在している場合，裁判所の判断が及ぶ。その理由は，それぞれの世話人が，それぞれの世話計画の報告をすることが予想されるからである。例えば，すでにかなりの期間世話人によって行われたことが，本人の個人的な状況によって，それまで継続していたことが変化したため報告をする必要が生じたり

---

[155] Bienwald/Sonnenfeld/Hoffmann. a.a.O., S.301-302.

第6節　第2次世話法改正における世話計画の概要

するからである。これらは，最初の計画の手がかりと一致し，追加の手段である世話計画に職業上応じる世話人が，その世話職務に対して裁判所の監督，管理のもとで世話の職務を遂行すると考えられる。

　世話計画の報告により，裁判所が具体的な世話の事実を指図する決定を出した場合，世話人の世話の職務は，この決定に従って，全体の他の裁判所の指図を取消す（非訟事件手続法58条）。この指図する決定は，世話に対する本人の自己決定に関する事項が考慮される場合に出される[156]。

(6)　世話計画を報告する時点

　世話計画の規定で定められていること（適合した場合における裁判所の指定に相当する）は，世話計画を遂行するための世話の開始を，裁判所に報告することである。様々な形式の生活状況の詳しい決定は，それとともにいつ世話計画を報告すべきか，報告の目的にかなっているかといった，正確な時間の予定を決定づける。裁判所は，どのような場合，いつ世話計画を提案するか，個々の場合について確認しなければならない。世話人は，規定どおり，一番最初に本人の個人的な生活状況や希望を調査しなければならない[157]。

　しかし，実際には，本人の生活状況を調査してから報告すると，報告から決定までに数カ月かかってしまうので，規定の想定通りに世話計画を開始することは難しく，あまり役にたっていないとの指摘がある[158]。

(7)　世話計画のための世話の職務範囲

　世話人が職業上取り扱う世話において，適切な場合，裁判所の指示により，世話計画を作成する。世話法第二次改正法が施行された結果，世話計画の実質的な具体化がなされた。世話計画は，なによりもまず職務範囲が重要で，本人の個人的な生活状況が最もよい状態でいるための健康上の配慮や，居留地の決定をする。それに伴って，世話人の責任の範囲を決定するが，世話の計画が十分ではない場合，裁判所が世話計画の内容を指図することが考慮される。世話計画の目的となるものや，世話計画を開発していくためには，本人の生活状況も，本人の人格も，変化があることを知ることである。そのためには，世話人は，本人との個人的な接触が必要であるが，本人の世話の目標を検証するため

---

[156]　Bienwald/Sonnenfeld/Hoffmann. a.a.O., S.302-303.
[157]　BT-Drucks. 15/2494, S.29.
[158]　Bienwald/Sonnenfeld/Hoffmann. a.a.O., S.303.

に，家にできるだけ長く引き留めて長話をすることは，世話計画には決して必要のないことである。

　他の世話の職務範囲に関連して，財産管理，特に投資やその変化に対応することは，世話計画には含まれない。

　世話計画における個々の世話の事例や問題の確認や，計画における世話の処理に対する援助や実態の確認は，世話官庁に義務づけられている[159]。

　世話計画の報告は，世話人にのみ要求されるが（世話の処理に責任を取らせるため），世話官庁の援助や補助のサービスのみならず，今まで本人を世話したことのある人を関与させたり，世話人に含めることができる。世話人が他の人や他の立場に変更したときは，本人の了解があった時に限り，援助のプログラムの取り決めのためのデータ収集や情報，報告や予測の申し合わせをすることができる。世話計画の目標をやりとおすために，世話人は，本人の同意のみならず協力が得られれば申し分ない[160]。

3　世話計画と援助計画（Hilfeplan）の違い

　2005年に世話法が改正されるまで，世話計画は援助計画の一部と理解されていたが，改正後，世話計画と援助計画は異なるものであることが明らかになった。

　世話計画は，未成年者の援助計画について規定した，社会福祉法（SGB）36条8項（児童・未成年者養成法〈KJHG〉）と間違われる。援助計画は，性質，範囲，存続期間，融資や負担によって，未成年の被保護人に保護権者を任用して，援助計画を作成する。これに対して，世話計画は，目的や方法を裁判所の「命令」によって実現する。世話計画は，世話人に義務づけられるもので，本人には義務づけられない。

　世話計画は，老後に予め備える代理権（任意後見制度）において，世話計画の範囲内で，個別，具体的に実現することは可能である。例えば，本人への手術をきっかけとして，世話人は，本人の健康状態への配慮につき責任が生じる。これに対して，援助計画は被保護人がその手続に関与することが考慮された時にはじめて効力が発生する。例えば，精神科病院から居所への連れ戻しの場合

---

[159]　Bienwald/Sonnenfeld/Hoffmann. a.a.O., S.304.
[160]　Bienwald/Sonnenfeld/Hoffmann. a.a.O., S.304-305.

などである[161]。

4 世話計画における世話人の義務

世話人が，本人に対して世話を行う場合，本人の要望や福祉はもちろん，存在している期日に関する規定や期日を具体化するいかなる世話の職務についても，一般に世話人の自由裁量に任されている。しかし，世話計画において要求される報告義務と，本人に対する配慮は，世話人のこのような自由裁量を制限した。それでも，世話人は，自らの責任において，世話計画を遂行する。

世話計画は，それに伴う目標設定や，そのためにあらかじめ備えた個々の世話職務を，世話人に委任した範囲でのみ行うことができる。世話法1901条4項において，世話人には付随業務は当然には義務づけられない。

世話計画は，世話裁判所の命令によって世話人に義務づけられる。世話計画の調査と査定は，未成年後見と同様に，範囲が保証される（1908i条による1840条の準用）。

世話裁判所は，世話計画の内容に疑念があれば決して許可を与えず，世話人を任命したあと監督した上で，その世話計画の許可を，後で，世話人の裁量の範囲につき瑕疵がある決定がされたことが明らかになった時は，その瑕疵のある範囲で取り消すことができる。世話裁判所は，必要があれば，世話人とともに世話計画を調査して，目標設定やそのためにあらかじめ備えた処置の実現について，その職務の範囲内で変更することができる。この職務範囲の変更は，世話法における法律上の世話（rechtliche Betreuung）の範囲内で行うことが可能である[162]。

5 世話計画における本人の権利

本人にとって，世話計画は，計画された処置に関与するための案内であることを意味する。世話計画は，世話人を法律上の義務の支配下に置くが，本人をその支配下には置かない。本人が，自ら内容を変更して決定をすることはできる。このような本人の決定が，世話人の職務範囲において，世話人の自らの個人的な職務や特別な職務と競合するために制限された場合，裁判所は，本人に

---

161) Bienwald/Sonnenfeld/Hoffmann. a.a.O., S.306.
162) Bienwald/Sonnenfeld/Hoffmann. a.a.O., S.306-307.

同意の可能性があるため，同意の留保を指示して，制限する（1903条）[163]。

6　世話計画に関する補足

世話計画のサンプルは，裁判所が引き受けて監督する場合，保存することができる。裁判所も世話人も，記録の作成に関与した者は，情報の守秘義務がある。書類の閲覧の場合も同様である[164]。

本章のまとめ

　後見制度は，もともと後見人の利益を得るための制度だったものが，被後見人の利益を考慮する制度に変化した。世話法以前の成年者に対する後見制度には，行為能力剥奪宣告制度と強制的監護制度があったが，多くの問題点があった。どちらの制度においても本人の意思や自己決定は十分に尊重されなかった。また，後見人または保護人の権限の範囲が本人の能力に対して広すぎるために必要以上に本人の能力を制限してしまうこと，財産に対する保護が中心で本人の個人的な生活支援が十分に行われていないこと，裁判上の手続の際本人に対して十分な保護がなされていないことなどの問題点があった。そこで，これらの問題に対応するため，民法及び非訟事件手続法が改正されて新たに制定されたのが世話法である。

　世話法の基本原理は，必要性の原則と補充性の原則，自己決定や本人の意思の尊重である。本人の意思を尊重することに関連して，自律や私的自治について検討される。必要がある場合にのみ世話人の同意が必要な事項を認める（同意の留保）。自律を尊重する視点から，老後に予め備える代理権（任意後見制度）を認める。世話法を利用する際，本人の意向を確認し，「本人の意思を尊重する」ことは，本人の自律を尊重することである。そのために世話人は本人と必ず面会して「個人的な接触」を図る必要がある。この本人の自律を尊重するための職務は，具体的な職務として構成しにくいものの，世話法を運用するための原動力となる最も重要な事項である。本人の意思決定について代諾や代行決定の必要が生じた場合は，必要性の原則に基づいて世話人が選任される。

　世話法は幾度か改正されているが，これは，現実に起こる問題を世話法の解

---

163)　Bienwald/Sonnenfeld/Hoffmann. a.a.O., S.307.
164)　Bienwald/Sonnenfeld/Hoffmann. a.a.O., S.308.

本章のまとめ

釈や運用に反映していくことの難しさの表れでもある。議論や試行錯誤を積み重ねながら柔軟に対応して立法に結びつけている点は，示唆を受けるところである。

1 個人的な世話と世話計画

　世話法では，本人に対して個人的な世話に関する規定（1897条）を置き，その具体的な内容として，世話人の義務に関する規定（1901条）を置いた。「個人的な世話」とは，わが国の成年後見制度における身上監護に相当する。世話法では，「本人の意思を尊重すること」を最も重要な世話人の職務と位置づけた。世話法の基本原理として，本人にとって必要がなければ世話法を適用しないことを定めた必要性の原則（1896条）や，本人の意思を確認するための同意の留保（1903条）の規定を置き，本人の自律や私的自治について検討されるのもそのためである。そして，この本人の意思を尊重する義務を，個人的な世話の具体的な内容として理解している。個人的な世話の職務範囲（契約の締結の援助など）は限定することができるが，世話人の本人の意思を尊重する義務はすべての職務範囲に対して生じる。

　2005年の世話法第2次改正で，新たに職業世話人の義務規定として設けられた世話計画は，それまで世話人の職務として，様々な形で実務上行われていたケースマネジメントの考え方を転用して法律上の根拠を設けたことになる。しかし，一般的なケースマネジメントでは必ず目的の一つとされる「費用の抑制」の視点は厳しく排除され，官庁や行政が関与することを制限し（官庁が世話人になって世話計画を作成することを禁止している），裁判所が積極的に関与するところが，社会福祉援助技術（ソーシャルワーク）と異なる点とされている。これは，本人の意思を尊重することが，世話職務を提供する側（官庁や職業世話人など）の意向で制限されることが決してあってはならないからである。ここでは，本人の意思を尊重することが最重要事項として考えられている。また，あくまで本人の意向に沿うように生活支援をすることが目的なので，世話計画を作成するために，必ず本人と接触して本人の意向を確認することを要求し，一定の要件や形式（ひな型など）に当てはめて計画を作成する方法を否定している。世話計画の必要性を裁判所という第三者が確認し，本人の意思を最大限尊重するために，世話計画の開始時点から，職務内容，終了まで，それは裁判所の監督のもとで行われる。

2　世話法とケースマネジメント

　ケースマネジメントは，世話法の適用の様々な場面でその必要性が議論されるようになった。21世紀になって，議論が活発になったのは，世話法の中へ福祉の問題が集中したことと，世話の利用により，国庫負担が増大して，国や州の財政を圧迫しているので，その対応のために議論せざるを得ない状況になってきたからである。

　ドイツ世話法においては，1896条1，2項の必要性の原則にケースマネジメントが該当するかどうかについて，意見が分かれた。ケースマネジメントの基本的考え方は，要支援者の社会生活に焦点を当てて，要支援者自身がその生活を自己決定していくよう側面的に援助することである。その結果，ケースマネジメントは要支援者の自立を支援し，生活の質（QOL）を高めていくことを目指している。さらには要支援者の人権を擁護するためのものになる。要支援者の自立を支援するためには，「要支援者の自己決定権の尊重」の視点が必要である。世話法の自己決定権の尊重の理念とケースマネジメントの考え方は一致する。ケースマネジメントが世話法の中で議論されることは理論上矛盾するところはない。結果として，ケースマネジメントそのものではなく，ケースマネジメントの考え方を転用する形で検討され，世話計画（1901条4項）が立法化された。

　ケースマネジメントの対象は個人に限られず，①市区町村レベルのケースマネジメント（費用の抑制の視点），②医療・保健・福祉機関レベルのケースマネジメント（それぞれの連携の視点），③個人・家族を対象とするケースマネジメント（世話の質を保証する視点），④セルフ・ケースマネジメント（要支援者が自らケースマネジメントを作成すること）の場面がある。世話計画をめぐる議論においても，①〜③のそれぞれの場面で議論された。本人の意思を尊重するためには，④が検討課題となる。

　ビーンヴァルドは，世話計画について様々な検討をしていたが，世話人の役割については検討が必要である。世話人がケースマネジメントをする場合，世話人の立場は被世話人の側に立つのだろうか。それとも，契約当事者のように被世話人とケースマネジメント提供者という立場に立つのだろうか。ケースマネジメントは，要支援者の立場にたって援助するものである以上，あくまで被世話人の立場に立つべきであり，それが法解釈上困難な場合（世話人が福祉サー

ビス提供者である場合など）世話人としてケースマネジメントの職務を行うべきではない。ビーンヴァルドが批判した点については，世話計画の立法化により解決した。世話計画は，あくまでケースマネジメントの方法を世話法に転用したもので，ケースマネジメントそのものとは異なる。したがって，世話人の職務は社会福祉援助技術（ソーシャルワーク）ではない[165]。

　本人の意思を尊重するために個人的な接触を義務づけ，個人的な世話の一つとして世話計画を導入した。本人の生活支援のためには医療・保健・福祉の連携が必要な場合があり，その有効な対応方法として，ケースマネジメント手法を転用した世話計画を立てることを義務づけたのである。身上監護の中でも，具体的な職務内容として特定しにくい職務に対して，福祉の視点も視野に入れながら柔軟に議論や解釈に反映させたことについては一定の示唆を得るものと考えられる。

---

[165] Werner Bienwald, „Ist das geltende Betreuungsrecht wirklich nicht mehr zeitgemaess？ — Brauchen wir einen neuen Betreuugsbegriff？" BtPlax 2010, S.3-7 参照。

はじめに

第2章　アメリカの成年後見制度

はじめに

　アメリカには，成年後見制度に相当する制度に，まず従来からの伝統的な法定後見制度（Guardianship）がある。また，任意後見制度に相当する持続的代理権授与制度（Durable Power of Attorney）がある。伝統的な法定後見制度は裁判所での手続が必要で，その手続が公開され複雑であること，被後見人の権限を一律に剝奪することなどの問題があり，必ずしも利用しやすい制度ではなかった。意思能力が十分ではない人の状況はそれぞれ異なり，そのために必要な制度は様々なので，法定後見制度に代わる制度が利用されている。コモンローの法領域では，代理権は本人の死亡または意思能力喪失により消滅するため，代理権を存続させるために持続的代理権授与制度が必要である。持続的代理権授与制度は，被後見人の権限を剝奪することがないが，代理人を監督する制度がないため代理人の権限濫用の問題がある。それぞれの制度は長所と短所を持ち合わせているので，代替方法を含めて，いくつかの制度を組み合わせて適用することがある。支援を必要とする高齢者や障害者は，様々な制度の中から自分にあった制度を選択できるメリットがある。また，財産管理事項と身上監護事項についても，個別に議論した上で，それぞれが関連しあうことを考慮して総合的に検討し，適用している。

　アメリカには，後見，代理，信託，年金，遺言，社会保障等の高齢者に関する法を総合した高齢者法（Elder Law）という法分野があり，それぞれを総合的に検討することについては一定の示唆を得ることができる[1]。また成年後見制度をめぐる議論は，法律以外に老年学や福祉，法と精神医療などの分野でも検討されている。これらの異なる分野を関連づけて議論することは可能であると考えられている。

1）　精神障害者や知的障害者についても，高齢者法同様後見，代理，信託，社会保障など障害者に関する法を総合して検討する。アメリカの障害者についての法制度の検討をしたものに，東京都心身障害者福祉センター編『アメリカ合衆国における発達障害者の権利擁護の理念と施策（資料集Ⅰ）』（東京都心身障害者福祉センター，1986年），同（資料集Ⅱ）（1987年）参照。

第2章　アメリカの成年後見制度

　わが国では，成年後見人による成年被後見人の居住用不動産の処分の際には，家庭裁判所の許可を要する規定がある（民法859の3条）。成年被後見人の身上監護（生活，療養看護）のために財産を処分することを認めた規定であり，成年後見人は，成年被後見人の「身上監護のための財産管理」のための対応が必要であることを示している。財産管理と身上監護について総合的に検討するアメリカの状況が参考になると考えられる。

　そこで，従来の法定後見制度を検討してから，法定後見制度の代替方法である持続的代理権制度，医療のための持続的代理権制度，リビングウィル，信託制度について検討する[2]。これらの制度は，本人の能力喪失後の財産管理や身上監護のためのエステイト・プランニング[3]のひとつの手法として考えられる

---

[2]　高齢者や成年の障害者のための法制度は，他にも財産を共有名義にしたり，低所得者医療補助（メディケイド）への対応を検討したり，医療のための契約など様々な手段，方法がある。後見や持続的代理権，リビングウィル，信託は代表的な法政策である。アメリカの成年後見制度については，新井誠「アメリカ法における後見人と財産管理人の法的構成」千葉大学法学論集12巻1号（1997年）5頁以下，小林秀文「アメリカにおける成年後見制度とその代替的システム(1)」，同「(2)」中京法学30巻3号（1995年）71～109頁，同31巻3号（1997年）43～105頁，志村武「アメリカ合衆国における精神遅滞者保護のための制限された後見制度」早稲田法学43号（1993年），同「アメリカ合衆国における後見制度」高野竹三郎先生古稀記念『現代家族法の諸相』（成文堂，1993年），同「アメリカにおける任意後見制度——日本法への示唆を求めて」ジュリスト1141号（1998年）57～66頁，宮下毅「アメリカにおける高齢者の自律と保護」法律時報85巻7号（2013年）45～50頁などを参照。

[3]　エステイト・プランニングとは，相続に関する諸種の法制度（遺言法，相続法，物権法，信託法，家族法，税法，保険法など）を総合的に勘案して，財産を有する者（またはその弁護士）が，死亡に備えてどのような財産処分の形を取ることが各々の条件の下で意図する目的に最も適ったものであるかを検討し，その具体案を探ること，またはこのために前述の諸法を総合的に把握することである。（田中英夫編『英米法辞典』＜東京大学出版会，2005年＞309頁）。従来は，税金対策を考慮したものであったが，現在では単に財産に関する計画だけでなく，能力喪失後の財産管理や身上監護に関する計画や健康に関する配慮などその内容や需要は拡大している。エステイト・プランニングに関する文献は，ロバート・J・リン著，(財)トラスト60エステイト・プランニング研究会訳『エステイト・プランニング　遺産承継の法理と実務』［トラスト60研究叢書］（木鐸社，1996年），新井誠編『高齢社会とエステイト・プランニング』［トラスト60研究叢書］（日本評論社，2000年），寺尾美子「アメリカの遺言による相続制度とエステイト・プランニング」川井健・利谷信義・三木妙子・久貴忠彦・野田愛子・泉久雄編『講座　現代家族法6遺言』（日本評論社，1992年）243～266頁など。実務からの検討は，杉山肇「エステイト・プランニングにおける撤回可能信託（revocable trust）の活用に関する一考察」信託226号（2006年）44～71頁，星田寛「高齢者の財産管理・

ことがあり，財産管理と身上監護を切り離して議論しにくいところがあるが，身上監護に関係する事項を中心に検討を試みる。

第1節　法定後見制度

1　概　　要

　高齢で判断能力が十分ではない人に対して，身上及び財産を保護するために従来から適用されている方法は，裁判所が代理意思決定者（正式代理人）を任命することである。この代理意思決定者は，無能力者の利益のためにその者に代わって決定を行う。この代理意思決定者は後見人，財産管理人，受認者などともいわれる。

　後見制度は，州の管轄事項である。無能力者と判定された者のために，後見人を選任する権限を裁判所に与える旨の制定法がすべての州に存在する。この各州の制定法は統一検認法典（Uniform Probate Code）5条に準拠しているため，ほとんどの州で後見法の規定の内容は類似している[4]。

　アメリカでは，1980年代後半から法定後見制度の改革が本格化した。従来の典型的な法定後見においては，被保護者は精神障害者，高齢，アルコール依存症あるいは薬物依存症のために自分自身の世話や財産管理能力を欠いている，という意味での「無能力（incompetence）」の認定をしなければならなかった。しかし，この定義では，高齢者のニーズに応えることができなかった。また，被後見人は「無能力者」という社会的な烙印（stigma）[5]を負わされたこと，裁

　　遺産相続と信託銀行」信託161号79〜92頁，同「『パーソナルトラスト』と成年後見制度」実践成年後見9号（2004年）37〜42頁，磯秀樹「米国におけるエステイト・プランニングと信託について——わが国における連続受益者型信託の活用可能性に関する一考察——」信託法研究22号（1998年）81〜103頁，瀬々敦子「高齢者の財産管理についての比較法的考察」信託177号（1994年）21〜45頁など。本書では身上監護分野を中心に検討することが目的なので，税金，保険については検討の対象から外した。

4)　ジムニーG.H.／グロスバーグG.T.著，（社）日本社会福祉士会編，新井誠監訳，橋本聡解題『アメリカ成年後見ハンドブック』（勁草書房，2002年）21頁。

5)　烙印（スティグマ）とは，社会的な烙印という意味であるが，社会的な非難を浴びたり，恥ずかしい思いをさせられたりすることも含まれる。ここでは，後見制度により後見人を任命されると，被後見人は裁判で「無能力者」と宣言されることになるので，この「無能力者」と宣言されることが社会的に烙印を押されたことになる，ということを示す。なお，わが国では，成年後見制度の導入により，「無能力者」の用語は廃止され，

第2章　アメリカの成年後見制度

判実務で，精神科医が証言することがほとんどなかったので被後見人の能力が正確に判断されないことがあったこと，後見人の権限が財産管理，身上監護の両方において包括的なものであったために被後見人の権限を必要以上に制限してしまうこと，手続面において被申立人の権利擁護がされなかったこと，などの問題があった[6]。

このような問題を各州の法定後見制度が抱える中で，1969年に統一検認法典第5編が設けられた。これは，法定後見制度に関する統一法に相当する。その後，1970年から1980年にかけて，いくつかの州で法定後見制度の改革が進められ，後見人の権限を限定する限定後見制度（limited guardianship）が新たに組み込まれることとなった。1997年に統一後見保護手続法（Uniform Guardianship and Protective Proceedings Act）が制定されたが，限定後見制度をその中心に据えた[7]。

(1) 法定後見制度の用語の整理

法定後見制度（guardianship）は，伝統的に各州の州法によって規定されているので，後見制度に関する用語とその意味に関する制度は統一していない。用語については，基本事項の整理を兼ねて，下記のとおりに定義する[8]。

後見制度（guardianship）は，審問を経て裁判所により設定される仕組みであり，ある当事者に対して，他者のために，その身上に関する意思決定，もしくは，財産管理に関する意思決定，ないしその双方に関する意思決定を行うための権限を付与するものである。この後見制度は，身上後見，財産後見の双方を含めた一般的な意味を示したもので，包括後見（plenary guardianship）と呼ばれることもある。後見制度（guardianship）が，包括的な意味ではなく，身上後見のみの意味である場合があるが，どちらであるかは，文脈の中で判断することになる[9]。

「制限能力者」に置き換えられている。incapacity, incompetenceの訳語が従来から「無能力」で定着していること，及びアメリカでは日本と異なり，制限能力者の能力を後見，保佐，補助と類型化せず，能力を有するか，喪失しているかを一元的に判断することを考慮して，本書では，能力を喪失しているという意味で「無能力」の用語を用いる。決して否定的な意味で用いているわけではないことをお断りする。

6) 前掲4)171〜172頁。
7) 前掲4)172頁。
8) 前掲4)173頁。
9) 前掲4)9〜10頁。

第1節　法定後見制度

自らの身上及び財産に関する意思決定を十分に実行することができず無能力である場合，後見開始の申立の対象者のことを被申立人（respondent）とよび，後見手続により，後見人が選任された者のことを被後見人（ward）とよぶ。後見開始のために，被後見人を取り巻く状況を調査して，裁判所への提起を行うために，裁判所によって選任される人を，訴訟のための後見人（guardian ad litem）という。通常は弁護士が選任される。後見事件を取り扱う裁判所は，たいていの州では検認裁判所で審理されるが，その名称は各州の間で統一されていない[10]。

後見制度には，財産後見（conservatorship of the estate）と，身上後見（guardianship of the person）があり，それぞれ財産後見人（conservator）と，身上後見人（guardian）が行う。後見は複数の人物，団体，機関で行うことがあり，それぞれ共同財産後見人（coconservators），共同身上後見人（coguardians）という。後見人に権限の一部を付与することを，それぞれ限定財産後見（limited conservatorship），限定身上後見（limited guardianship）という。それぞれを行う人物，団体，機関を，限定財産後見人（limited conservator），限定身上後見人（limited guardian）という[11]。

(2) 後見人の職務と権限，義務

後見制度は一般に3種類ある。財産管理のための後見と身上監護のための後見と，両方を兼ねそろえた後見がある。このように3種類の後見が認められるのは，本人の能力に応じて，財産または身上監護のどちらかについて後見が必要だが，両方についての後見は必要がないことがしばしばあるからである。たとえば，本人の日常生活に関しては判断する能力があるが，財産に関する事柄を管理する能力が十分ではないという場合である。裁判所はしばしば財産管理の後見と身上監護の後見を別々の後見人に任命する。一般的には，財産管理のための後見は弁護士や銀行などに，身上監護のための後見は家族などというように，それぞれの職務に適した人を任命する[12]。

後見人は，被後見人の代理人として行為を行う義務及び権限と，その行為について裁判所に報告する義務及び権限を有している。後見人の職務範囲は，後

---

[10]　前掲4)10〜11頁。
[11]　前掲4)11〜12頁。
[12]　Lawrence A. Frolik, Richard L. Kaplan, ELDER LAW IN A NUTSHELL, WEST, 5th ed. 2010 at 240.

見人の権限を定めた制定法の定義によって定められる。従来，後見人は，被後見人に対して身上または財産に対する決定権は与えられていなかった。最近では，後見人の権限については，被後見人が決定能力を持たない場合のみ制限する。限定的な身上または財産管理に関する後見人の概念を認める州法が増えてきている13)。

後見人が任命された人は，多くの場合無能力者と呼ばれる。最近では，後見人の任命は全面的無能力の認定を指すのではなく，被後見人が裁判所の命令によって明らかに取り除かれた権利を除くすべての権利を有することを明らかにした制定法が増えている14)。

2　後見手続の基本的な流れ

法定後見は裁判所の訴訟行為である。法定後見の訴訟手続は検認裁判所に位置づけられる。

① 裁判所への後見開始の申立て

後見が必要な場合，裁判所に後見開始の申立手続をする。裁判所は，申立から60日以内に，後見人や被申立人について調査を行い，被申立人の能力を評価し，審理する。その上で後見を開始する。緊急事態であるときには，より早い時点で後見を開始することも可能である。

② 裁判所の事前調査

裁判所は，後見事件の審理の前に，調査を行う者を選任する。この調査担当者は，裁判所へ，後見開始の認容もしくは棄却，後見人が持つべき権限の内容，後見人となるべき人物，後見を継続すべき期間，被申立人の自立性評価の必要性などについて，提案を行う義務がある。この提案のために，調査担当者は，被申立人，推薦されている後見人候補者，被申立人の家族の中の最近親者，隣人，介護者，ソーシャルワーカー，医師や看護師などと面接を行う。

被申立人の能力を評価するのは，後見人に与える権限を決定するために行われる。多くの州では，裁判所は，被申立人に対して，後見人の権限の付与をできる限り最小に抑えることが要求されているので，能力評価は，個々の事案について，後見人に適切な権限を委ねる命令の内容を裁判所が決定する際の助けとなる。

---

13) 新井誠・前掲「アメリカ法における後見人と財産管理人の法的構成」7頁。
14) 前掲13)7頁。

第1節　法定後見制度

③　裁判所の審理

調査，能力評価を経て，裁判所は審理を行い，決定を下す。審理は裁判所で行われ，申立人，後見人候補者，被申立人が出廷する。被申立人が希望する場合，審理の場を病室，ナーシングホーム，あるいは被申立人の居宅で行うことがある。審理では，能力や後見の必要性を確認した上で，決定を下す。審理の際には，裁判所に，障害を持つアメリカ人に関する法律（The Americans with Disabilities Act = ADA）が適用され，聴覚，視覚，移動可能性や言語への習熟性などに関する必要性に対して，被申立人（障害者）を支援する。被後見人が能力や機能を回復した場合は，後見は終了する[15]。

3　後見の監督

後見の保護目的を実現するために，裁判所は，被後見人のケアのために選任した後見人の活動状況を監督しなければならない。被後見人の身上や財産に関する虐待やネグレクト（放置）については，あらゆる状況が起こり得るものであり，現に起こっている[16]。

後見監督のための主な方法は，後見人による自己報告である。年に1，2回程度の定期的な財務会計報告が義務づけられているのが一般的である。州によっては，身上に関する状況についての報告を要求している。その内容は，被後見人と接触する回数やその性質，最近の医師による往診の目的，通院ないし入院の回数，社会福祉サービス及びリハビリテーションサービス，精神状態，身体状態ないし情緒状態の変化，さらには，生活上の手配に関する主要な決定，その妥当性，あるいは，その変化など，様々である。州によっては，被後見人が介護施設に入所している場合に，そこで提供されているケアの質について，あるいは，後見の継続ないし変更の必要性について，後見人が意見を述べることになっている。これらの内容については，それぞれの州法により制定されている[17]。

4　財産目録及び後見計画

財産後見人は，州の後見法により，就任後数ヶ月以内に，被後見人の資産の

---

15)　ジムニー・前掲4)63～77頁。
16)　前掲4)133～134頁。
17)　前掲4)150頁。

財産目録を提出することになっている。後見事案における財産目録作成は、被後見人の物的財産及び人的財産の財産的価値について確認ならびに評価することになる。

後見計画は、身上に関する財産目録ともいうべきもので、被後見人の生活支援を評価するための基礎として役立つことになる。後見計画は、被後見人の社会福祉、医療及び教育に対する必要性の出発点を確定するものである。個別的な後見計画の主たる目的は、被後見人の重要な財産状況ならびに身上の状態に考慮の焦点を合わせた上で、これらの状況にどのように対処するかについて、後見人に対して決定することを要求することにある。

例えば、フロリダ州の新後見法（Fla. Stat. Ann. §774. 362. 1990.）は、後見人に対して、選任されてから60日以内に最初の後見計画を提出することを要求している。この計画の中で、後見人は被後見人のための医療、精神医療、身上の世話及び社会福祉サービス、最適の居住環境、申請されるべき社会保障給付金、必要な身体及び精神の健康診断などをいかに提供していくかについて確定することになる。後見人はまた、自分が被後見人と協議している事実、ならびに被後見人の希望が合理的なものである場合には、この希望を尊重している事実について証明もすることとなる。後見人は、被後見人の最新の必要事項と、自分がこれらの必要事項に対応するために試みる手段を明らかにすることによって、毎年後見計画を更新することになっている[18]。

5　財産や身上に関する管理に対する裁判所の命令

無能力になった高齢者は、日常生活の活動において相当な量の援助が必要である。無能力者には様々な類型があるが、法律上は身上に関する決定のできない人と財産管理のできない人を区別している。たとえば、自分自身の日常生活のためのすべての必要事項ができる人、たとえば衣食住に関することや、その他の日常生活に関する基本的なことはできるが、財産管理について手形の支払いや株の運用、税金の支払いや、その他の本人の財産を管理したり保護したりすることができない人がいる。反対に財産管理はできるが、医療や人の援助の必要や住居の設備の変更が必要であることがわからない人がいる。両方の場合、後見人は無能力者のために財産管理や身上に関する問題に対応する必要があ

---

18)　前掲4)134〜135頁。

る[19]。

　代理の意思決定者及び財産管理が必要だが，不適当な対応があった場合，裁判所は無能力者の事務を管理するための受認者（fiduciary）を任命する。しかしこの「受認者」という言葉は州ごとに修正され後見人とも呼ばれる。後見人または身上後見人は代理の意思決定者が必要な場合に裁判所に任命され，財産管理が必要な場合は後見人または財産管理人を任命する。多くの場合，裁判所はその両方の後見人を任命するが，同じ一人の人に両方の権限を任命しない。複数の身上後見人や財産管理後見人も場合によっては任命されるが，その権限は必要ではない場合は限定される[20]。

6　身上後見人の任命

　身上後見人は正式の裁判により設定される法的関係であり，身上後見人に任命された人は，被後見人に代わって裁判所の決定にしたがって継続的な生活保護や，被後見人の身上に関する管理を行う。通常，身上後見人は被後見人に対して，両親が未成年の子供に対して持つのと同様の権利，義務，責任を負うが，被後見人にとって必要であっても財産に関する後見は要求されない[21]。身上後見人は医療処置の決定の権限を持ち，多くの州では，療養院の登録や医療事項の「自発的な」委任を，婚姻の決定，離婚，自動車の運転，旅行，居所指定と同様に身上後見人の権限に含めている[22]。

　後見を制定する法的過程において能力の問題は重要で，関係者は用心して年齢，外見，障害による無能力かどうかを推定しなければならない。アメリカには，パレンス・パトリエ（後見の国）という考え方があり，社会は能力の減退や，本人の行動の結果を理解する能力が十分ではないために自らを世話することができない人を援助する義務がある[23]。したがって後見人の任命は，本人が

---

19) Joan M. Krauskopf, Robert N. Brown, Karen L. Tokaraz, Allan P. Bogutz, Elder Law: Advocacy For The Aging, 2nd ed. Vol. 1 West, 1993 at 287.
20) Id.,at 288.
21) See, e.g., Uniform Probate Code, §5-312.
22) Id.,at 289.
23) パレンス・パトリエとは，未成年者，制限行為能力者のように，法的能力に制約のある者に対して国王が有する保護者としての役割のことである。アメリカでは，州が後見人として，人々の健康，福祉など公共の関心事を保護するために用いられる。

第2章　アメリカの成年後見制度

無能力で，継続した生活支援を供給する必要がある人に限定される[24]。後見の過程は財産を保護する場合よりも複雑である。その理由は個人の自由と自己決定は明らかに必要でない限り他人の管理を受けるものではないからである[25]。

　無能力の定義は困難で，裁判所の決定のために問題になる。統一検認法典は無能力者の定義を「十分な能力の欠乏，及びある人の身上を配慮する責任を負うべき決定を行い，伝達する能力が欠けていること[26]」としている。しかしながらこの定義を実際の状況にあてはめると問題が起こる可能性がある。能力を評価する場合，本人が理解しないことについて，責任を負うべき行為を行わないためにわざと同調しない行為と，理解しないこととは注意深く区別しなければならない。誰しも，他人の権利を侵害するような方法でない限り，いかなる方法でも行動する権利を持っているからである。

　そこで，無能力の定義は，評価される人の主観的な分析と同様に客観的な分析を含まなければならない。たとえば，ほとんどの人々が当てはまると信じている医療に対して単純に否定することは，必ずしも無能力の証拠にはならない。これは宗教上の信念や，哲学的な見地や，健康の重大な局面において，患者の優先権が明らかに認められる場合の医療の拒否が認められる根拠になる[27]。

　もし本人が生活支援の拒否を知らせてきた場合，地域，家族，裁判所は本人に不要な生活支援を押しつける権利はない。本人が無能力かどうかの調査をする場合，その人が行為することと，しないことを注意深く観るだけではなく，通常の状態や，衝撃を受けた場合に理解する能力や，行動しているときや休止しているときの結果を理解する能力を見る必要がある。特に医療に関する承認が，本人が意思決定を行なうことや，責任を負う能力を認めるべきではない精神，身体の状況であることを証言した場合，意思の決定は裁判所により法的に行われる[28]。

7　財産管理後見人の任命

　「保護を必要とする場合」とは，通常有効に財産を運用できないか，または

---

24)　See, e.g., Uniform Probate Code, §5-306(b).
25)　Uniform Probate Code, §5-303.
26)　Uniform Probate Code, §5-101.
27)　supra. note 19, at 289.
28)　supra. note 19, at 290.

第 1 節　法定後見制度

理解力や能力が十分ではないために，財産の管理をする必要のある人に適用がある。保護を必要とする人の財産管理は，財産管理人，財産管理後見人，または持続的代理権のもとでの代理人によって行われる。財産管理後見人は裁判所により認定された法的関係で，財産管理後見人に任命されると，財産や被後見人の金融に関する事項の管理をする[29]。また，財産管理後見人には，被後見人の財産を占有する権限があり，財産を管理し，収入を受領し，金銭の支払いを行い，財産の管理方法について制定法により裁判所に報告し説明することが義務づけられている[30]。財産管理の場合，保護される人のために，すべての財産に対して財産管理をする人に受託者としての名義を与え，財産管理人が本人の利益のための契約を締結し，財産を管理し，身上の世話をするための資金を供給するが，これには，医療や施設へ入所するための契約や，財産の移転も含まれる。統一検認法典では，財産管理や仕事上必要なために効率的に財産を使用できない場合も，資産が援助のために必要である場合をみつけだすように要求しているが，これは，言い方をかえれば財産が浪費されることである[31]。

裁判所はしばしば代理人の任命を進め，被後見人が必要であることを証明するためだけに会う約束をする後見人や財産管理人の権限を制限する[32]。

8　精神療法または収容に関する任命

多くの州で，法の領域からほぼ完全に独立して議論されることは，不本意な精神療法を要求された精神病患者についてである。無能力で保護を必要とする人は，しばしば地域社会の中で生活することができるが，施設へ入所すると，特別な場合でなければ受けることを強制できない精神病の治療を要求されることがある。なぜなら，精神病の治療のための入院や精神状態を変える薬物治療を強制的に行うことは，重大な人権侵害を強いることになるからである。時には隔離された施設で特別の治療がされることがある[33]。

多くの州で，精神保健に関する訴訟手続は政府団体や地方の検察官によって行われ，しばしば公益の援護法人またはそれに相当する団体によって守られる。

29）　Id.
30）　Uniform Probate Code, §5-401.
31）　Id.
32）　Id.
33）　supra note 19) at 291.

精神保健の取り扱いが安易であることにより不本意な評価を受けた人は，その過程で収容（commitment）されるものとする。収容過程は特別の注意が必要とされ，専門の公聴会の手続が行われ，身上後見人や財産管理後見人のための手続とは異なった証拠の基準で行われる。その人にとって不本意な収容がなされた場合，裁判所が常にその人が「精神病で，自分自身や他人に対して危険である」ことを明らかにしなければならない。しかしながら，多くの州では身上に関する後見人は「任意に」被後見人を収容する権限を持っている[34]。

多くの州では，「高齢者虐待」に関する法を高齢者を他人の虐待から守るために計画しているが，その法制度の中にはしばしば生命を脅かす状況や十分に対応できない高齢者のために，その高齢者にとって不本意な取り扱いに対する対処を含む「保護するサービス」を行う職員を認める規定が含まれている。これらの制定法は精神障害のためのケアを主張した高齢者に対して適用されるが，身上後見人や収容制度の保護なしで行われる[35]。収容されたり不本意な対応を受けた人は，身上の意思決定，ふさわしい財産管理，治療の適正の継続を保証するための身上後見人と財産管理後見人の両方の任命を要求すべきである[36]。

9　後見人が被後見人に与える影響

裁判所が選任する後見人が，どの程度無能力に対して影響を与え，また支配をするのかは重要な問題である。一度裁判所により無能力と判断された人は，無能力者の自己決定権に対して悪い印象を与える。かつて無能力者とされた人によって行われた個人的，あるいは仕事上の重要な決定が後見人によってなされることになるからである。洗濯機を買うのと同じような決定を行う法的権限の撤回さえ，ほとんどの州は後見人の任命において，裁判所は後見人が本来すべき無能力者の要望をきくことや，無能力者の優先権を考慮することを要求しない。無能力者は，契約をするための法的権限は欠如していても，確実に感情的，心理学的な自己価値は持っているのである。そこで，配偶者や成年者の子供のように，後見人に任命することが法律上優先事項になっている人を任命することは，後見人を任命する過程では表面化しない無能力者に対する利益や，個人的な恨みが表面化する可能性があるので無能力者の最善の利益にはならな

---

34) Id. at 292.
35) Id.
36) Id.

い[37]。もし，仮にその優先権を持つ人が後見人にふさわしい人であったとしても，無能力者にとっては，特に財産に特別な管理能力が要求されるものが含まれる場合，財産管理後見人は別の人を任命することが望ましい[38]。

19世紀から20世紀初頭にかけて発展した判例法の中には，後見人に任命されるべき人について，裁判所の決定に影響する無能力者の能力を考慮した判例がある。判例は無能力者の最良の利益が，優先権のある後見人の任命により守られると信じる無能力者が推薦した人に対して次のように判示した。「精神障害なので後見人を任命することがふさわしい。被後見人には，後見人がする質問に対してまだ良識のある意見や強い感情がある。そしてその意見や感情が被後見人の幸福または健康な状態に戻ることに影響を与える場合，被後見人に対して，配慮して助言を与えることが裁判所の義務である[39]。」

無能力者が最大限可能な程度で自分の運命を決定する権利は法により承認されてきた。たとえば，ユタ州最高裁判所は，近時，「後見人を任命する裁判所が後見人を任命する理由を考慮することと被後見人の利益を考慮することに対しては，同じくらい広範囲な自己決定権を持つものである」と判示した[40]。また，イリノイ州の裁判所は，「後見人は，被後見人の自立自助や独立を援護するためのものである」と判示した[41]。

近年，後見人の選任は，無能力になってからではなく，まだ能力がある間に示された意思表示に焦点をあわせることに配慮することが専門家により強調され，立法府も承認している。それにもかかわらず無能力者の意思表示は疑われる。身上または財産事項を管理する能力の欠けている人は，後見人を選ぶ能力も欠けているというのである。その上無能力者は，後見人に任命されることを願う人からの影響を受けやすいが，実際には，後見人になりたい人は，無能力者の最善の利益を考慮していないのである[42]。

---

[37] Gerry W. Beyer, TEACHING MATERIALS ON ESTATE PLANNING, WEST, 1995 at 99-101.
[38] Id. at 99.
[39] Allis v. Morton, 70 Mass. 63, 64 (1885).
[40] In re Boyer, 636 P. 2d 1085 (Utah 1981).
[41] In re Estate of Bennett, 122 111. App. 3d 756, 78 111. Dec. 83, 461 N.E. 2d 667 (1984).
[42] supra note 37) at 101.

10 後見制度の問題点

このように改善を重ねてきた後見制度にも問題点が指摘される。後見人の任命が機械的で，後見人の裁判所に対する報告が不十分であり，または全く報告がされないことがあることである[43]。そのほかにも手続の遅滞，裁判所のような公の場所で個人的な事情を暴露しなければならないこと，費用がかかること[44]，後見人の権限の濫用，被後見人に対する無視や虐待などに十分に対応できないことである[45]。また，後見人が付されると被後見人の権限は一律に剥奪される。これらの問題を回避するために，様々な代替方法が利用されるのである。

第2節　持続的代理権制度

持続的代理権授与制度は，統一法を含めて幾度か改正されているが，現在の持続的代理権授与法の原型は 1979 年統一持続的代理権授与法であり，わが国の任意後見制度制定にも影響を与えた。そこで，この 1979 年統一持続的代理権授与法について検討する[46]。

1　沿　革

コモンロー上の代理権は，本人の無能力や死亡により終了する。これに対して持続的代理権は，本人が無能力になっても効力が継続する。

持続的代理権授与制度は，1954 年バージニア州で先駆的な法律が制定された。これは，本人に持続的代理権の設定の権限を与えるものであった。それは「本人の意思決定や代理権は本人の障害により終了しない」という文言を表示することが含まれていた。もし本人の意思であることを証拠づけるものがあれば，

---

[43]　新井・前掲13），7-8 頁。

[44]　一説によると，後見人任命のための訴訟費用には1万ドルかかるといわれている。この指摘については，Ralph M. Engel, "Estate Planning for the Handicapped." Trusts & Estates, October 1972 at 782.

[45]　Salend, Kane, Satz and Pynos, "Elder Abuse Reporting: Limitations of Statute." 24 Gerontologist 61（1984）.

[46]　持続的代理権授与制度に関しては，Marc Jacobs, "Possible Uses of Durable Power of Attorney," Probate Law Journal Vol. 7, 1985 at 7-32 に多くを依る。

代理人の権限は「後に本人が障害者になっても」継続する内容を含むものであった。このバージニア州の法律が制定されてから，能力喪失後の財産管理の重要性が認識されるようになり，活発に議論されるようになった。しかし，このバージニア州の持続的代理権授与制度は財産管理のみで，身上に関する問題は想定していなかった[47]。

1969年に独自の制定法として考案された持続的代理権は，統一検認法典（Uniform Probate Code，以下，UPCと略す）の5-501条，5-502条に採択された。しかしこれらの条項はUPCから分離された。そして，拡大され，改正され，統一持続的代理権授与法（Uniform Statutory Form Power of Attorney Act）が制定され，統一州委員会全国会議においてすべての州で採択のために認可，勧告された。また，1979年統一持続的代理権授与法（Uniform Durable Power of Attorney Act，以下，UDPAAと略す）の1～5条は，現在のUPC5-501～5-505条にも採択されている。

2　1979年統一持続的代理権授与法の概要

(1) 基本条項

持続的代理権は，本人が障害者になった場合その人を保護するための裁判外の制度である。持続的権限が通常適用される目的は，本人が自分の財産を管理できない場合の包括的な財産計画の方策を検討するためであり，本人の利益や要求のために財産を管理しコントロールすることである。持続的代理権は，本人の財産管理と身上監護の両方に適用される。持続的代理権の目的は，本人の障害または死亡により権限が無効になるコモンロー上の代理権を変更することを規定することである。そして，高齢者保険（senility insurance），生前信託，後見制度と同類のものと認識されている[48]。

持続的代理権は，以前のコモンローに対して二つの大きな改正点がある。第一に，コモンロー上の代理権に「持続的な」代理権を含めたことである。コモンロー上も代理権は本人と代理人の関係を構成している。本人に能力のある限り，本人は本人の感情をコントロールできる。しかし，コモンロー上の代理権

---

47) 1954 Va. Acts ch. 486. なお，この法律は1989年に法典化された。Va. Code §11-9.1.
48) supra note 46) at 7.

が及ぶのは，本人に能力のある場合に限られる[49]。持続的代理権を設定すると，代理人は，本人が無能力になっても代理権を行使できる。これは，従来のコモンローの論理を大幅に拡大したものである。第二に本人の死亡または無能力による権限への影響である。コモンロー上の代理権及び代理人と本人の関係は，本人の無能力または死亡により終了する。新しい UDPAA においては，持続的代理権の場合は本人の死亡により終了する。そうでない場合は本人が無能力になっても本人と代理人の関係は終了しない。代理人は誠実に代理権を行使することが要求される[50]。

代理人と裁判所が指定する受認者（fiduciary）の違いは，持続的な権限に関して新たな権限が加えられたとき，それが重要でなければ，受認者の指定のために援助する審議は行わないことである。しかしながら，持続的な権限の執行役に受認者が指名された場合，その持続的代理権は本人にも受認者にも効力が及ぶ。この条項は財産管理を行う受認者にのみ適用される。受認者は本人が無能力になった場合，持続的な権限を撤回するのと同様の権限を持つ。

本人の身上または財産を保護する必要がある場合は，本人または裁判所により任命された人を指定できる（3条）。裁判所は資格剥奪の場合を除いて本人が直近に指名した人に持続的権限を与える。持続的権限において代理人，後見人または財産管理人（conservator）は共存することがあるが，それぞれの関係については条文では触れていない。代理人は，すべての受認者の基本的な義務と同様の責任をもつ。そのため，本人の言葉による表現によっても権限外のことを書き記すことはできない。このことは，裁判所の任命の場合は含まれない。持続的代理権授与法は本人の最善の利益を要求する。これは，贈与や基本的な権限を任命することとは別に，信認関係（fiduciary relation）[51]を構築することを要求しているのである。代理人の行為は，本人の最良の利益のために行われることが要求される[52]。

---

49) Restatement (Second) Of Agency §122(1) (1957).
50) supra note 46) at 11.
51) 信認関係（fiduciary relation）とは，当事者の一方が相手の信頼を受け，その者の利益を念頭において行動，助言をしなければならない関係をいう。受託者と受益者，後見人と被後見人，代理人と本人の関係のように当事者の法律関係から当然に信頼関係が認められるものをさす。信認関係については，樋口範雄『フィデュシャリー［信認］の時代 信託と契約』（有斐閣，1999年），28頁参照。
52) supra note 46) at 11. 統一持続的代理権授与法第3条［代理人と裁判所により任命

第2節　持続的代理権制度

　5条では，宣誓供述書（affidavit）が権限を持続することの証拠であることを示している。この条項は，権限が継続する場合も継続しない場合にも適用される。持続的代理権の使用に効力を持つ鍵を握るのは，その証拠により，要求される権限を持つ代理人が行う処理について第三者を納得させることである。宣誓供述書はこのことに関して代理人が使用するひとつの道具である。宣誓供述書は，権限の決定を知らずに指名した代理人により執行され，もし代理人が誠実で信頼できる人である場合は，撤回または本人の死亡（持続的権限でない場合は無能力）の場合は持続的代理権が撤回されないことや，終了しないことの確定的な証拠となる。持続的権限が終了したときは，代理人は処理する当事者ではなくなる[53]。

　された受認者との関係］では，次のように規定されている。
　(a)持続的代理権の証書の作成後に，本人の住所を管轄する裁判官が，財産管理人，財産後見人又は本人の全財産もしくは特定の財産以外の全財産の管理を委ねられたその他の受認者を任命した場合は，代理人は，本人のみならず当該受認者に対しても，責任を負う。受認者は，本人が障害を持たず意思能力を喪失していなければ有するべき権限と同様の持続的代理権を撤回し，又は修正する権限を有する。
　(b)本人は，持続的代理権の証書により，後に自己の身上又は財産に対する保護手続が開始される場合に裁判所による考慮の対象とするために，財産管理人，財産後見人又は身上後見人を指名することができる。裁判所は，十分な理由又は欠格事由がある場合を除き，持続的代理権の証書における本人の最も新しい氏名に従って，任命を行わなければならない。
　条文については，法務省大臣官房司法法制調査部編『諸外国における成年後見制度』（法曹会，1999年），115〜117頁参照。なお，この中では，「継続的代理権」と訳されているが，持続的代理権に置き換えて引用した。

53) Id. at 12. 第5条［宣誓供述書による持続的代理権及びその他の代理権の継続の証明］では，次のように規定されている。継続的であると否とを問わず，代理権の証書について善意でされた行為については，当該代理権を付与された代理人によって作成された宣誓供述書が，代理人が代理権の行使の時点において撤回による代理権の消滅又は本人の死亡，障害若しくは意思能力の喪失について実際に知らなかった旨の供述の記載を含んでいるときは，その宣誓供述書は，当該時点において代理権が撤回されず消滅しなかったことの確定的な証拠となるものとする。代理権の行使に当たって登録可能な証書の作成及び交付が求められる場合には，宣誓供述書もまた，登録との関係において真正であることが証明されるならば，登録可能となるものとする。本条の規定は，期間の満了又は明示の撤回若しくは本人の精神的能力の変化以外の事由による代理権の消滅に関する代理権の証書のいかなる条項にも，影響を及ぼさない。

(2) 持続的代理権授与行為とその内容

UDPAA1条は，持続的代理権について次のことを定めている[54]。第一に，権限は書面で示されていなければならない。第二に，本人が権限を書面に示したときは能力があると考えられる。州の中にはその権限に，遺言に関する証人に関して同様の形式を執行し立証することを要求するところがある。また，権限を示した証書を遺言と同様の形式で検認され記録されることを要求する制定法もある。しかしながら，UDPAAは，そのどちらも含まれていない。第三に，本人に障害があっても，権限行使が可能であることを本人が示すことが要求されていることである。

持続的代理権を授与するために必要な行為は，UDPAAのもとでの通常の権限と特定の権限の両方に特定の文言を表記することと，類似の文言を使用することにより，権限を授与したことを示さなければならないことである。この類似の文言には，本人は権限が持続することを意図したことを示さなければならない。もし，持続的代理権授与のために類似の文言を用いることが制定法に違反したり，一致しなかった場合はどうなるのか。代理人の権限が，UDPAAで制定されている文言とは違う言葉を使用してきた場合でも，検認裁判官は必要な意思が表示されているかどうかで決定を下した。UDPAAの言葉を厳格に使用することを命令する場合に，UDPAAで制定されている文言に配慮することは認められ，制定法の文言に一部を使用することは大いに奨励される，という意見もある。これは，持続的権限を与えない文言の解釈に対して保護する必要があるからである。もし，作成された証書の中の権限において，正確な意思が制定法や類似の文言に含まれていなかったら，その権限は持続せず，本人が無能力になったら消滅することになる[55]。

本人の権限は，UDPAAや類似の文言により柔軟に利用できる。なぜなら，

---

54) Id. at 12-13. 第１条［定義］は，1984年に改正されたので，改正された条文の内容を引用する。持続的代理権とは，本人が書面で他人を代理人に選任した場合において，その証書が「この代理権は後に生ずる本人の障害若しくは意思能力の喪失又は時の経過によって影響されないものとする」，「この代理権は本人の障害又は意思能力の喪失の時点において発効するものとする」という文言，または，後に生ずる本人の障害もしくは意思能力の喪失に関わらず，また，失効する時点が明示されている場合を除いては当該証書の作成時からの時の経過に関わらず，付与された代理権を行使することができるものとする旨の本人の意思を示す同様の文言を含む代理権をいう。

55) supra note 46, at 13.

類語を使用することは，第三者に対して持続的権限を使用することに積極的な印象や信頼を与えるからである。持続的権限を規定する場合，最も重要なことは代理人の権限を明確に表現することである。もし類語が，権限の有効性を第三者に確信させる場合，そして権限をより明確にすることを助けるときに使われる。そして裁判官は，類語が必要な意思を論証するときは，持続的代理権を執行するために柔軟に対応する。たとえば，裁判所が妻にこの権限を適用する場合，「制限することなしに」という言葉は類語に当たるとしている[56]。

しかし重要な点は，いかなる代理権も代理人が本人のために持続的権限を遂行することは，第三者に納得できる範囲でのみ有効だということである。したがって，第三者に信頼を与えることが，類語を使用する場合最も難しい問題となる。代理人によって行われるほとんどの業務には第三者が含まれ，銀行勘定や存在する取引関係や，あらゆる物の購入の場合も同様である。代理人は，たとえば株や公債の購入や土地の取引のような本人の仕事のために権限を行使することが要求される。この場合，すべての業務に第三者，銀行員，仲介人，法律家，関係者が含まれる[57]。

第三者を含む持続的権限の問題に対しては，それぞれ異なった見解が主張されている。一方では制定法により提案された文言より，より広範囲な言葉を使用する方が積極的であるということが重要視されるとする。もう一方では，代理権において，より広範囲な言葉を使用すればするほど，第三者があたかも代理権を行使することができるように信じさせる可能性があるとする。これらの見解は，一見矛盾するように見えるが，実際には両立できるものである。文言が一般的であっても，権限の使用目的は代理権が規制されるときは強くなるが，それは通常の権限を制限するものではなく，特に権限の行使に関して代理人が本人を代表して行為を遂行する必要がある場合，できる限り特定の権限のもとで処理しなければならない[58]。

3　持続的代理権の適用

(1)　通常の場合

統一制定委員会は，「この法の一般的な目的は，本人の無能力または死亡に

---

[56]　Id. at 14.
[57]　Id. at 14-15.
[58]　Id. at 15.

より権限を取り消すことによる不注意のために，コモンローの制度を変更することである。」と述べている。これは，代理人に代理法においてなお UDPAA の下で権限が許されることである[59]。また，代理について規定したリステイトメントでは「代理人は，彼が知っているか，または知るべきである本人の遺言に従う義務の下での受認者である」ことを定めている[60]。本人として行為をする代理人の関係は，権限のもとで設定したか，または本人が望んだものと考えられる[61]。持続的権限のように書き記すことにより明らかにされた正式な権限は，厳密な精査をすることになっている[62]。この精査は本人の意思を実行するためには必要なことである。代理法はお金を借りるような危険な権限に関しては，意思があることが明らかでない限り成立しない。UPC§5-407(c) はそのような危険な権限について規定している。たとえば，年収入の 20％以上の財産を贈与すること，信託の設定，年金や保険の受取人の変更，財産上の利益を否認することである[63]。

　しかし，コモンロー上の代理人は，本人が代理人の行為に対して，直接の能力を有していることを想定して発展してきた。したがって，持続的代理権の適用ではコモンロー上の代理権はめったに適用されない。検認裁判官は，すべての代理権で適用される代理人の一般原則と，本人が代理人に，本人の意思を伝えることができるという仮定のもとで発展してきたこれらの規則との調和を図る必要がある。この場合持続的権限は無効であり，すべての代理権で適用される代理人の一般原則が有効である[64]。

　統一委員会は，持続的権限を「高齢者の保険」の形式とし，受託者へ必要な財産を移転したくないか，またはできない人のための撤回可能信託の代わりに使用できるとする。したがって，UDPAA は，後に無能力になる人への対応を裁判外で行うことになっている。つまり，持続的権限は法定後見制度のように裁判上の任命において「無能力者」という烙印を押さないで与えられる。財産管理人または後見人制度を利用していた人が簡単に変更できるようにしてい

---

59) Id.
60) Restatement(Second) of Agency §33 comment b (1957).
61) supra note 46), at 15.
62) Restatement(Second) of Agency §34 comment h (1957).
63) supra note 46), at 16.
64) Id.

る。したがって，その適用は代理人によって行われ，受託者，後見人，財産管理人によってその代わりの行為が行われる。本人の意思に関して権限が明らかなことと，代理人が何を行い，何をしないかをはっきりさせておくことも重要である。検認裁判官は，有益で公平に読める言葉により，法律によって代理人が行使することが明らかに無理な場所，またはその他不正な場所であり，または本人の意思が証書により指定されていないか，または正確に書かれていないときに限り，代理人の権限の実行を否定する[65]。

(2) 適用が認められない場合

通常代理人は，本人が行ういかなる行為についても権限を持つ。しかし個人的な事柄に関して判断することは除かれる。代理法により代理人に認められない行為は，自然人または公序良俗によりなされる決定や代理人に委託されない個人的な行為であることを要求する[66]。婚姻と遺言の作成は最も一般的な例である[67]。婚姻はそのような神聖な事柄を本人の代理人として授権されることは想定していないからである。代理人が本人の代わりに遺言を作成しないのは遺言法の規定があるからである。これらの法は，遺言者が直接署名した遺言を有効とするため，遺言者が直接遺言を作成することを要求している。遺言者は署名するだけの最低限の能力を要求される。そして，能力のある遺言者のみが遺言を執行または撤回するのである。同様のことは遺言の内容を変更する場合にも認められる。ただし本人が遺言を作成する際にその遺言の作成や適用を妨害したり公序良俗に反する行為をする場合は，代理人が遺言の執行，変更，撤回を本人に代わって行うことが許される[68]。

他に，第三者によって行われるにはあまりにも個人的な事柄の場合，少なくとも，無能力者のためにそれらを行うことに関連して，残存する財産の選択について配偶者の選択権を行使すること[69]，離婚するかしないかの決定[70]，生命保険の受取人の変更の行使などの場合[71]は適用が認められない。

---

[65] supra note 46) at 16.
[66] Id. at 17.
[67] RESTATEMENT (SECOND) OF AGENCY §17 (1957).
[68] supra note 46), at 17.
[69] Camardella v. Schwartz, 126 app. Div. 334 (2d Dept. 1908).
[70] Mainzer v. Avril, 105 Misc. 230, 232 (sup. Ct. Kings Co., 1919).
[71] In re Wainman, 121 Misc. 318, 320 (sup. Ct. Oneida Co., 1923).

(3) 適用が認められる場合

持続的権限の目的と考え方の基本は，どのような場合有効かをめぐり以前から議論されている。認められるのは次の3点である。第一に，本人の財産や投資の一般的な管理のためであること（基本的な適用），第二に，代理人は不動産の処理や支払い要求の解決を含む通常の仕事上の処理を行うこと，第三に，代理人が本人やその家族を扶養したり面倒を見るために財産を使用することである。これらのUDPAAの通常の目的は，本人の要望に対応するため裁判外で行われる[72]）。

ペンシルベニア州で認められている持続的権限の適用は独特のものである。ペンシルベニア州においては，適用を要求する際に，UDPAAと類似の取り上げ方を認めているが，その終了と供述書に関しては，持続的権限を認めるために詳細に規定されている。この制定法の方向性は代理人に後見人，受託者，財産管理人と同様の権限を与えるものである。したがって，これらの制度の適用との関係が問題となる[73]）。

4 身上のための持続的代理権

身上のための持続的代理権についてはUDPAAでも議論され，いくつかの州で特別法が制定された後，1993年に統一医療決定法（Uniform Health Care Decisions Act）が制定されることになった。ここでは，まずUDPAAで議論されたことを検討してから，身上のための持続的代理権を検討する。

(1) 身上（person）に関する管理及び監督

持続的権限を考慮する上で最も議論されたことは，能力喪失後の本人と能力喪失前の本人の意思が一貫して医療を停止することを要望している場合，この

---

72) supra note 46), at 18.
73) ペンシルベニア州の法律では，本人が持続的代理権を設定する際に，以下の内容を含めることを認めている。①贈与（限定したものを含む）を行うこと，②本人の利益のために信託の設定を行うこと，③本人の利益のための追加の信託の設定，④本人の亡くなった配偶者の財産の持分の選択を主張すること，⑤いかなる財産上の利益も放棄すること，⑥受認者の地位を否認すること，⑦信託の収入または資金を撤回または受け取ること，⑧本人の世話のための医療，看護，住居に関することまたは類似の便宜を図ることや承諾するための承認の権限を与えること，⑨医療や外科手術の手続きの権限を与えること。またそれぞれの内容について権限の方式や文言についても具体的に規定されている。20 Pa. Cons. Stat. Ann. §5602, §5603. (1984).

要望を含めて身上ケアを管理,監督するために持続的権限を適用できるかどうかということである[74]。

持続的代理権は,身上に関する基本的な決定に適用されることに関しては認められる。たとえば,本人が回復期の患者の居所または住居の指定,医療上の人員を含む専門職員を雇うこと,または個人的な財産や状況に対応することなどは問題がない。これらは,持続的権限が後見の代替方法として使用されていることになるからである。歴史的には,持続的権限は財産に関してのみ使用されてきて,身上に関する管理を含む状況は除外されてきた。実際には,代理人は同意が要求される場合に決まりきった医療の決定をしている。本人の希望により治療を終了したい場合,または危急の医療上の決定をする場合については議論がある[75]。

(2) 州法における身上のための持続的代理権授与法

ペンシルベニア州とカリフォルニア州では持続的代理権による身上監護の決定を認める制定法が定められた。ペンシルベニア州法は,身上監護の決定の中に医療上の決定が含まれることを認めている。カリフォルニア州議会は,州で採択したUDPAAとは違う新たな医療持続的代理権授与法(Durable Power of Attorney Health Care Act)を採択した[76]。カリフォルニア州の身上監護に関する決定のための特別法は,通常の持続的権限とは異なった特徴がある。それは無能力者の医療決定のために代理人に優先権を与えたり,代理人に医療上の記録を利用する権限を与えたり,本人を保護する責任を果たすために代理人の陳述に基づいて誠意をもって健康管理をしたりする人について規定している[77]。

---

74) supra note 46), at 22. なお,石川稔「医療のための持続的代理権——アメリカ法からの示唆を求めて」石川稔・中川淳・米倉明『家族法改正への課題』(日本加除出版,1993年)484頁以下参照。

75) Id. at 23.

76) カリフォルニア州では,1983年に身上監護のための持続的代理権授与法を制定した。(California Civil Code Statutory Form Durable Power of Attorney for Health Care, Cal. Civil Code §2500-2508)。後の多くの制定法はこのカリフォルニア州法に習って制定されている。また,このカリフォルニア州法では,身上監護のための持続的代理権の目的は,医療に関する決定を本人に代わって行うことであるが,リビングウィルほど生命維持に関する重要な事態に対する適用はない。医療に関する持続的代理権授与法については,身上監護に関する持続的代理権授与法とは分離して,新たに規定を設けた。(Durable Power of Attorney Health Care Act, Cal. Civil Code §2430-2443)

77) supra note 46), at 23.

第2章 アメリカの成年後見制度

これに対してニューヨーク州は，持続的権限に関して違う考え方を示している。ニューヨーク司法長官は「持続的代理権は，無能力の本人に代わって身上監護の決定に関する代理権を認めることは考慮していない」としていた。これは，代理権は伝統的に財産管理のために用いられ，持続的権限は，財産管理に代わる安価な代替方法として提供されるものだからである[78]。

(3) 身上のための持続的代理権に関する議論

初期の議論では，個人または裁判により授権された代理人が治療を終了するために権限を使用することに対して，裁判所は次の問題点を解決しなければならなかった。第一に，持続的権限をこのような方法で用いるのは，現行法を拡大するものである。第二に，持続的権限の適用は，いかなる医療上の状況にも先立って決定をしなければならないものとは性格がかけ離れている。第三に，身上に関する決定はあまりにも個人的なことである。第四に，代理権は歴史的には財産管理のために用いられ，身上監護を目的とする代理権を使用するためには，州議会によりさらに特定の権限の拡大を要求している。第五に，代理権の歴史と持続的権限はエステイト・プランニングの道具として議論されたため，身上に関する権限を行使する以前に特定の法律の制定が必要とされる。第六に，たとえば身上監護のための後見人や，リビングウィルのための申込みのようなほかの法的代替方法は，直接これらの状況に対応するために問題になり，この分野に持続的権限は直接関係がないことをあげている[79]。

いかなる持続的権限の使用も危急の決定へ移行するが，それは本人の決定であり，実際の医療上の問題の状況とは違うものなので，あらかじめ通知された本人の決定は考慮され得るものなのかは疑問である。いつ死ぬのかの決定に関しては，誰と結婚するか，または死亡時に誰に財産を与えるかと同様に一身専

---

[78] Id., N. Y. Attorney Gen. Formal Op. No. 84-F16(slip op. Dec. 28, 1984).
[79] Id. at 24. この問題に関連して，1976年のカレン・クィンラン事件（In re Quinlan, 70 N.J. 10, 355 A.2d 647(1976)）が検討された。ニュー・ジャージー州最高裁判決では，植物状態に陥った21歳のカレン・クィンランに対して，合衆国憲法（およびニュー・ジャージー州憲法）上のプライバシー権に基づいて患者の治療拒否権（人工呼吸器をはじめとする生命維持治療の中止）を認めた。同時に患者に治療拒否権を主張する能力がない場合は，その治療拒否権の代理行使を後見人である父親が主張できることを認めた。カレン・クィンラン事件については，唄孝一「解題・カレン事件――シュピリア・コートの場合――」ジュリスト616号（1976年）58～76頁，同「続・解題　カレン事件――シュプリーム・コートの場合――」ジュリスト622号（1976年）60～76頁参照。

属的な問題なので，本人が治療を断ることが明らかな場合のみ認められる。このことはとくに，治療を停止することがプライバシー権にかかわるときは問題となる。持続的代理権のように，裁判所の監督なしでの他人による決定はプライバシー権の侵害に当たると考えられる。この問題点に対する反対意見として，持続的代理権は，本人の願望と，いつどのように権限を停止するかの決定が明らかなので，プライバシー権をより保護することが指摘される。他方裁判所は，本人の願望を知ることや本人への影響を考慮する必要はなく，まして本人は誰が最終決定を下すかは選べない[80]。

しかしながら，危急の医療の決定をなす持続的な権限の使用を補助することは認められる。もし本人に治療の停止を検討することを望む場合，たとえばリビングウィルの際に持続的権限はあくまで「本人の意思を伝達するための手段」といわれる。代理人には，あらかじめ与えられた持続的権限以外の医療に関する決定権限はない。治療の停止を決定する権限はそのために選任された第三者である後見人が有する。後見人が危急の医療の決定を行うための持続的権限の使用を補助することは認められる。また本人は治療が停止された場合，このような医療の決定がされた理由を説明してもらうことを望んでいる[81]。本人の希望を達成する方法が他になく，いかなる代理権においても本人の希望や意思を知っているのなら，それを達成するのが代理人の義務である[82]。

もし権限が代理人に授与されたら，権限行使の前に二つの対応策がある。それは，権限が授与される前に治療を停止する場合の基準を考慮することと，医療上の決定をする人が証書に署名をすることである。これらは本人に意思能力があり，このような持続的権限が有効な権限になる前に要求されることである[83]。

(4) 裁判所の役割

裁判所への控訴は時間と費用がかかるため，後見制度は敬遠される。もし，持続的権限を制度化する場合，訴訟によらない持続的権限の取り扱いの停止は許されず，検認裁判官はこの問題に対して二つの方法で対応する。一つは，持

---

80) Id., A. Moses & A. Pope, "Estate Planning, Durability, and the Durable Power of Attorney." 30 S. C. L. Rev. at 530 (1979).
81) Id., at 25.
82) RESTATEMENT (SECOND) OF AGENCY §33 comment b (1957).
83) supra note 46) at 25.

続的権限は「本人が能力を有する状況の下での本人の願望」の証拠であるため権限が持続することを認めることである。ニューヨークの司法長官は，持続的で制限された代理権は，特定の代理人に，衰弱した精神障害の状況にある本人の決定を話し合う義務を特別に委任するために使われることを指摘する。もう一つの方法は，持続的な権限を本人により必要な場合に後見人として連絡する人を選任することである。州の中にはこれを認めるものがある。UDPAA は，本人は持続的代理権，財産管理人，身上監護人を選ぶことができるとしている[84]。

裁判所は後見人の任命を本人の直近の状況に基づいて，十分な事情がある場合または資格剥奪の場合のみに行う。持続的権限は，速さと，経費削減と，本人の表現した要望をかなえるために使用が認められてきた。結果的に使用を終了する場合と，いかなる治療の決定をすべきかの事情を決定するに関して，権限を設定した証書の内容に明確な撤回がなければ，代理権は本人の事前に示した意思を達成することが認められている[85]。

身上監護のための持続的代理権が現実に必要になったときには，本人は自ら自分の意思を表示することはできない。もし，本人の選択が決まっていなければ，代理人は本人の最良の利益であると信じる事項を基準にして決定をしなければならない。ほとんどの訴訟において制定法は代理人に対して広範な権限を認めているが，裁判所や立法府は，本人の要望が明らかではない場合は代理人の決定権限を限定している。身上監護のための持続的代理権は，健康管理のために本人が意思能力のあるうちに幅広い意思表示ができる簡易な方法である。意思表示ができる範囲は，リビングウィルよりも幅広いと考えられる[86]。

5　医療（health care）のための持続的代理権授与制度

医療のための持続的代理権をめぐる議論を解決するための最初の重要な試みは，統一州法委員会全国会議における 1982 年の医療同意法のモデル法の承認であった。個人の自主性や承認への関心によって，本人が能力のあるうちに，親戚や友人に医療の決定の証人を代行してほしいという理由から，統一州法委員会は「医療のための代理人」の権限を他人に認める条項を承認した。1993

---

[84]　Id. at 26.
[85]　Id.
[86]　Id. at 26-27.

年に制定された統一医療決定法でも，医療のための代理人を指名する考え方は貫かれている[87]。

(1) 通常の医療の代理人

医療のための持続的権限は，リビングウィルと異なりすべての医療の形態に対する決定を履行するための手順として使用することができる。生活支援の決定や撤回を考慮するだけではない。本人が能力を喪失したときに権限を行使することができる。このことは文書により具体的な内容を示す条項が示されていなければならない[88]。ここで，「医療 (health care)」の法的な定義は，「個人の身体的，精神的状況を治療，診断すること，それを継続するためのあらゆるケア，サービス，保護，手段を行うこと[89]」である。この定義は，「医療の同意」と一体となるもので，「医療の同意，同意の拒否または取り消し得る同意[90]」も含まれる。この定義は，本人が特別に特定の権限を代理人に与えていない限り一般的に適用される。

(2) 誰が代理人になるのか

通常医療の提供者，施設の職員は代理人にはならない。もし本人が能力を失っていて医療の選択を表明できない場合，本人の役割は代理人がつとめ，本人の事前の選択を表明しなければならない。しかしながら医療の提供者の役割は適切なケアについて忠告することで，その忠告は本人の意思に関係なくされる。

立法者は，家族の一員が医療行為を直接行う人やその人の雇い主から独立して十分な審査をすることを予定している。また，本人の多くの要望を十分に満たすことの重要性を家族や代理人に認めることによって，起こり得る危険や損害から本人を守ることができると考えている。

また，本人に対する虐待に対応するための検討もなされている。たとえば，立法者は施設の職員や家族ではない使用人を代理人に任命することを禁止している。また，医療を受けさせるために医療を受けるべき状況を強制することを

---

[87] Gerry W. Beyer, Teaching Materials on Estate Planning, 4th ed. WEST, 2013 at 371-372.
[88] David M. English, "The UPC and the new Durable Powers." 27 Real Property, Probate and Trust Journal, Summer 1992 at 387.
[89] Cal. Civ. Code. §2430(b).
[90] Cal. Civ. Code. §2430(c).

禁止している[91]。

(3) 目　的

　医療のための代理権は，本人から代理人へ本人に代わって医療に関する権限を与えることである。すなわち，医療に関する承諾や拒否を決定するために本人の代わりに行動することである。この文書は本人によって変更することが可能である。なぜなら，医療の必要な状況によっては，本人の意思の優先権に関係するからである。

　州の中には医療に関する代理人を表示するために特定の文書の形式を要求しているところがあるが，通常は特定の文書の形式は要求されない。実際に，法律によりあらかじめ示された代理人に特殊な権限を与える州もあれば，慣習法や訴訟行為や判例法の承認による問題として持続的代理権を受け入れる州もある。最近の連邦法が医療の決定と関連して，州法の下ですべての医療の方法を説明する権限を要求してから，多くの形式が職務上または医療組織により提案されてきている。しかしながら職務上の形式でさえも，きわめて多くの選択権が認められる。そのために，本人の選択権を正確に反映した最終的な書類が必ず必要である。本人は，次の事項を明らかにしなければならない。①誰が代理人になるのか。②誰が代理人の代わりをするのか。③代理人にどのような権限が与えられているのか。④誰が文書の管理を行うのか[92]。

(4) 代理人またはその代わりの人の選任

　代理人またはその代わりの人を選任することは，本人にとってしばしば最も困難な決定になる。医療に関する持続的代理権の適用を考慮することは，財産管理のための持続的代理権を考慮することと同じだからである。しかし，本人は通常医療について本人と同様の人生哲学をもっていると確信できる人を指名するだけではなく，換気装置の使用や，チューブを取り付けることのような特定の医療行為に対する判断を本人の要望を考慮して責任をもって対応しなければならないことを理解している代理人を選任しなければならない。クルーザン判決[93]により，生命維持治療拒否権を行使する能力を欠く状態にある者にこ

---

[91] supra note 88) at 384.
[92] supra note 19) at 264.
[93] Cruzan v. Director, Missouri Department of Health, 497 U.S. 261, 110 S. Ct. 2841, 111 L. Ed. 2d 224 (1990). クルーザン事件の概要は次のとおりである。1983年1月11

第 2 節　持続的代理権制度

の権利を認めるためには権利の代理行使が必要であり，その代理行使のためには本人の意思を確定するための証拠が必要であることが示された。生命や死に関する取り扱いについて特別な要望を受け入れるのは，文書が最良の条件で保護される場合のみ認められる[94]。

　本人は代理人またはその代わりの人が，いつ医療の決定を行う必要があるか，どこまで有効なのかを考慮すべきである。単により高齢であるとか，より虚弱になるというような指定は意味をなさない。しばしば旅行をする人や遠方に住んでいる人を選任することも問題になる。

　共同代理人制度を利用することは，必要なときに代理権の適用が有効になる場合が増えることである。もし共同代理人制度を適用すると，共同代理人が独自に行動するためにめいめいの代理人に文書を渡すことになるが，共同代理人の意見が違う場合，時には医療の代理権の適用を排除することができる。その

日未明，ナンシー・ベス・クルーザン（25歳）がミズーリ州内の道路で自動車を運転中に事故を起こした。その結果ナンシーは植物状態になり，夫（後に離婚）の同意に基づいて差し込まれた胃ろう管によってすべての栄養・水分補給を受けることになった。ナンシーの意識が二度と回復することがないことを知った両親（ナンシーの共同後見人）は，ナンシーが入院している州立病院に対して胃ろう管による栄養・水分補給を中止する要求を認めるようにミズーリ州の第一審裁判所に訴訟を提起した。第一審裁判所は両親（共同後見人）の請求を認め，州立病院に対してナンシーの栄養・水分補給を中止することを実行するよう命令した。これに対して，州とナンシーに付された訴訟後見人が上告した。ミズーリ州最高裁判所は第一審裁判所の命令を覆し，「患者が無能力の場合には，人命を尊重する州の強い方針に照らし合わせて，患者本人の治療拒否の意思が州の自然死法の要件を満たした形で表明されているか，それを証明する明確で信頼できる証拠がなければ患者本人以外の者が患者の死を招来することは許されない。」と述べ，本件においてはそのどちらも存在しないので共同後見人（ナンシーの両親）の請求は認められないと判断した。これに対して共同後見人が合衆国最高裁判所に裁量上告を求める申し立てを行い，合衆国最高裁判所はこれを認めて審理したが，「かりに合衆国憲法14条修正の適正条項手続によって，生命維持治療を拒否する権利が認められるとしても，植物状態により判断能力を欠き，後見人によって治療の中止が求められている者について，その中止が認められる要件として，州が治療中止を求める本人の希望の明確で説得力のある証拠を要求することは憲法上認められる。」として，共同後見人の主張を支持せず，原判決を支持した。クルーザン判決については，丸山英二「最近の判例」アメリカ法1991年1号121～129頁，樋口範雄「植物状態患者と『死ぬ権利』」ジュリスト975号102～106頁（1991年），カール・E・シュナイダー（木南敦訳）「命の終端における医療の決定について―クルーザン事件，事前の指示および個人の自己決定」ジュリスト1076号（1995年）130～137頁参照。

94)　Id. at 265.

結果，裁判所は，誰が意思決定者になるのかの問題を解決することになる。この状況は，もし本人が共同代理人の意見が対立した場合，基本的に優先される意思決定者が誰であるかをあらかじめ指示しておけば避けることができる。

(5) 代理人への権限の付与と制限

　医療の代理権が実際に必要になったとき，本人は自分の要望を知ることができない。もし，そのような要望が示されていなかったら，代理人は本人の最良の利益だと信じられることを基準にして意思決定を行わなければならない。ほとんどの訴訟において，制定法は代理人に任命された人に広範囲の権限を認めているが，裁判所や立法府は，本人の要望が明らかになっていないときは代理人の意思決定を制限する。つけ加えると，医療の権限のための法的権限については，本人の要望がわかっているときでも代理人の行為は制限される。裁判所の決定や制定法は確認されなければならない[95]。

　一般的に，医療の代理人を文書で示す場合，本人は，代理人がいかなる医療の問題にも対処できるように最も広範囲の可能な限りの権限を代理人に与えるべきである。しかしながら，代理人の自由裁量は本人が制定した優先権により制限される。そして，その文書は本人が持っている医療特有の要望について，代理人が考慮するために指示しておくべきである。リビングウィルは，死の決定を行う状況が含まれる場合一定の指示を与えるが，そのような強烈な状況に対する必要性は代理権にはない。医療の代理権の授与を計画する場合，次のような本人の個人的な要望について規定すると良い。①施設の場所，②輸血をするかしないか，③薬物治療を行うか，④（鼻や胃に通して）チューブを使うか，⑤最新式の医療器具を使うかどうか，⑥転院または他の医療施設へ移動するか，⑦宗教上の信念に基づく医療の時期の指定，などである[96]。

　代理人は本人の医者の同意を得るために，本人に十分な情報を提供しなければならない。本人の医療同意が可能な限り，代理権は医者における治療や病院での治療においては適用されない。すべての記録は再調査され，医者は代理人とすべての治療の問題について話し合う。

　代理人の指示を尊重する制度や代理人に対する権利放棄や代理人の義務に関する法規は，代理権の許容範囲の拡大を助長する。そのため代理人の意思決定

---

95) Id. at 265.
96) Id. at 265-266.

は本人があらかじめ文書に示した内容とは異なる場合がある。これは代理人に対するいかなる権利放棄についても起こり得ることである[97]。

(6) 有効な文書と文書の管理

医療のための持続的代理権では，本人は医療のための持続的代理権の原本をどこに保管するか決定する必要がある。①文書の中で決められ指示された公平な第三者に渡す，②本人が保管する，③指名した代理人に渡す，といった方法が認められている。

医療のための代理権は，本人が実際に無能力になる前に適用されたり，本人や本人に指名された人が，実際に本人が無能力になっているかを確認する前に適用する場合にはほとんど損害は発生しない。なぜなら，指名される人とは，常に本人が無能力であることを一個人として判断する医者だからである。これらの損害は，代理人に対して文書を渡すことや，無能力に対して権限を行使するために影響する文書の条件に望ましくない治療法を示すことではない。直接起こる唯一の損害は，代理人を失うことや，共同代理人の一方が役に立たない，または文書の変更が役に立たない可能性があることである。中には主治医にその文書を渡す人もいる。しかし，生活の変化により，主治医は実際に本人が無能力になったときに，その文書の内容に従うという保障はない[98]。

財産管理のための持続的代理権とは対照的に，医療の権限については，多数のコピーを複数の人に渡すほうが賢い。そのように，原本は共同代理人に渡し，変更したものは，本人や医者により代理人の原本のファイルと一緒に保管することが可能である[99]。

---

[97] Id. at 266.
[98] Id. at 267. なお，医療のための持続的代理権やリビングウィルに関する具体的な資料は，Panel Discussion, "Legal Problems of the Aged and Infirm — The Durable Power of Attorney — Planned Protective Services and the Living Will," 13 Real Property, Probate & Trust Journal, Spring 1978 at 44-67.
[99] Id.

第2章　アメリカの成年後見制度

第3節　リビングウィル

1　目　　的

　目的は限定されているが，リビングウィル，または医療の宣言と呼ばれるものも，無能力者のための法的計画の重要な一面を持っている。リビングウィルは，生命を支えるために必要な医療の選択権に関する供述である。その文書は，患者が本人の意思を伝えることが不可能になったときに使用される。リビングウィルは法的計画には必須の分野である。なぜなら，生活支援行為を考慮するときの特別の優先権について明確な供述をしたものであり，医療社会で広く知られているからである[100]。

　医療を断る権利や請求する権利については，連邦最高裁判所のクルーザン判決[101]において審議が行われた。裁判所は，治療を断る権利は，合衆国憲法14条修正条項により保障された自由の利益であると判示した。治療行為を断る権利や死ぬ権利を検討するとき困難な問題は，治療の必要がある場合，その前に患者が意思決定をした内容を患者は常に伝えることができないことである。クルーザン判決において，州は，代理人に無能力者の要望を知らせている証拠を明らかにし，確信させることを要求することが合法的であり，そのような証拠がないときは治療を拒否する決定ができないとしている。リビングウィルはいくつかの州で採用されているが，患者の要望を明らかにし伝達することを要求している[102]。

　リビングウィルは，代理人や医療の意思決定者を任命しないが，代わりに，医療上の支援に対してどのような問題が起こるかを予測し，様々なケアを利用したいか，利用したくないかを報告することを試みている。

---

[100]　Id. at 270. リビングウィルや，医療における代行決定については，石川稔「医療における代行決定の法理と家族——誰が代行決定者か」石川稔・唄孝一編『家族と医療その法学的考察』（弘文堂，1995年）48〜68頁，丸山英二「意思決定能力を欠く患者に対する医療とアメリカ法」法律時報67巻10号（1995年）10〜15頁，林美紀「医療における意思能力と意思決定——生命の終結に関して」新井誠・西山詮編『成年後見と意思能力——法学と医学のインターフェイス』（日本評論社，2002年）223〜241頁参照。

[101]　supra note 94）．

[102]　supra note 19) at 270.

第3節　リビングウィル

　リビングウィルの執行は，たとえ医療の持続的代理権が執行されても行われる。リビングウィルは代理権において与えられた裁量権のもとで，生きるか死ぬかの決定を明らかにする権限を与えるのか制限するのか，本人の要望についての証拠を広く受け入れるからである。さらにリビングウィルは，代理権においてなされたあらゆる内容の変更を自主的に変更するか，または実行するかを判断できるからである[103]。

2　準　　備

　リビングウィルを行うためには，様々な文書によることが可能である。形式は，Dying organization, Hemlock Society, または AARP の選択のようなたくさんの組織によって無料で広く頒布されている。多くの医療関係者や医療協会では，弁護士会と共同でごくわずかの費用で文書を提供している。州の中には，雛型を採用しているところもあるが，そのような書類は通常強制されるものではない。法律は有効な条項を確認するために，特有の言語または印刷したものが要求され，決定のために検査を受けなければならないとしている[104]。

　本人のためのリビングウィルを用意する代理人は，あいまいな言葉について，個々に本人の要望であることを実際に示すための署名された文書を作成すべきである。たとえば，「安心させるケア」を規定する書類は，常になされているケアが無害なものに聞こえるが，後で食べ物や飲み物を人工的に管理しつづけることを要求しているものと解釈され，時にはリビングウィルによって，本人の意思が妨げられていると考えられることがある。本人と議論されるべき問題の中には，本人自身の「末期の病気」の定義を使うことを要望するかどうかということがある。例えば本人は医療上の治療を栄養や水分の補給と同じように考えているかどうか，たとえ死ぬことを早めることでも痛みを軽減する治療を行うべきか，誰が無能力の決定をするのか，本人にとっての無能力の定義は何なのか，意思決定をしない人がいるのか，換気装置や心臓機器は全く使わないのか，その他本人の個人的な優先権に基づき（初めからアルツハイマーの場合など）精神的には無能力だが生命の末期ではない場合，治療を拒絶するかどうかということである[105]。

---

[103]　Id.
[104]　supra note 19) at 271.
[105]　Id.

第2章　アメリカの成年後見制度

代理人は本人によって署名された多様な文書が，否定や混乱を招くものではないことを明らかにすべきである。遺言のように撤回条項を含むことは賢明なことである[106]。

3　管　理

リビングウィルの文書を管理することは重要なことである。この文書を分配することは必要なことであり，様々な文書の下での執行は承認される。本人を担当する複数の医者がその文書のコピーを受け取り，本人は直接文書にしたがって決定するべきである。重要な医療を指示した家族や代理人には，本人の要望を示していることを承知してそれを保障してもらうためにコピーを渡すべきである。代理人のファイルの中の原本はコピーの予備に当てる。その文書のすべての記録について要求やそれを問題にする利益がないことは明らかである[107]。

第4節　信託制度

1　信託の設定

信託は，委託者と受託者の間で承認されるもので，委託者により受託者へ特定の指定された資産を移転し，受益者（個人または団体）のために受託者がその資産の管理，分配をすることである。信託は，様々な形式や特徴を持ち，生前信託，公益先行信託，撤回不能の生命保険の信託，低所得者医療補助（medicaid）が適用可能な人のための補足給付信託，子孫や孫などの財産者の利益のための信託，公益目的，教育目的または想像できるあらゆる目的のための信託の設定も含まれている[108]。

---

106)　Id.
107)　Id. at 271-272.
108)　Id. at 275. 信託制度に関しては，高齢者の財産管理のために1987年に統一財産管理信託法（Uniform Custodial Trust Act）が制定されている。また，2000年には統一信託法典が制定された。ここでは従来の信託制度の活用について検討する。アメリカの信託制度について成年後見制度と関連する分野の研究については，新井誠「アメリカにおける高齢者財産管理信託法制の新しい動向(1)〜(3・完)——信託制度の成年後見的役割」ジュリスト1105号94〜98頁，1106号102〜112頁，1107号86〜90頁（1997年）（新井誠『成年後見法と信託法』（有斐閣，2005年）148〜193頁所収），同「任意後見法

122

第4節　信託制度

　障害者のために設定される信託は，通常撤回可能信託である。撤回可能信託とは，信託設定者が撤回権を保留した信託のことで，設定条項に基づき信託設定者またはその他の者によって信託を終了させることができる信託のことである。撤回可能信託は，法定後見制度を回避するためにも使用される。もし，委託者が委託者の財産を管理することをあきらめたくなくても，将来身体または精神的に障害が生じたために自ら財産管理を行うことをあきらめざるを得ないことを心配している場合，委託者が障害者になるまでは，彼自身の基本的な利益のために設定された信託の受託者として，自ら財産管理を行うことができる。そして，委託者が障害者になったときにその信託は撤回不能な信託に転換し，あらかじめ指名された公認の受託者へ管理が移転する[109]。

2　生前信託と撤回可能生前信託

　生前信託は，委託者の一生のうちで財産上の問題の管理のために設定される撤回可能な信託で，同様に財産の分配や，委託者の死亡の際に資産の管理を継続するためにも設定される。本人及び配偶者を信託の受託者に指名したり，裁判所での資産の検認や検認のための費用を回避するために，委託者の死亡の場合の信託勘定の分配や管理の継続のために設定される。そのほかにも，不動産税を回避するために，また夫や妻が最小限の資産で遺族の生活を維持するために生前信託が設定される[110]。このような生前信託で，信託設定者（委託者）が撤回権を有する信託を撤回可能生前信託という。撤回可能生前信託は，裁判所による検認手続を回避するための遺言代替方法や，能力喪失時の財産管理を目的として広く利用されている。

と信託法」ジュリスト1164号（1999年）86～92頁（同・前掲書219～231頁所収），「信託法と後見法の交錯」ジュリスト1253号（2003年）170～177頁（同・前掲書232～246頁所収），沖野眞己「撤回可能信託」大塚正民・樋口範雄編『現代アメリカ信託法』（有信堂，2002年）81～121頁参照。わが国の2007年信託法改正後の信託法と成年後見制度については，新井誠『信託法』（第4版，有斐閣，2014年）532頁以下，新井誠・赤沼康弘・大貫正男編『成年後見制度——法の理論と実務』（第2版，有斐閣，2014年）457頁以下（星田寛，鈴木健之執筆部分），樋口範雄『入門・信託と信託法』（第2版，弘文堂，2014年）258頁以下参照。

109)　L. Henry Gissel, Jr. & Karen R. Schiller, "Trust Made Easy: A Simplified Overview of the Reasons for Creating, Modifying, and Terminating Express Trusts," Probate Law Journal Vol. 10, 1991 at 243-244.

110)　supra note 19) at 276.

第2章　アメリカの成年後見制度

　生前信託は，委託者の資産のために生涯管理することである。例えば結婚の場合，配偶者の一方が家族のために財産を管理しているが，その一方の配偶者が死亡したり障害者になったとき，誰が最終的な管理者として引き継ぐかを示すことが懸念される。生前信託では，次のような指示を認める。夫婦は生前信託を設定し，そこへ財産を移転する。始めの受託者に一方の配偶者を指名し，受託者の相続人は，受託者の死亡のような明らかな事実により引き継いだもう一方の配偶者により選ばれる。そのような変更は，特に子供や一方の配偶者がすでに障害で苦しんでいるが，障害のない配偶者よりも長生きしている場合特に有効である。信託証書は代理権証書よりも安全性が高い[111]。

　生前信託を使用することにより，財産管理人や財産管理のための後見人の費用を削減できる。もし，ある人が無能力になり，すでに受託者（または相続人の受託者）にその人の問題を管理する責任を引き受けてもらう配慮をしていたら，継続や管理のために裁判所の検認や処分を受ける必要はない。両親が子供のために両親の財産を管理するのとは別に優先権を設定する場合，生前信託の使用は事実上委託者の要望が実行されることを保証することになる[112]。

3　スタンドバイ信託

　スタンドバイ信託は，代用の資金で設定される生前信託で，資産はまだ移転していないが，将来信託条項や保護が必要になったときに移転する方法である。委託者は，常に誰かに持続的代理権を与え，委託者が無能力のときでも有効で，将来の権利のため委託者の資産を移転するために代理権限を与える。この取り決めは，検認のための費用と検認の際プライバシーが侵害されることを回避したり，遺言書無効の申立の成立の可能性を縮小したり，無能力になったことにより選任された受託者の管理を含む生前信託のすべてに利益を与える。しかしながら，代理人は，委託者が死亡する前に財産を信託へ移転さえすれば検認は回避される。なぜなら，コモンロー上の代理権は本人の死亡により消滅するからである。

　信託関係が設定されることにより，または信託のえりすぐられた形式により，スタンドバイ信託は，単なる持続的代理権の執行よりも受け入れられる。代理権はもっと一般的だが，投資の管理や起こりそうな問題に関する権限はそれほ

---

111)　Id. at 277.
112)　Id. at 278.

ど明確ではない。また，本人の死後の財産の分配の計画は想定していない。本人が不本意の生前信託を使用しているとしても，障害者になるかもしれないので，スタンドバイ信託はその限度において優れた選択である[113]。

4 撤回可能信託に含まれる信託条項

将来無能力になったときのための撤回可能生前信託には，必ず次の条項が含まれる。①受託者は委託者に精神または身体に障害があるときに何をするか。②委託者が現実に障害者になったかどうかをどのように決定するか。③受託者がどのような種類の生活支援を用意するか。④委託者の家の家具の備え付けや，アパートの家具などをどのように処分するか。これらの条項を網羅した文書は次のようになる。

もし委託者が障害者または病気になるか，または受託者の意見が委託者にとってより好都合な場合，委託者の手取りの収入を使って，受託者は受託者の裁量において必要な場合に世話，援助，生計，福祉，医療または入院その他の類似のケアを委託者のために供給し，以下の条項について委託者に直接提供する。

① この条項の下で，ケアの供給をするかやめるかを決定することについて，受託者は〇〇氏に相談する。受託者がこの条項の下で決定する場合，最終的には医師の診断書によること。
② 回復期にある人の介助，広範囲のケア，療養院のケアについて，受託者が世話，援助，扶養，福祉，医療，病院によるケアまたは類似のケアが委託者に必要であると判断した場合，受託者は委託者のためにサービスを計画する権限を有する。
③ 施設または長期間のケアを供給する場合，受託者は委託者に対して実際にケアをしている人に対して次の便宜を図る。
  (a) 委託者が能力があるうちに承認して決定した生活水準に適応した援助と生計。
  (b) 十分な質の医療または介護。これは，高齢に伴う身体または精神的な疾患のすべての状況に対して対応する。
  (c) すべての状況において，最良の介護，援助と健康，医療，病院，看護

---

[113] Id. at 279.

の費用を結びつけて考慮し，委託者の療養（一般の入院を除く）のための費用は，委託者の静養のために供給される。

④ 受託者は委託者のための生活支援を供給するために契約をする権限をもっているが，それは決められた一月の金額か，一括の合計の支払い（または類似の要求の承認），またはこれらの二つをあわせたもの（信託財産をすべて使い果たしたとしても）を供給する。この契約は書面で示されたもので，③の(a)(b)(c)の観点からなされた完全な契約で取り消されないものである。また，家族や代理人などにより撤回されないことになっている。

⑤ もし受託者がこの条項の下で行為し，委託者が現在の住居とは異なった住居へ移動する場合（かつ住居が信託になっていない場合）〇〇日間，受託者は通常の価格で売却したり，家族の家具や他の個人的なものを公にまたは私的に販売するのと同時に実行可能なその後の市場価格で販売することができる。受託者は信託財産を用いて支払い，不動産ブローカーまたは個人の財産の販売を考慮する必要がある。市場価格を確定することについて受託者は，財産を評価するか，あるいは評価の見積もりを依頼する。不動産が販売されるまでは，受託者がすべての税金や，合理的に必要な維持費や生計の管理や不動産の改良によってよりよく販売できるように対応できるようにする。受託者は住居や個人財産を委託者の子孫や，親戚や委託者の配偶者の子孫や，親戚のために売却する権限を持つ。受託者にとって確実な個人財産販売の代替方法は，現存の遺言または信託条項によって委託者の死亡時に直ちに分配することである。

この条項は委託者，受託者の双方の指針を保護することになる。重要なことは，法的無能力とされる対象者が広範囲なことである。すべての撤回可能信託は，障害者を支援するための条項を入れるべきである。障害者のための撤回可能，または撤回不能生前信託は，基本的に本人の財産を本人のためにのみ管理することである[114]。

5 生前信託と注ぎ込み遺言（pour-over will）

生前に有効に設定されている信託財産に，遺言により一定の相続財産を追加

---

114) 信託条項の具体的な内容については，James M. Corcoran, JR., "The Revocable, Irrevocable Living Trust for the Incompetent Client," Trusts & Estates, February 1971 at 100-101.

することを定める遺言を注ぎ込み遺言という[115]。通常,生前信託の証書を遺言に組み込む指示をすることにより行われる[116]。生前信託と注ぎ込み遺言を組み合わせて利用することは重要であり,障害者の財産管理のために信託を活用する場合にも利用される[117]。しかし,生前信託が遺言作成後に修正されたときには組み込むことは原則無効である。これは,遺言の方式によらずに遺言の内容を変更することになるからである。そこで,遺言者の意思を中心に解釈するために遺言の独立した意味を持つ事実の法理を認め,撤回可能信託の場合も修正された信託への注ぎ込みを有効とする[118]。生前信託と注ぎ込み遺言を組み合わせることにより,生前信託を設定した後で新たに遺言信託を設定することを避けることができる。遺言によって設定された信託(遺言信託)は裁判所で検認され,公的記録の対象になる。これに対して生前信託は裁判所で検認されることがないので信託の内容の秘密は守られ,プライバシーは保護される。このため,生前信託と注ぎ込み遺言を組み合わせることは重要な技術である[119]。

6 信託条項と社会福祉の関係

4で検討したような受託者の対応には,社会福祉や老年学の専門知識やケアマネジメントを導入することが有効な解決方法になる。ケアマネジャーは,まず信託会社や代理人から本人を紹介される。ケアマネジャーは本人または代理人と勤労関係を築くために会う。ここでは,費用やサービスのための契約にサインすることも含まれる。もし本人が支払わない場合は,その契約は代理人や家族が含まれることになる。本人を評価した後ケアプランが作成され,家族,代理人,信託会社その他の人により再吟味がなされ,必要であればケアプランについて話し合い,最終的なケアプランを作成する。関係者全員の賛成を得てからケアプランを実行する。そのケアプランの遂行の間中ケアマネジャーは状況を監視しつづけ,必要があれば再検討する。

ケアマネジャーは,信託会社や代理人など他の専門家と協力して役割を果た

---

[115] Id. at 97.
[116] ロバート・J・リン著,(在)トラスト60エステイト・プランニング研究会訳『エステイトプランニング——遺産承継の法理と実務』(1996年,木鐸社) 153頁,沖野眞己前掲[108], 94〜96頁参照。
[117] Id. at 97.
[118] 前掲[116] 162-164頁。
[119] この指摘については,supra note 46), at 20.

すが，他の専門家とは独立した義務を負う。このことは，供給するサービスによっては信託会社や代理人の役割と重なる場合があるのではっきりさせる必要がある。ケアマネジャーは独自の技術や能力を独自の専門領域に集中させ，すべての法的，金銭的な問題については信託会社または代理人に任せる[120]。

7 持続的代理権制度，信託制度が適用される具体例

例えば，75歳の母親が，47歳の中程度の精神障害のある息子を長期間世話するために自分の財産を使う場合，療養施設への費用や相続問題などを考慮しなければならない。母親の財産は，持ち家を含めて20万ドルである。彼女の考えははっきりしている。彼女は息子に自立した生活を続けることと，息子と一緒に家に住むことを望んでいる。息子の自立のために低所得者医療補助（メディケイド）を利用し，生活のための資産を用意することと，息子の雇用を援助することを提供するサービスが必要である。彼女はすでに息子の利益のために財産管理をすることができなかったので，その財産を信託にした。もし彼女が通常の代理制度を利用した場合，彼女の代理人は彼女が発作で倒れてナーシングホームで介護が必要になったら，息子の信託財産を彼女の介護費用に当てる権限がある。このようなことをしたら，息子のための信託財産はすぐになくなってしまう。

ここでは，母親と息子の現在の生活維持のための資産と，介護費用と，息子のために財産を相続させることが同時に問題になる。その際，この親子の身体の安全を確保することと遺産管理の計画との調和を図らなければならない。そこで，エステイト・プランニングの際には，持続的代理権，信託，身上監護に関する事前の意思表示を同時に行うことが重要であることが指摘されている。とくに，ひどい困窮状態ではないが資産に余裕のない高齢者の場合，このような事前の措置は必要である。もし，委託者が障害者になったことにより設定される場合は，信託を設定するために信頼できる人に特定の権限を持続的代理権により与えることが委託者にとってより賢明であるとされる。持続的代理権制

---

[120] Catherine C. Thompson, "The Role of Case Managers and Social Workers in the Trust Field", Trusts & Estates, February 1995 at 37, 42, 45. なお，この文献については，新井誠「アメリカにおける高齢者財産管理信託法制の新しい動向（3・完）」ジュリスト1107号（1997年）87頁以下で検討されている。同様の指摘は，Kenn Tacchino and Norma D. Thomas, "Why Financial Practitioners and Geriatric Care Managers Must Talk to Each Other," Generations, Summer 1997 at 41-44.

度により，母親が生存している間は母親と息子のために財産を使い，息子のために信託にした財産を使わないことを代理人にあらかじめ伝えておけば，通常の代理制度で起こる問題は解決できるし息子の財産も保全されるのである[121]。

第5節　それぞれの制度との関係について

1　UDPAAと信託の関係をめぐる議論

UDPAAの序文では，持続的権限の代替方法のための生前信託と代理人の代わりの受託者についての記載があるが，代理人は信託を設定することに従う必要はない。それにもかかわらず，持続的権限は生前信託の設定に使用されることが議論されてきた[122]。例えば，信託を設定する権限を与えるだけでなく，必要とあれば追加の権限として代理権を授与した。これらの信託や税金の問題を整理したり，代理権を授与することにより信託のために授与者の預金が必要であったり，投資のために株券の記録を作成したりすることが代理人の権限に含まれると考えられる[123]。

しかし，問題は代理人に信託を設定する権限があるかどうかである。信託が遺言代替方法として行使されたり有効な遺言から分離して生じるときにとくに問題となる。このような場合，信託は遺言の決定と同じ結果になる。なぜなら，遺言の代わりに分配された金銭や財産は信託を通じて分離するからである。代理人が本人の代わりに遺言を作成することは禁止されている。この状況では，遺言により信託を設定することは有効であるとされる。撤回可能生前信託が遺言と同時に設定された場合，遺言の内容が信託へ移行したことになる[124]。

代理人が遺言を作成しなかったり，本人のために遺言による決定をなすには

---

[121]　Scott R. Severns, "How Middle-Class Elders Plan Their Estates: An Elder-Law Attorney's Perspective," Generations, Fall, 1996 at 69-71.

[122]　supra note 46) at 27. 本人に対する代理人の義務は，信託における受託者の義務と重なるところがある。代理人は本人に対して忠実義務を負い，本人の利益のために行動し，資産を運用し，本人の知らないところで不利な立場になるべきではなく，本人と対等で，すべての事柄について本人に公表しなければならない。もし代理人が義務違反をすると，本人は代理人の解任を含めて，損害やエクイティ上の救済を要求する。これについては，Restatement (Second) of Agency §387-§399(1957).

[123]　Id. at 19.

[124]　Id. at 20.

理由がある。実行したときに遺言者の必要条件で遺言に署名すること，及び権利を移転するためにすることが必要な場合，遺言者の一人が本人の遺言かその意味が理解でき，不必要な影響から保護することである。遺言の機械的な形式に同意すれば，争いを防ぎ，検認と裁判の時間を縮小することができる[125]。

これらの擁護は，代理人が遺言者のために遺言を執行しない規定にも適用される。このことは，生命に関する危険，または代理人による不必要な影響がある場合とくに当てはまる。通常は，本人以外はこのような決定をすることは許されない。本人が無能力になった後でさえ影響を及ぼす本人の願望と，遺言に関する一般的な考慮の調和を図る必要はある。代理人は，本人が無能力になる前に設定された信託を適用する。理論上，本人は一定の目的のために信託を設定し，その意思を遂行する義務を負う。代理人は，信託を設定して遺言への影響を与えることも許されるが，権限を認める証書さえあれば投資の方法及び受益者の設定まで代理人の権限は広がる。本人の意思がその証書により明らかになっているからである。裁判所は，持続的権限を遺言法の合理的な解釈により代理人の権限を不当に拡大するために利用されないように注意しなければならない[126]。

信託制度はきわめて多数の利点があるため，持続的権限の下で代理人は単純に本人の財産を信託へ移行することが提案される。もし，代理人の責任が受託者へ財産を引き継ぐだけならば，家族は喜んで代理人を引き受けるかもしれない[127]。

2　事前の計画と法定後見との関連

多くの場合事前の計画は訴訟行為よりも好ましい。なぜなら，費用が少なくてすむし，計画者が制限される権限の内容を限定することについて表明できるし，代理人の氏名も規定できるからである。事前の文書は，必要なときに権限を簡単に変更することを規定できる[128]。

偶発的に無能力になったときのための事前の計画をしている人に対しては，

---

[125]　Id. at 20.
[126]　Id. at 21.
[127]　この指摘については，William M. McGovern, Jr. "Trusts, Custodianships, and Durable Powers of Attorney." 27 Real Property, Probate and Trust Journal, Spring 1992 at 21.
[128]　supra note 19) at 287.

持続的代理権または医療のための持続的代理権のもとでの代理人は代理権で許されていることの管理のための責任をすぐに引き受けることができる。信託を設定した人（委託者）が無能力になった時から委託者のために財産管理を継続することができる。スタンドバイ信託を設定している人は，その信託が適用されるとその時点から利益を得ることができる。末期の医療を含む状況についてリビングウィルは患者になされるべきケアの程度に合わせて医療を提供するための指導ができる。多数の署名による銀行勘定やその他の投資を行っている人は，共同署名のために財産を得やすい。

　事前の計画が支持される理由の一つに，後見人を任命するときには訴訟行為が要求されしかも費用がかかることが指摘される。統一検認法典（Uniform Probate Code = UPC）の規定では，無能力者の決定を調査するために代理権の表示を含む念入りな手続，訪問者の取材，医師の診察，証人尋問，陪審員による公判を行う。UPC がこれらの手続を要求するのは，「いかなる人も同じ権利の下で評価されるべきで，その人の自由は手続の結果制限されるからである」としている。これらの手続は，家族の一員が無能力であることの証拠を明示することを強いられることであり，家族に重大で感情的な負担を強いるものである。他方信託は，後見の場合に起こるほとんどの感情的，金銭的な負担を除くことができる。例えば，両親は成年者の子供が財産管理をすることができない場合，子供に無能力者の判決をすることなしに財産を信託にすることを考える。信託は，委託者が無能力になっても裁判上の決定なしに委託者の財産を管理することができる[129]。

　しかし，生前信託も，スタンドバイ信託も，多数の署名による銀行勘定も，医療処置の決定や住居の整備のような身上の決定をするための援助はできない。財産上の事前の計画は範囲が限定され，包括的な無能力者の計画を考慮することはできない[130]。

　事前に計画がなされていても，受認者の決定のために裁判所を頼らなければならない場合がある。これは，状況によって，事前に代理権が与えられていなかった権限が必要になったときや，本人または制度により代理権を適用できない場合必要である。場合によっては，代理権のもとで代理人によって行われた行為の適正が議論されたり，第三者が裁判所による任命に代わって代理人を探

---

129) Id. at 288.
130) Id.

第 2 章　アメリカの成年後見制度

す場合がある。信託の場合，信託財産ではない財産を財産管理後見人が管理したり，将来の管理のために信託財産へ移行する必要がある場合そのための手続を財産管理後見人が行う場合がある。予想していない医療に関する事項は，医療に関する代理権やリビングウィルでは対応できないことがあるので，裁判所による調停が要求されることがある。代理権が共同代理権として任命されていて，その共同代理人が本人に代わって行動する方法についてお互いの意見が合わないときは，裁判所による調停が要求されることがある[131]。

本人に信頼している人がいなくて，信託の受託者制度を利用することを望まない場合は後見の使用が支持される。なぜなら，財産の必要条件，裁判の監督や手続の説明があるからである。また後見人も生活支援を明確な基準で判断し，裁判所の承認によって与えられた義務の範囲内で生活支援の内容を自由に考慮できる。能力の判定に対しては医師による診断があり，不適当な権利の剥奪を防止するための様々な保護がなされる。場合によっては，裁判所によって任命された受認者に財産を担保に入れることを要求することもある。本人の考えた指示により後見制度や事前の計画が行われるのである[132]。

後見制度とその他の制度との関係を検討する場合，それぞれの制度を利用する人の生活状況，資産，要望を総合的に考慮して，事前に手続きをするか，後見制度を利用するかを判断することになる。事前の手続きをしていても，制度と制度の狭間で法的手当てのできない領域については後見制度に頼らざるを得ない。後見制度には制度上の不備や現状での問題も指摘される[133]が，その他の法制度の利用を検討しながらの後見制度の利用は否定できない。

第 6 節　ケースマネジメントと成年後見に関する議論

1　ケースマネジメントの本質

ケースマネジメントは，健康，リハビリテーション，社会的，身体的または精神的に援助が必要である人のための総合的な生活支援であり，また，その変更を追求する組織を手配するための方法である。その組織は，病院の中などに

---

[131]　Id.
[132]　同様の指摘は，supra note 46) at 45.
[133]　新井・前掲 13) 32-33，38 頁。

第6節　ケースマネジメントと成年後見に関する議論

創設された。ケースマネジメントは，ソーシャルケースワークや，地域における保健とほぼ同様のものである。初期のケースマネジメントのひとつである，精神科病院の中で患者が自宅で公衆衛生を行うためのケアのサービスは，重度の精神障害者のためのケースマネジメントの方法の基礎となった。

　ケースマネジメントは，基本的にサービスを継続的に遂行するためにそのサービスを統合する方法であり，その過程を実行するために責任のある個人やチームを指示することにより，依頼人のニーズの評価のみではなく，サービスの周辺の環境における社会資源の活用に接近することである[134]。

2　ケースマネジメントの展開と役割

　一般的なケースマネジメントのモデルは，精神科病院から患者が退院するとき生活を支援するための援助が必要なことから，そのためのサービスを直接コントロールすることであった。このモデルは，サービスと資源，サービスを受ける利用者，そして患者のための基本的な資源の獲得のための権利擁護活動を行う人（advocate）を結びつけることで患者を援助するために，単純にそれぞれを調整することが目的である。このサービスにおいて，カウンセリングの援助が必ずといっていいほど検討される。この方法は，現在でも広くアメリカで実践されている。

　しかし，このモデルは軽度の障害者のためには十分ではなく，重度の精神障害者よりもよりきめ細かなサービスを行う必要性が高まってきた。この視点から，包括型地域生活支援プログラム（Assertive Community Treatment ＝ ACT）のモデルが重要になり，現在ではアメリカだけではなく，イギリス，ドイツ，カナダでも行われている。これは，精神医療の代替手段であることを意味していて，包括的な治療の下に企画され，1日3交代，週7日，そして専門家たちの各分野が協力して行うものである。そして依頼人自身の環境で，すべての必要なサービスを各専門分野のチームの協力により提供するもので，地域の病院で繰り返されるものである。このモデルは必要に応じて変更するが，各専門分野における解釈は保持する。このサービスは，常に時間を限定せず低いコストで行われる。現在では，家族の権利擁護活動の調整（a family advocacy

---

[134]　Phyllis Solomon, "Percipitants of Case Management from an International Perspective," International Journal of Law and Psychiatry, vol. 23, 2000 at 420-421.

organization）を含めて，各分野の協力を得ながら行われている[135]）。

3　成年後見制度とケースマネジメントの共同研究

　身体，精神に関する医療やソーシャルサービスの調整と，後見または高齢者法（Elder Law）の法制度の分野を統合させる研究がある。これらの共同研究は可能である。ケースマネジメントは，高齢者や家族がサービスに対して費用を支払う場合を前提にしている。費用を支払うことができない人は，個人または基金から支払われる。法制度や裁判所にケースマネジメントが関与することは，本人の権利，エンパワメント，個人の生活の質を守ることに結びつくのである[136]）。ここでは，病院が行ったケースマネジメントの例を取り上げる。

⑴　高齢者のケアのネットワークと裁判所の関与

　高齢者のケアのネットワークの中で，次の二つの事例が検討された。

〔事例①〕

　83歳のB夫人は病気のためナーシングホームにいた。彼女はその時自ら自己決定をすることができず，家族は彼女の後見人に連絡した。家族はB夫人が継続してケアを受けるための費用を支払うために，B夫人の家を売却する許可を裁判所に請求して認められた。その後B夫人は顕著に病気が回復したので，裁判所へいって，彼女の残った最後の財産である家の売買契約に対して抗議した。裁判所は彼女の意見に同意し，後見人に現在と違う生活支援の計画を裁判所に提出するように指示した。この場合，B夫人の精神科医との密接な連携が要求され，彼女の家と，可能なレベルの生活の基準を確認する調査が要求された。

　このためには専門家が必要で，後見人は高齢者のケアのネットワークの専門家のスタッフと検討を始めた。B夫人の機能的な状況や，生活支援の必要性の包括的な評価の後で，1ヵ月後に施設を退去し，彼女の自宅に戻ることが看護やソーシャルワークのチームによってなされた。彼女は徐々に回復した。彼女の家は修繕され，生活のために安全に修復され，B夫人の健康状態や機能については，6ヶ月間高齢者のケアのネットワークにより見守りがなされた。1年半後，B夫人は，彼女の資源や財産を使い果たしたナーシングホームにいると

---

[135]　Id. at 421.
[136]　Lynn Hackstaff-Goldis, Susan T. House, "Development of a Collaborative Geriatric Program between the Legal System and a Social Work-directed Program of a Community Hospital," Social Work in Health Care, 14(3), 1990 at 2-3.

第6節　ケースマネジメントと成年後見に関する議論

きよりも自立した生活を送っている。

B夫人の場合，裁判所は，後見人に対し次の点を考慮しなければならないことを提示した。

(a)　被後見人の不動産を売却するための金銭的な正当事由
(b)　かつての被後見人の住居が売却され，新しい場所で生活する場合，新しい居住地区で被後見人の住居があるかないか
(c)　被後見人の精神状態や感情の良い状態を考慮して，住居の売却の状況を分析すること

これは医療と法制度の両方のシステムが，専門家のレベルで共同研究できた成果の典型例である。通常後見人の住居を売却した場合，その結果を被後見人自身は知らず，自ら監督できないままナーシングホームにいる。このような売却は，被後見人の機能的な状況に対して，適切な計画や評価なく行われてしまう。このため，本人が住居をなくしたために，ナーシングホームから退院できないケースはよく見られるのである[137]。

〔事例②〕

ソーシャルサービスの調整が裁判所の補助の役割を果たした例である。

78歳のD夫人は，アルコール依存症の息子およびその嫁と7年間一緒に暮らしていた。D夫人には，重度の記憶障害があり，徘徊をするようになったので，高齢者のケアのネットワークが裁判所が関与する4ヶ月前に健康状態と精神面の援助を監督していた。D夫人は，個人的な介護者である嫁とは折り合いが悪く，法律的な問題は解決できなかった。嫁は法律的な問題に対応する権限を得るために後見の手続をした。D夫人はこれに抗議し，裁判所は別の後見人を任命した。高齢者のケアのネットワークはD夫人に必要な対応を講じた。

この問題について，高齢者のケアのネットワークは，裁判所に意思決定の過程の援助を必要としていることを主張した。D夫人は，保健と個人的な援助の必要があり，後見人に対して，保健と個人的なサービスを調整することを実行するために協議することを提案した。この過程により，起こる可能性のある法律的な争いは解決し，D夫人の現在の状況と将来の生活支援の必要性が認

---

[137]　Id. at 5-6.

められた。彼女の家の売却と，新たに別の家を建てることが実行された。高齢者のケアのネットワークは，彼女が安全に生活しているかどうかを今後見守ることになる[138]。

(2) 高齢者のケアのネットワークのサービス

高齢者のケアのネットワークは，老年学を専攻している高度で経験豊富な健康に関する専門家のソーシャルワーカー，看護師によって構成される。この高齢者のケアのネットワークが行うのがまさにケースマネジメントである。ケースマネジメントの対象とするか否かの判断をすること（インテーク）が中心になるシステムは，依頼人にとっての医療上の情報収集（アセスメント）を行うことである。インテークは，依頼人の機能上，精神上の事情の確認と，徹底的な調査をすることが最初の問題であるが，電話で指揮する。次のインテークでは，ソーシャルワーカーや看護師の専門のレベルで，公衆衛生の経験から個人の必要な生活支援やサービスの提供に関する包括的な検証がなされる。これは，アセスメントの資源や，医療上の問診の技術を標準としたものを結びつけて活用する。訓練によって，様々な割り当ては，その事例の主な必要性（ニーズ）によって決定される。例えば医療の状況が大変複雑な場合，そして問題が医療のレベルのケアによって決定されるときは，看護師がその事例を援護する。もし，問題の中心が，家族の状況または精神保健の問題の場合は，医療ソーシャルワーカーが対応する。両方の問題があり，ケアプランが長期間に発展するときは，その生活支援に関してそれぞれの立場が主張される。

家族と後見人が衝突している場合，または現在の後見人で十分ではあるが，疑問がある場合は，被後見人にとって最良の計画についての医療上の見解の聞き取りがなされる。その過程の検討は，時間をかけて行われ，検討の目的によって複数の人の場合や複雑な場合を含む。被後見人の個人的な必要事項のために，最良の長期間の計画を決定する裁判所の補助をするためには，以下の事項を含めて医療上の見解を組織化して主張する[139]。

・関連する理由（関連する原因）
・健康状態（体調，薬物治療，養生法，通院歴）
・社会の援助（数，質，交友歴，近所の人，被後見人の利益の状況，衝突がある

---

[138] Id. at 7.
[139] Id. at 11-12.

かないか）
- 財産の資源（すべての財産と収入源と管理方法）
- 移動の能力（個人対依存関係の程度，機械の使用）
- 日常の生活能力（入浴，衣服の着脱，移動，トイレ，買い物，食事の準備など）
- 自立の状況（セルフケアの能力を含む）
- 知覚の機能（記憶障害，混乱，非適応，徘徊その他の危険行動，動揺，虐待されていること，判断力が減退していること，ケアプランへ参加する能力）
- 精神的，感情的な状況（通常の精神状態，自殺または殺人の危険，以前の精神病歴または入院歴，現在の精神状態，実際の虐待的な態度，薬物治療の病歴，病理学的な特徴，計画への参加能力）
- 現在のサービス利用状況（地域の法人，権利を与えられたプログラムや他の正式な援助）
- 後見人の機能の検討（他の後見人に変更するための推薦を含む）
- 在宅ケアのサービスの必要性（自立して生活しているか，家事の分担，施設から退院しているか，地域での生活支援，家でケアしているか，ナーシングホームか，鍵をかけられる施設か）
- 後見が適切であるか（後見の代替方法が限られているかどうか）
- 医療に対するインフォームドコンセント能力
- 生命保険
- 高齢者虐待の証拠または危険性の程度（緊急または重大な事情または虐待の調査）
- 短期または長期のケアプラン（被後見人の健康や個人的な必要事項を下にデータを検討したものにより，短期及び長期間の計画を明確にしたもの）

第7節　日本への示唆

　アメリカの成年後見制度には，まず裁判所により任命される後見人制度がある。被後見人の必要に応じて，財産管理や身上監護のための後見人が任命される。どちらか一方の後見（限定後見）と，両方を含めた後見がある。また，持続的代理権授与制度，信託，リビングウィルといった代替方法がある。それぞれの制度には長所と短所があり，他の制度で補うことができる。これは，本人の残存能力や意思決定を最大限に尊重するために最もふさわしい方法を採用す

第2章 アメリカの成年後見制度

ることが重要であると考えているからである。意思能力を喪失する段階は，人により様々で，一律に決められるものではない。したがって，それぞれの制度ができる限り柔軟に適用できるように検討する方向にあると考えられる。また，一つの問題に対してひとつの制度のみで解決するのではなく，いくつかの制度を組み合わせて活用することも考慮している。

1　持続的代理権授与制度

コモンロー上の代理権は，本人の死亡または能力喪失により消滅する。持続的代理権授与制度が想定しているのは，本人の能力喪失後においても本人の希望どおりの財産管理や身上監護を代理人に依頼したい場合，一定要件の下で認められるものである。そして，本人と代理人の間には強い信頼関係があることを前提にしている。要件は，持続的代理権を代理人に付与することを証書により明記することである。代理権を行使できる内容は，本人の希望であることが明らかにわかるものに限られる。

財産管理における持続的代理権制度は，現在ではすべての州で持続的代理権が認められているため，本人は後見人が選任されることを回避したりコントロールすることができる。要件である代理権授与証書は，裁判所に被代理人の意思を知らせる手段になる。持続的代理権授与契約が確保されていれば，後見は不要となる。エステイト・プランニングは通常資産のある親が障害のある子供の財産管理のために活用する。しかし，より必要があるのは，裕福ではないが低所得者医療補助（メディケイド）などの社会保障制度の適用の対象者にもならない中間層の人々であるといわれている。なぜなら，いざ能力を喪失して医療や様々な生活支援が必要になったとき，あらかじめ財産について対応しておかないと十分な費用を工面するのに困り，不動産や家財道具を処分せざるを得ない状況が起こるからである。能力喪失後の財産管理において最も手軽に利用できる制度といわれている。

身上監護における持続的代理権制度は医療の決定のために活用される。この場合も，内容は必ず書面で明らかにされなければならない。病院や施設へ入所する際に，あらかじめ担当の職員にその書面を渡して，代理人以外の人にも内容を知らせておくことが重要である。対象になる範囲は医療，保健，福祉のすべてを網羅するが，生命の危急の状況での適用は想定していない。そのような場合はリビングウィルにより対応する。

持続的代理権授与制度は、裁判にかかる費用や時間を節約できる反面、本人の意思能力喪失後効力が発生したときに、代理人を監督する人がいないので代理人の権限濫用が問題になる。もし代理人が職務を果たさず、本人の権利を侵害するようなことがあった場合は従来の法定後見制度に頼らざるを得ない。

2　信託制度

　裁判所が関与せず代理人を監督する制度がないため、代理人の権限濫用の恐れがある持続的代理権授与制度に対して、完璧な制度といわれるのは信託制度である。意思能力が十分なうちに信託制度を活用すれば、財産は確実に保護され、信託制度特有の柔軟性（設定の目的や内容が自由であること、信託設定後の状況の変化に対応できること）から、意思能力喪失後の財産管理の問題に適用することができる。信託の対象は財産に限られる。

　ただ信託制度を活用するためには、委託者（意思能力があるうちに制度を利用する人）が受託者に対して財産の名義を移転しなければならないため、心理的な抵抗感を持つ場合がある。この場合は、持続的代理権授与制度を信託制度と同時に活用する[140]。つまり、意思能力が十分にあるうちは財産を本人が管理して、意思能力が十分ではなくなった場合は財産を信託にすることを目的とした持続的代理権を設定するのである。そうすれば、持続的代理権授与制度における権限濫用の問題は、効力が発生したときには財産は信託財産となり、受託者が管理することになるので解決できるし、信託制度における名義移転の抵抗感に対しては、本人の意思があるうちは効力が発生していないために名義は本人のままで両方の問題が解決できる。実際には持続的代理権授与制度を単独で活用するよりも、信託制度と同時活用することが勧められる。

　わが国では、2012年より家庭裁判所が後見制度支援信託[141]を導入した。信

---

[140]　持続的代理権授与制度と信託について日本における活用については、新井誠「信託法と後見法の交錯」ジュリスト1253号（2003年）170〜177頁参照。

[141]　後見制度支援信託とは、後見開始事件と未成年後見選任事件における被後見人（成年被後見人及び未成年者）の財産のうち、日常生活のための支払いに必要な預貯金を親族後見人が管理し、通常使用しない金銭を信託銀行等に信託する仕組みである。対象となる財産は現金と解約した預貯金である。信託契約の締結、信託財産の払戻しや解約を行う際は、家庭裁判所の関与を要する。後見制度支援信託については、浅香竜太・内田哲也「後見制度支援信託の目的と運用」金融法務事情1939号（2012年）30〜40頁、寺本恵「後見制度支援信託の概要」金融法務事情1939号（2012年）41〜48頁、篠原淳一「後見制度支援信託の運用等について」ケース研究314号（2013年）4〜27頁、和波宏

第 2 章　アメリカの成年後見制度

託制度を活用することで、後見人の不正行為（被後見人の財産の横領など）を未然に防ぐことを目的にしている。また、2007 年の信託法改正により新たに導入された遺言代用信託[142]が各信託銀行で取り扱われているが、財産管理を目的にすることができるため成年後見制度と結合して適用することが可能である[143]。財産を確実に管理できる長所を活かした信託が成年後見制度の中で利用され始めている。この遺言代用信託は、委託者はいつでも信託を変更・撤回できること、委託者が死亡した時には配偶者や子等を受益者とすることが多いこと等撤回可能生前信託と類似する制度である。撤回可能生前信託を設定する際に信託を利用する人（委託者または受益者）の身上監護を考慮する場合、身上監護の内容を考慮した信託条項を具体的に示す必要があり、この条項の中に事前に検討すべき身上監護事項が含まれる。そのため身上監護を目的とした財産管理について検討する際にアメリカの撤回可能生前信託が参考になると考えられる。

3　法定後見制度

後見制度については 1980 年代に AP 通信が実態調査を行い、後見制度が十

　　典・松永智文「後見制度支援信託の運用状況について」信託 259 号（2014 年）4～9 頁、寺本恵「後見制度支援信託の取扱状況について」信託 259 号（2014 年）10～15 頁参照。
[142]　遺言代用信託とは、信託法 90 条 1 項各号の定めのある信託のことで、委託者となる者がその財産を信託して、委託者生存中の受益者を委託者自身として、遺言の代わりに信託を用いて委託者が死亡した後、あらかじめ指定した配偶者や子供を委託者死亡後の受益者として給付を行う信託である。遺言の代わりをする機能と、死因贈与に類似した機能を有する。例えば、三菱 UFJ 信託銀行で 2012 年より取り扱っている「ずっと安心信託」は、委託者が自分の生存中は自分を受益者にして、死亡後は自分の配偶者や子供などを受益者にするといった設定ができる。老人福祉施設へ入所している人のために、月々の管理費として定額を引き落とし口座に入金できるように設定することも可能である。他行にも類似商品がある。この指摘については、前掲 108）新井誠・赤沼康弘・大貫正男編 505～508 頁参照。
[143]　例えば、いわゆる福祉型の信託、すなわち、高齢者や障害者の財産管理のための信託（例えば、高齢者が、将来自らの判断能力が低下する事態に備えるとともに、自己の死後における財産の利用・分配などの方法を生前に定めておくために、その財産を信頼できる受託者に信託するというもの）や、親亡き後の障害者等のケアを要する者の扶養のための信託（例えば、障害者を持つ親が、自己の死後も子の福祉の保障を維持するために、自己の財産を信頼できる受託者に信託するというもの）等において活用される余地が広いものである。この指摘は、寺本昌広『逐条解説　新しい信託法［補訂版］』（商事法務、2008 年）256 頁参照。

分に活用されていないこと，後見人による虐待が行われている実態が暴露されアメリカ全土に衝撃を与えた[144]。現在でも十分に対応しきれていないといわれる。個人が行う後見のほかに，公的機関が行う公後見制度（public guardian）がある。公後見制度は個人の後見でもその代替方法でも対応できない場合，最後の砦（last resort）の役割を果たしているといわれている[145]。わが国における成年後見制度には，公的機関が関わる後見制度はないが，身寄りがない人や，第三者に後見人を依頼する際の費用に問題を抱えている人が利用しやすいように，市民後見人（自治体等が養成したボランティア後見人）が活動している。

法定後見制度の改革の中では，主に①手続が十分ではないため，個人の被後見人が深刻な権利侵害を受けていること，②十分な手続きを経ることなしに被後見人の権限を剥奪してしまうことについて，批判と議論が繰り返されてきた[146]。アメリカの法定後見制度の沿革は，これらの問題を克服するための試行錯誤の沿革ともいえる。まだこれらの問題が解決しているわけではない。

4　成年後見制度と福祉

成年後見制度と福祉を結びつける役割を果たすケースマネジメントとの関係が注目される。財産管理の場合でも身上監護の場合でも，それぞれを援護するためにケアマネジャーが関わることがある。アメリカでは，もともと精神障害者や知的障害者の退院後のフォローアップと，地域でのケアの継続性やナーシングホームに入所している高齢者を地域に復活させていくプログラムにおいてケースマネジメントが活用されるようになった。特に高齢者については，メディケア・メディケイドの財政負担を最小限に軽減させる（医療費抑制）目的

---

144) AP通信社が発表した1987年の全米後見調査では，後見制度が訴訟行為において正当な過程でなされていないこと，後見人による対応が十分ではないこと，費用がかかりすぎること，一度下した決定は二度と変更しないこと，裁判所による監督が十分になされていないことなどの事態が明らかになった。この内容については，小林秀文「アメリカにおける成年後見制度とその代替システム(1)」中京法学30巻33号（1995年）72～75頁参照。

145) 公後見制度に関する研究については，Winsor C. Schmidt, Jr., "Guardianship - Court of Last Resort for the Elderly and Disabled", CAROLINA ACADEMIC PRESS, 1995参照。

146) この指摘は，Jennifer L. Wright, "Guardianship for Your Own Good: Improving the Well-being of Respondents and Wards in the USA," International Journal of Law and Psychiatry 33 (2010) at 353.

があった[147]。そこで本人の医療費の負担を最小限にするために，適切の医療・福祉・保健サービスを無駄なく効率よく受ける必要が出てきた。そのためには専門的な知識が必要になるので，財産管理人はケアマネジャーと相談しながら財産管理を行う必要がある。同時に医療のための持続的代理権やリビングウィルを設定することは有益である。ケアマネジャーは本人に対して対人サービスを行うので，財産管理人にはわからない本人の状況を把握することができる。ケースマネジメントが成年後見制度に関わることは，現在では，アメリカ以外でも，ケースマネジメントを行っている国では受け入れられ始めている。

第8節　近時の動向——治療的法学（therapeutic jurisprudence）と法定後見制度

1　概　要

　治療的法学（therapeutic jurisprudence）とは，治療的作用物としての法の役割を研究する法学のことである。社会心理学などの異分野と提携して学識を得て，法改革，法規制，法的手続，法に携わる者の役割が治療的または反治療的な結果をもたらすことを理解し，法の治療的効果を高め，反治療的効果を縮小するように，法の適用や法手続，法改革のあり方を追及することである[148]。近時，法定後見制度の問題点に対して，この治療的法学の手法を用いて解決の方向を探る議論がある。そこで，現在議論されている内容について，その概略に触れる。

2　治療的法学と法定後見制度

　治療上の法学は，法的な分析方法で「人々の精神，身体の健康に影響を及ぼ

---

[147]　広井良典「ケアマネジメントとは何か——介護システムの中核をなすもの」岡本祐三編『[論争] 高齢者福祉——公的介護保険で何が変わるか——』からだの科学臨時増刊号（1996年，日本評論社）92頁。

[148]　David B. Wexler and Bruce J. Winick, Introduction to Law in a Therapeutic Key: Developments in Therapeutic Jurisprudence xvii (David B. Wexler & Bruce J. Winick, eds., 1996). David B. Wexler と Bruce J. Winick は治療的法学の提唱者である。治療的法学を紹介したものに，池原毅和『精神障害法』（三省堂，2011年）27〜28頁参照。治療的法学と法定後見制度については，Jennifer L. Wright, supra note 146), at 350-368 に依る。

第8節　近時の動向—治療的法学（therapeutic jurisprudence）と法定後見制度

す法律上の効果を提供するために，社会科学の適用を追求する[149]」ことである。もともとは，精神保健法の影響を中心に検討されてきたものが発展したものである[150]。法定後見制度では，裁判での手続において被後見人になる人の権利が十分保護されないことが問題となっている。この問題に対して，治療的法学の手法を用いて検討することで，新たな問題の解決の方向が示されるとの指摘がある[151]。

精神保健法も後見法も，もともとは精神病のために人に危害を加える人から市民を地域で保護することに焦点を当てていた。精神保健法は，精神科医が精神病患者の最善の利益を成し遂げる役割を担い，精神病患者の権利の深刻な剥奪に反応することにより大きく発展した。これに対し，精神病患者やその弁護士は精神医学の分野に挑戦した。権利の悪用を指摘し，この制度における精神病者の実際の幸福について指摘した[152]。治療的法学は，精神病者の感情的，心理学的な幸福に科学的な明察を取り入れる試みをしたことと，これらの明察を精神病者の権利を剥奪するために使う代わりに，精神病者が権利を得ることを助成するための法制度に改善するために使うことで発展した[153]。

後見法については，精神保健法の場合とは異なる視点からの検討がされる。被後見人になる人の治療上の価値は重要だが，法律の規定，役割，手続の解釈においてはしばしば無視される。法律上の規定や手続は，特別な目標に達成するために制定される。例えば，無能力の成人を害から保護する，または，成年者が不必要に，または不当に自律や権限を剥奪されることがないことを保証するために制定する。しかし，これらの規定や手続や役割は，法制度の中で引き受けられるもので，適切な診察を受けていない等の別の影響には対応しない。治療的法学は，このような対象者の別の影響の重要性を検討し，法学のみならず，既定の社会科学の調査方法を用いて，消極的な心理学，社会や精神の影響を最小限度にする根本的な目標を達成する方法を追求することである[154]。

---

[149]　Bruce J. Winick, Therapeutic Jurisprudence Applied: Essays on Mental Health Law 3 (1997).

[150]　David B. Wexler and Bruce J. Winick, supra note 148, at 21.

[151]　Jennifer L. Wright, supra note 146), at 357-358.

[152]　David B. Wexler and Bruce J. Winick, supra note 148, at 23-24.

[153]　Id.

[154]　See David B. Wexler and Bruce J. Winick, supra note 148); David B. Wexler, Two Decades of Therapeutic Jurisprudence, 24 Touro L. Rev. 17 at 20-21 (2008).

第2章 アメリカの成年後見制度

3 法定後見制度における具体的な対応方法

治療的法学の視点から，従来の裁判所とは異なる対応により，被後見人の権利を擁護する方法が検討される。具体的には次の方法が指摘される。

(1) 問題を解決する裁判所（problem-solving courts）

問題を解決する裁判所とは，問題を解決するために裁判所が関与する方法で対応することである。地域社会の軽罪を扱う裁判所，精神医療・民事が関与する裁判所，ドメスティック・バイオレンスを扱う裁判所などで採用されている[155]。

後見の訴訟手続では，従来は，①被控訴人は法的に無能力か，②もし，被控訴人が法的に無能力なら後見人が必要か，③誰が後見人になるべきか，④後見で決定されるべきことを限定するのは何か，について検討された。この代わりに，裁判所は，後見の訴訟手続の過程で，訴訟当事者が提供する問題を幅広く検討し，医療関係者，社会事業，カウンセリングのサービスが，これらの問題を解決するための最良の方法を見つけるために訴訟当事者とともに活動するための援助をする[156]。

(2) 仲　裁（mediation）

仲裁は，伝統的な法定による解決の枠組の外側で議論を解決する裁判の代替方法の一つである。仲裁は，いかに利害関係のある訴訟当事者が訓練された中立の立場の人と議論する作業を保証するかの過程であり，すべて，または部分的に争いを解決するために，賛成を得ることを目標とする当事者の自発的で，強制されない話し合いである。仲裁は裁判所の訴訟手続をつなぐもので，裁判所が訴訟で当事者に責任を認定するときに，公判手続の前に仲裁を提案することに関係する。仲裁はまた，すべてを裁判所の手続から分離することができ，当事者は，司法制度へ接近する前，または司法制度の代わりに仲裁者を使うこ

　　　Patricia C. McManus, Comment, A Therapeutic Jurisprudential Approach to Gardianship of Persons with Mild Cognitive Impairment, 36 Seton Hall L. Rev. 591, 594 (2006).

155) Greg Barman and John Feinblatt, Problem-solving Courts: A Brief Primer, in Judging in a Therapeutic Key: Therapeutic Jurisprudence and the Courts 73, 74-75 (Bruce J. Winick & David B Wexler, eds. 2003).

156) Jennifer L. Wright, supra note 146) at 365.

第 8 節　近時の動向—治療的法学（therapeutic jurisprudence）と法定後見制度

とを選ぶ[157]。

後見の仲裁は，社会老年学センター（the Center for Social Gerontology）が 1991 年から成年後見の仲裁のためのプログラムを調査，実践している[158]。後見の仲裁について，社会老年学センターは次のように指摘している。

「仲裁を使用すると家族が後見の代案を詳細に調査することを援助できるので，裁判所が押しつける後見とともに権利を喪失することを避けられる。仲裁は高齢者にとって基本となる生活の決定に対して最大限に可能な限り独立した，そして自律的な管理を維持することを保証することを助け，支援のために必要なことを問いかけ続ける。それは，高齢者の意思決定の過程を含む。裁判所の訴訟手続のトラウマを避ける。家族環境の中で一致した意見を打ち立てることを援助する。障害のある高齢者やその他の人が可能な限り最善で最も充実した支援と補助を保証するために確かな判断をすることを促す。効果がなく非能率的な裁判所の資源を使用することを縮小することができる。すべての適切な地域社会の支援サービスを最大限に活用することによって，家族や地域の介助者の要求の教訓とすることもできる。[159]」

仲裁によりある家族の一員は勝ち，他は負けるという対応を避けることができ，障害がある，または無能力だといった宣告を裁判所から受けることを避けることができる。

(3) 限定された決定（limited orders）

1997 年統一後見保護手続法において，後見制度では限定された決定を優先することを規定している[160]。被後見人の権利を剥奪，制限する裁判所の決定は限定すべきであるということである。被後見人に対する決定を限定すると同時に，後見の仲裁を同時に適用することによって，被後見人にとってよりよい決定をすることができる[161]）。

後見の仲裁では，高齢者の必要性に合う地域社会において役に立つ異分野提

157)　Id.
158)　Susan D. Harman, Penelope A. Hommel and Susan Butterwick, Adult Guardianship Mediation Manual, Module one, The Center for Social Gerontology, Inc., Ann Arbor, MI, 2002 at 8.
159)　Jennifer L. Wright, supra note 146) at 366.
160)　Uniform Guardianship & Protective Procedures Act, §311(b).
161)　Lawrence Frolik, Promoting Judicial Acceptance and Use of Limited Guardianship, 31 Stetson L. Rev. at 735, 741 (2002).

第2章 アメリカの成年後見制度

携のサービスを活用することになる。それは，ソーシャルワークのケースマネジメント，財産管理，治療，評価と補助的な方策，家庭内の健康サービス，友好的な訪問サービス等が含まれる。このようなサービスを活用することにより，限定された決定が有効に機能する[162]。

(4) 後見計画（guardianship plans）

後見計画は，被後見人にとって必要な事項を列挙したもので，一定の期間（通常は1年間）を設定して検討されることになる[163]。計画は，被後見人の参加のもとに改良することになっている。また，被後見人と意思決定をいかに共有（share）するかを書面に記述することになっている。計画は，調査や承認のために裁判所へ提出する。公聴会の前に後見計画を提出することで，裁判よりも早い段階で他の仲裁などの選択をする可能性を広げる。後見計画を明らかにすることにより，より後見の目的を限定できることになる。

また，後見計画は，可能な範囲の代行決定（substituted judgment）をする際に後見人を援助することもできる。後見計画は，後見人に，被後見人の長期間の価値と目標を理解することを要求し，被後見人と後見計画を実行するために議論することを要求する。被後見人にとっては，必要な事項について他の人を入れて議論するためのよい機会になる。

(5) 被後見人に必要な社会資源や情報

後見に関わる関係者（裁判官，弁護士，訴訟当事者，陪審員，家族，後見人，高齢者等）が，能力が減退する本質及び原因，地域社会における可能な補助的・保護的なサービス，長期間のケアの資源，財政上の利益のプログラム等の社会資源や情報に近づくことはすべての利益になる。これらの社会資源や情報を考慮することにより，例えば，弁護士は後見制度を適用するか，仲裁などの代替方法を適用するか，当事者にとって最善の方法を選択することができる。裁判官は，当事者の能力を正確に把握して後見を認めるか否定するかの決定をより正確にすることができる。後見人は，これらの資源を被後見人の自律と尊厳を最大限に尊重するために使うことができる。後見において，治療上の結果を促

---

[162] supra note 158) at 7.
[163] Sally Balche Hurme, Steps to Enhance Guardianship Monitoring, ABA Commissoin on the Mentally Disabled and Commission on Legal Problems of the Elderly, Washington, DC, 1991 at 21-24.

第8節 近時の動向―治療的法学（therapeutic jurisprudence）と法定後見制度

進するためには，これらの社会資源や情報がいたるところで制度に組み込まれる必要がある。

4 おわりに

治療的法学が提唱されてから20年余りで，法定後見等への適用について議論され始めている。法定後見等への適用が検討されるのは，家族や後見に関わる関係者の間で訴訟当事者として対立することを避けるねらいがある。今後の議論の推移を見守る必要がある。従来とは異なる視点から，法律と福祉の連携の必要性が議論されていることは示唆を得るところと考えられる。

はじめに

第3章　イギリスの成年後見制度

はじめに

　イギリスには，わが国の任意後見制度に相当する制度として1985年持続的代理権授与法があるが，財産管理のみを制度の対象にしていた。法定後見制度に相当する制度として1983年精神保健法があるが，未成年者も対象にしている。1985年持続的代理権授与法については，1995年，法律委員会は法改正のための報告書を提出した[1]。1983年精神保健法についても，1998年にイギリス政府が法改正のための専門委員会を設置し，2002年に法改正のための草案が提出された。

　これらの改正のための手続を経て，近時，成年後見制度に関連する法律がいくつか改正された。1985年持続的代理権授与法が2005年意思能力法に改正され，2007年より施行されている。また，法定後見制度（Guardianship）を含む1983年精神保健法も2007年に一部改正され，同年施行されている。それぞれの法律についての運用方針（Code of Practice）も公表されている。2005年意思能力法では，財産のみでなく，福祉，医療など生活全般に対する意思決定について規定している。また，1983年精神保健法では，主に精神保健及び精神病患者の強制入院，強制治療，退院後のアフターケアについて規定している。それぞれの法制度は目的や守備範囲が異なり，対象者の必要に応じてそれぞれの制度を適用する。

　そこで，1985年持続的代理権授与法の法改正のために提出した1995年の報告書の内容を検討してから，改正された2005年意思能力法を概観する。そし

---

[1] Law Commission No.231, Mental Incapacity, London HMSO 1995. なお，1985年持続的代理権授与法については，新井誠「イギリスとドイツにおける成年後見制度の新たな展開」ジュリスト972号15頁（1991年），新井誠「無能力者の財産管理——イギリス法の経験から学ぶもの」ジュリスト995号72頁（1992年），南方暁「成年後見をめぐる比較法研究——英国における高齢者の財産管理——」川井健・利谷信義・三木妙子・久喜忠彦・野田愛子・泉久雄編『講座　現代家族法　第4巻親権・後見・扶養』（日本評論社，1992年）161頁，日弁連司法制度調査会成年後見制度海外調査団『欧米6カ国の成年後見制度調査報告書』（1995年）55頁以下，デンズィル・ラッシュ，志村武訳「持続的代理権」実践成年後見1号（2000年）8～46頁などを参照。

149

て，1983年精神保健法の内容と問題点を検討してから，一部改正された1983年精神保健法を検討する。1995年の報告書の内容を検討する理由は，判断能力が十分ではない人の意思決定や意思能力に対する考え方を知る手がかりになると考えるからである。1983年精神保健法を検討対象にする理由は，判断能力が十分ではない人の意思にかかわりなく保護せざるを得ない人に対して，本人の権利を擁護しながら保護するとはどういうことかについて示唆を得られると考えられるからである。

第1節　障害者の意思決定をめぐる法改革の動向
── 1995年報告書の内容

　精神保健法の改革は，精神病治療において病院における伝統的な精神医療のもとでの精神障害者の状況を構想したものであった。しかし，病院よりも地域（コミュニティケア）に重点を置く患者にとっては今日時代遅れの制度になっている。伝統的な精神医療がまったく必要のない精神障害者が増加している中で，F事件[2]により，障害者本人の意思が必ずしも尊重されない事態があることが暴露された。しかしこれは，そのような障害者がどんどん明らかになるので問題を提起したに過ぎなかった。障害者の数が増加するだけではなく，実際にはほとんどの障害者が公になるような複雑な問題を起こすことなく現在地域のなかで生活している。そのため障害者の主張を認めないことが市民の生活を尊重するという考え方が通用しなくなったのである[3]。

　1985年持続的代理権授与法は，財産のみを対象としているため，医療や身上に対して障害者の意思決定を尊重し，援助することができなかった。そこで医療や生活について，本人の意思を尊重するための新たな法制度の創設へ向け

---

[2]　Re F (Mental Patient: Sterilisation) [1990] 2 A.C. 1, HL. 36歳の精神障害者のFが，入院していた病院で知り合った精神障害者の男性との間に子供ができると困るので，病院側とFの母親は不妊化することがFの最善の利益と考え，Fの同意なしに手術をしたが，Fの同意がないことのみを理由として手術が違法行為であったとはいえないとする判決である。

[3]　前掲1），paras. 2.31-2-39. なお，この法律委員会の報告書の草案の一部については，野田愛子編『成年後見制度に関する調査報告書──イギリス編』（社会福祉法人　東京都福祉協議会権利擁護センターすてっぷ，1997年）61頁～79頁に邦訳があるのであわせて参考にした。

第 1 節　障害者の意思決定をめぐる法改革の動向——1995 年報告書の内容

て法律委員会は検討を始め，報告書を公表した。

1　法律委員会の方針

1989 年法律委員会は法改正を進めるために，障害者に代わって意思決定を行うための新しい「法部門」を調査することを目的とした，独立した団体を創設することについて大法官の承認を得た。1991 年にコンサルテーションペーパー[4]が公表されたが，現行法の細部まで再考され，法の不備，改革の価値について外国で採用された類似の問題解決に触れ，改革のための様々な取り組みがなされた[5]。

その根本原則は，ノーマライゼーション，自己決定，最小限度の干渉，烙印（stigma）なしの保護，意思決定の代行である。これらは次のように要約される。

① 自分のためにすることが出来る意思決定は出来るだけ本人自身によってすること
② 本人の利益や他人からの保護のために，本人の代わりに意思決定をする必要がある場合は，干渉は最小限度で行い，本人がやりたいことは出来るだけそのままさせること
③ 悪質な利用，無視，身体的，性的，心理的虐待に対しては厳密な保護をすること

常に問題になることは，障害者を支援する人に，その障害者に対して「何もしない」ままでいるかを選択する権限を認めるかどうかである。その権限は常に法律上問題のある人に対応するために，支援する人に対して付与されるので用心しなければならない。しかしこの複雑で難しい分野については，判例で処理したり立法により解決しようとすることがかえって害になると考えがちである。しかしながら圧倒的に立法に賛成の反応があった。ほとんどは，断片的な改革を積み重ねるよりも総合的な改革を支持した[6]。

また，法律委員会は私法と公法を組合わせることを考慮している。

① 本人の通常の状態を扱う「私法」の分野に「無能力」の定義を含めるこ

---

[4] Law Commission Consultation paper No. 119, Mentally Incapacitated Adults and Decision-Making: An overview, London HMSO 1991.
[5] Id., para. 4.27.
[6] Brenda Hale, "Mentally Incapacitated Adults and Decision-Making: The English Perspective," International Journal of Law and Psychiatry, Vol. 20, No. 1. 1997 at 63.

と，いつどのように障害者の代わりに行動や意思決定をするのか
② 事前の意思表示やリビングウィルを含む医療の決定に関係のある治療や調査
③ 精神障害者や保護が必要な人を虐待や無視から守るための社会福祉事業の権限に関連する公法上の保護[7]

法律委員会はこれらの内容について1995年に報告書を提出して草案の形で具体的にまとめた[8]。

2 「能力」の定義

報告書は，人は皆能力があり，疑いのある場合に限り無能力であることを主張することが人々にとって望まれることと仮定する。能力については，決定する能力があっても他のことが十分にできなかったり，決定できるときとできないときがあることを考慮すべきである。法律委員会は能力の定義を詳細に調査し様々な対応を試みているが，障害者の機能や知覚を法制度に反映させるために現行法を広く解釈している。ここでは，二つの場合が無能力であるとしている[9]。

第一に，人が「精神的無能力の理由によりできない」[10]とは，①彼が精神無能力により被害を受けることが精神または知的障害によるものであり，永久または一時的なものであり，その結果精神機能の悪化または妨害があること[11]，②無能力の決定が必要なときに，(a)彼が理解したりその決定に関する情報を保

---

7) Law Commission Consultation paper No.128, Mentally Incapacitated Adults and Decision-Making: A new Jurisdiction, London HMSO 1993; Law Commission Consultation paper No.129, Mentally Incapacitated Adults and Decision-Making: Medical treatment and research, London HMSO 1993; Law Commission Consultation paper No.130, Mentally Incapacitated Adults and other vulnerable adults: Public law protection, London HMSO 1993. なお，これらのコンサルテーションペーパーの詳しい内容については，新井誠「イギリス持続的代理権授与法」須永醇編『被保護成年者制度の研究』（勁草書房，1996年）166頁〜177頁。

8) supra note 1.
9) supra note 6 at 63.
10) Draft Bill, Clause 2(1)(a)（邦訳62頁）。
11) Clause 2(2). Cf. David Carson, "Disabling Progress: The Law Commission's Proposals on Mentally Incapacitated Adults' Decision-Making," Journal of Social Welfare and Family Law 15(5) 1993 at 311-314, supra note 1) paras. 3.10-3.12.

第 1 節　障害者の意思決定をめぐる法改革の動向——1995 年報告書の内容

持することができないこと（その決定をすることの失敗または何とかして決定した結果を合法的に予知できるかの情報も含む[12]）——彼が一般的な言葉や単語の説明を理解するための情報が理解できること[13]，そして(b)彼がその情報に基づいて決定をすることができないこと[14]——理解はできても精神疾患のためにその情報に基づいて本来の選択ができないこと，を意味する。しかしながら「単に通常の分別のある人によってなされる決定をしないから」決定ができないとは考えられない[15]。

　第二に，本人が決定に対して無意識にまたは他の理由で本人の決定について話し合うことができない場合は能力はないとする[16]。これは能力があるかないかの最初の判断基準となる[17]。しかしそれを発見するためにも純粋には話し合うことは不可能である。決定の中には必然的にこれらの人に代わってなされるものもあるが，本人との会話において，本人のために十分にケアが行われない危険がある。このために「決定伝達のために実行可能なすべての手段が尽くされ，それが不成功に終わった場合を除き」自己の決定を伝達することができないものとはみなさないものとする[18]。

　考慮される人を鑑定するときに注意することとして，草案は三つの事柄をあげている。第一に，本人のために意思決定の代行をする人を本人とセットで供給すること。第二に，考慮の対象となった人により承認された代理人により形式張らない通常の決定をすること。第三に裁判所により承認されたマネジャーにより，または裁判所によってなされた決定の議論の場を提供すること，である[19]。

3　ガイドライン

　法律委員会は，「最善の利益」(best interests) と「意思決定の代行」(substituted judgment) の取扱いの妥協を試みた。もし事前の拒否 (advance refus-

---

[12]　Clause 2(2)(a)（邦訳 62 頁）．
[13]　Clause 2(3)（邦訳 62 頁）．
[14]　Clause 2(2)(b)（邦訳 62 頁）．
[15]　Clause 2(4)（邦訳 62 頁）．
[16]　Clause 2(1)(b)（邦訳 62 頁）．
[17]　supra, note 6) at 64.
[18]　Clause 2 5)（邦訳 62 頁）．
[19]　Clause 1.

al）（または事前の同意（advance consent）の問題）を代理人が行うか行わないかの明確な指示を認める場合，本人の要望の影響を受ける。そのような指示のない「最善の利益」と「意思決定の代行」の対立は明らかである。もし本人が自分のための決定をする能力をもっていなかったら，本人の選択を事前に行う価値や優先権を見出すことは不可能であろう。しかし能力のない人に代わって決定をしようとする人は誰でもその能力のない人の身になり，その人にとって最善となることは何かを考慮しはじめる。能力のない人の特有の人格，価値観，好み，要望，感覚は，その人にとっての最善とは何かの判断をするための重要な事項である。能力のない人の中には，好みや好まないものとの関わりをもち，そうでなければ通常の価値観を持った人と考える余地があることがある。そのため，本人が要求していると考えられる理由があるならば，本人の財産に対して物惜しみをせず，本人の最善の利益に配慮すべきである[20]。これらのことから，法律委員会は常に本人の最善の利益を考慮するために以下の事項を決定しなければならないとしている。

① 本人が過去及び現在において持つと認められ得る希望と感情，および本人に考慮する能力があるとしたら考慮すると予測される諸要素。
② 本人のためになされ，かつ本人に影響のある決定について，本人が可能な限り十分に参加すること，または参加できるようにその能力を開発することを許容し，かつそのような参加または参加能力の開発を推進する必要。
③ 本人の希望と感情，ならびにどうすることが本人の最善の利益にかなうかどうか，本人以外の者の意見を聞くことが妥当かつ実行可能な場合においては本人以外の者の意見。
④ 何らかの行為または決定が必要とされる目的が，本人の行動の自由の制限をより少なくする態様において効果的に達成され得るかどうかを，考慮すること[21]。

4　草案で検討されたケアをする者の基本的な権限

現行法では裁判所の許可が必要とされる場合を縮小するために，草案は意思能力を欠いているか，または欠いていると信じるのが相当と判断される者の身上の福祉または医療のために行うすべての行為について，あらゆる状況を考慮

---

[20] supra note 6) at 65.
[21] Clause 3(2)（邦訳63頁）．

第1節　障害者の意思決定をめぐる法改革の動向——1995年報告書の内容

して対応することが相当である場合，そのような者を支援する人に対して個人的な社会福祉や医療に関するすべての基本的な法的権限を授与する[22]。これは法改正をしなければ困難なことである。個人的な社会福祉や医療に関するすべての事柄に対して，家族や専門家の介護者はこの内容を支持した。意思能力を欠く者に対してケアを提供するための基本的な権限には，司法機関が権限を付与する場合を除き，その者の意思に反する行為を強いるために強制力を行使する権限までは含まれない。また，本人の意思に反するか否かを問わずその者の身体を留置または拘束する権限はない。この規定は，意思能力を欠く者に重大な危害が及ぶ危険を避けるために必要な手段をとることは認める[23]。主務大臣は指示を与えるために実務規定を定め，かつ，状況に応じてその規定を改定するものとする[24]。

基本的な権限はこのように理解されるが，特に医療の分野についてはその制限される内容を詳しく検討する必要がある。事前の意思表示との関係で最も重要な論点は「リビングウィル」である[25]。

5　治療の事前の拒否（advance refusal）

事前の指示（advance directive）は，想定している制度の内容と異なった意図や結果の多くを包含する。通常は，特定の偶発事件における治療の手引きのための一般的な文献として示される。なかには特定の形式の治療のために，要望を明らかにするものがある。これは患者の最善の利益を考えない治療を行うすべての医者を束縛することはできない。しかし当然，そのような治療をするためには患者の同意が必要であり，専門家が何をすべきかを決定するときに患者の「最善の利益」を考慮すべきである。より困難な問題は，医者がしようとする治療を患者が事前に拒否することに対する影響を考慮することで，特にその治療が生命を維持するために必要な場合問題になる[26]。

---

[22]　Clause 4(1)（邦訳63頁）．
[23]　Clause 5（邦訳64頁）．
[24]　Clause 1．
[25]　The Report of the House of Lords Select Committee on Medical Ethics, Session 93-94, HL Paper 21-I, London HMSO 1994, at paras. 263, 264. では，事前の意思表示（advance directive）は，一般には必要ないとしながらも，これを認める法律が制定されれば受け入れられることを「エホバの証人」を例にあげて指摘している．
[26]　supra note 6) at 66.

第3章　イギリスの成年後見制度

イギリス法は，すでに事前の治療の拒否の有効性を認めているが，その事実が有効で，実際に起こった事情に対応する場合に限られる。そこで草案は，治療の事前の拒否とは，内科，外科，または歯科の領域における治療またはその他の処置に対して，同意を与え，または拒否する能力を失うときがきたら，そのときに効力を生じさせる意図をもって，その治療またはその他の処置を拒否することであると定義する。そして事前の治療拒否の適用がある治療または処置に対して，基本的な権限に基づきその治療またはその処置を行う権限が与えられることはない[27]。事前の拒否は，その有効性もしくは適用可能性について，または事前の拒否が撤回もしくは変更されたかどうかという問題について審理が継続しており，裁判所が採決を下すまでの間，拒否をしている者の死亡またはその病状の重大な悪化を防止するために必要な行為をすることを妨げない[28]。

事前の治療拒否は「基本的な治療」の供与，すなわち直接栄養および水分を経口摂取するための供与，ならびに身体の正常を保ち，激しい痛みを緩和するための治療を妨げないものとする[29]。反対事実の証明がない限り事前の治療拒否をした人の治療をする者が事前の治療拒否により，拒否した人の生命，またはその人が妊婦であれば，胎児の生命が危うくなると考える事情がある場合には適用がない[30]。事前の治療拒否の適用があると信じる相当な理由がある場合には，治療または処置をしなかったことから生じる結果を理由として責任は負わないものとする[31]。事前の治療拒否は拒否した者が撤回または変更する意思能力がある限り，いつでもそれを撤回することができる[32]。この問題の予防策は，事前の治療拒否を無効にするための権限の意思表明を代理人に承認してもらうことである[33]。

6　議論のある治療行為

処置方法の中には通常の権限から除外される治療行為がある。なぜならまっ

---

[27]　Clause 9(2), 23(a)（邦訳64頁）.
[28]　Clause 9(7)(b)（邦訳65頁）.
[29]　Clause 9(7)(a)(8)（邦訳65頁）.
[30]　Clause 9(3), supra, note 3) para. 5.25.
[31]　Clause 9(4)(a).
[32]　Clause 9(6)（邦訳65頁）.
[33]　supra note 1) at 27.

第1節　障害者の意思決定をめぐる法改革の動向——1995年報告書の内容

たく医療とは違った問題が生じると考えられ，患者自身の判断を認めることが必要だからである。現行法の下での主な例は不妊化の問題だが，毎月の管理を含めて治療上の理由から実行した手術の影響に付随しない場合がある。不妊化の形式には三つの類型があり，法律委員会はそれらに対して言及している[34]。

　三つの類型の治療行為は裁判所の承認，または代理人もしくはマネジャーの同意を必要とするものとして挙げられた一定の治療または処置は基本的な権限によってこれを行うことは許されないものとする。これらの永久に不妊とし，またそうなる可能性が合法的に認められる治療もしくは処置は，生殖器官の疾患を治療し，または現に月経に与えている有害な影響を緩和するためになされる場合，再生不能の組織，または骨髄の移植を容易にするための治療または処置，主務大臣により定められた裁判所の承認を必要とするその他の治療である[35]。

　現在裁判所の承認を要求しない治療の中には，開業医の判断においてのみ行われ得るか，または代理人またはマネジャーが同意をする権限を持つ。裁判所の承認は月経，不妊化（個人の精査を避けるために簡単に操作することができる），堕胎（現在の母親のためではなく胎児のためのセーフガードである場合），精神病治療の患者の監禁の場合に要求される。それらの精神病治療は現在電気けいれん治療（ETC）及び三ヶ月以上の精神病院への入院である。現在は強制的な手段のもとでの監禁をしてはならない患者であると考えられる。なぜなら監禁と同じ保護に対して反対することができないからである。そして，主務官庁の許可が必要な場合がある。しかしながら裁判所の承認の必要な治療とは違って，調査する間死亡や深刻な悪化を避けるために必要な行動を防止するものではない[36]。

7　治療ではない手続

　治療ではないが手続きが必要な場合について次のように検討された。Airedale NHS Trust v Bland 事件では，何もしないで生活をするという状況に固執する患者に人工的な栄養と水分を与えない権限が認められるかが問われた。Mustill 裁判官は「患者の態度に悩まされる場合でも，そのような患者の最善

34）Id.
35）Clause 7(1)(2)(3).
36）Clause 8(3)(4)(5)(6)（邦訳66頁）.

の利益ではないいかなることでも回避してはならない」ことを認めた[37]。しかし権限を与えるための調査と独立したセーフガードを強制することにも十分な理由がある。草案は，意識を喪失し，大脳皮質の活動が止まり，かつ回復の見込みのない患者に対して，その栄養及び水分の人工的摂取を中止する行為は，一定の制定法上の要件を満たせば合法であるものとする。しかしその行為の決断のできる人は裁判所で承認された代理人またはマネジャーのみである[38]。裁判所，代理人，マネジャーまたは特別医務官が大脳皮質の活動が止まりかつ回復の見込みのない患者に対して，人工的生命維持の中止を決定する場合は，最善の利益に関するチェックリストに挙げられた諸要素を考慮しなければならない[39]。

　主務大臣は，同意能力を欠く者に対する処置が，その者の利益のために行われない場合，その者に著しい危害をもたらさず，他の者には利益になると予測できるときは，当該処置を行う命令を下すことができる[40]。草案はこの点について特にひとつの例を挙げている。調査の手順は患者の利益となる見込みがなく，または見込みが遠い将来のことであるかを調べることから始まる[41]。提案されているセーフガードには二つのタイプがある。第一には，調査の計画自体は，特別に制限された調査委員会によって財産が調べられる。調査は意思無能力の症状の原因もしくは治療，またはかかる症状を示している者の治療に関する知識の提供をすることが望ましい場合にのみ承認される。その調査により，患者がさらされる危険は取るに足りないものであり，かつ患者を不当に侵略または制約するものではなく，かつ患者の行動の自由またはプライバシーに不当に介入しないものでなければ無効である[42]。第二に，調査は同意能力を欠く者，または欠いているかもしれない者の参加がなければ目的が有効に達成されえない。そして（委員会は彼らとの直接の連絡がないことが証明されなければ），彼らが参加することの特別の承認は裁判所，または権限を与えられた代理人，またはマネジャーまたは開業医により与えられる[43]。彼らの決定は，参加者の最善

---

37)　〔1993〕AC 789.
38)　Clause 10(1)(2)（邦訳 66 頁）.
39)　Clause 10(3)（邦訳 67 頁）.
40)　Clause 10(4)（邦訳 67 頁）.
41)　Clause 11(1)(2)（邦訳 67 頁）.
42)　Clause 11(3)（邦訳 67 頁）.
43)　Clause 11(1)(a), 11(4).

第 1 節　障害者の意思決定をめぐる法改革の動向——1995 年報告書の内容

の利益に従ってなされる必要はないが，再考する場合，最善の利益の概念を考慮しなければならない[44]。

そこで，治療ではないが手続きが必要な行為は以下のようになる。本人の生命維持の治療の適切な中止，または臨床医によらない調査への参加は，本人にとってよいことである場合のみなし得ることで，そのため厳重な限定をしなければならないことと，臓器や骨髄を提供することは，約束された受取人と同様にその人にとって，利益のあるものと考えられる場合のみ承認され得ることになる[45]。

8　身上監護のための持続的代理権（Continuing Powers of Attorney）

1985 年当時の持続的代理権（Enduring Powers of Attorney）の形式は，財産管理の事項に限られている。身上監護のための持続的代理権では，財産管理の問題と同様に，健康や身上の福祉に関する事項を含む，すべての事項についての代理人の任命が可能になる。代理人の権限の明確な範囲は，授権者の身上の福祉，医療，財産管理，訴訟手続の追行に関する事項に及び，条件または制限を加えることにより制約することができる[46]。しかし，医療事項に関する代理人は，権限が制限される場合がある。医療処置の同意，拒絶については，授権者がその処置に対し自ら同意，拒絶をする能力がない場合に限られる。精神障害または身体障害の能力の判定または治療のための授権者の入院に対し，このような入院が授権者の意思に反する場合，代理人は同意する権限を持たない。代理人は，授権者の基本的な治療を施さず，またはその提供に同意を与えることを拒否する権限を持たない。また，代理人は授権者が事前の治療拒否をしていた場合，その拒否していた医療処置に対して同意することができない。同意できない事項は，裁判所の承認を必要とする処置，特別医務官の証明書を必要とする処置，栄養もしくは水分の人工的摂取の中止，授権者以外の者の利益となる処置，治験への参加である。ただし，代理人に対し同意する権限が明示的に与えられていた場合は同意できる[47]。

代理人が任命されるまでは権限を取得しないことは，単純な手続により登録

---

[44]　Clause 11(5).
[45]　supra note 6) at 70.
[46]　Draft Bill, Clause 16(1)(a), Clause 16(1)(b).
[47]　Clause 16(a)(b)(c), 16(3)(b), 16(5)（邦訳 68 頁）.

される[48]。しかし，任命されると授権者の能力のあるなしに関係なく代理人の権限は有効になる[49]。授権者は代理人を非公式な文書に記載し常に能力あるうちに撤回することができる[50]。また事前に記載した人とは別の人を代理人に任命できる[51]。

裁判所は，代理人が付与された権限に反するか，もしくは反するであろう行動，または授権者の最善の利益にかなわず，またはかなわないような行動をとったことがあるか，現にとっているか，またはとろうとしている場合，身上監護のための持続的代理権を意図した文書の登録を拒否することを支持したり，その身上監護のための持続的代理権を取り消すことができる。裁判所の役割は，一方では授権者の希望を尊重し実行するが，他方では授権者の意思決定の代行をする。裁判所は，授権者が反対の意思を明示しない限り，代理人が行動できる権限の範囲を修正または拡大する権限を持っているのである[52]。

9 裁判所の権限

その他の重要な事項は，財産に関する事柄のみではなく自ら決定できない身上の福祉や医療について決定したり議論したりするための包括的な裁判権を検討することである。ほとんどの判を押したような決定は通常の制定法の権限の下でなし得ると考えられている。たとえば，財産と収入の関係または医療の決定の議論のように，幅広い権限が要求されたり議論がある場合のみ裁判所へいく必要があると考えられる[53]。

もちろん裁判所は，本人が問題に対して，決定する能力があるかを宣告する権限を有している[54]。能力がないと宣告された人に対して，裁判所は，自動的に代理人やマネジャー，または裁判所が指名した人に権限を与える[55]。誰もが解任される可能性がある[56]。もし問題に対して決定ができない場合，裁判所は，

---

48) Clause 12(4), 15(1)（邦訳 69 頁）．
49) Clause 15(3)．
50) Clause 12(3)．
51) Clause 15(6)(b)（邦訳 69 頁）．
52) Clause 17(3)(a),(b),(c),(5),(6)（邦訳 70 頁）．
53) Gordon R Ashton, "Elder People and the Law." Butterworth, 1995 at 71.
54) Clause 23(a)．
55) Id.
56) Clause 47(1),(2),(3)（邦訳 78 頁）．

第1節　障害者の意思決定をめぐる法改革の動向——1995年報告書の内容

その人についてマネジャーを決定して任命する権限を持つ。しかしながら，最小限の干渉で仲裁するために，マネジャーの承認よりも，問題を解決することが優先される。もしマネジャーが限定され，または短命な人に権限を承認しなければならないなら，できる限りの事をしなければならない[57]。草案は，この方法において解決するいくつかの問題のリストを挙げているが，中には住所や連絡についての問題，医療その他の取り扱い，財産のすべての形式の処分や管理の問題が含まれる[58]。

高等裁判所は，臨時の場合に宣告の手続の下での住所や連絡の問題の規定を要求している。特に病状がこれらの規定を必要とする時がある。しかしながら実際には，身上の福祉や医療との関係における裁判権の要求はほとんどなく，また，収入や財産の関係の分野で要求されることが予想される。しかしながら，報告書の中では精神保健法の下で問題が生じることが勧告されていて，根本的な取り上げ方の変更がなされている[59]。

現在「略式裁判」の下で，単独の問題を解決するための裁判所の権限はほとんど利用されていない。実際は財産を含む問題でない限り裁判所の権限が活用されることはめったになく，裁判所は中程度の公的受託者を通じて管理していると考えられる。レシーバーシップにおけるレシーバー（精神保健法上で財産管理の職務を担当する人）は，単に収入を受領し管理するために任命されるが，常に必要とあれば財産を放棄するために適用される。この方式は，本人を保護するためにレシーバーに高い地位を与えるが費用が高い。新しい提案の下では，マネジャーは，財産も収入も管理することを想定して任命され，裁判所が保護のための方法を示し，保護や報告書の作成を裁判所が要求した場合はそれらを行う[60]。これは，裁判所の年間の費用や現在のレシーバー専門の費用を負担しなければならないことと比べると，はるかに費用を安くするためのものである。もし，保護のためのより高い費用を要求されたら，裁判所は適切な場合，公的受託者のマネジャーを任命することができる。それは能力のない人の利益のために，受託者が解決する権限を持つことでもある。そこで実際にはこれらの提案は，財産や所持を管理できない人に代わって公的受託者事務所が引き受け対

---

57)　Clause 24(1),(2)（邦訳71頁）.
58)　Clause 25, 26, 27.
59)　supra note 1) at 72.
60)　Clause 28.

161

第3章　イギリスの成年後見制度

応している[61]。

10　精神保健法との関係

　医療のための病院での強制的な承認や治療は，精神保健法と関係がある。精神保健法の下での後見人制度は現在も残るが，本質的には公法上の手続が社会福祉事業の権限を管理している。精神保健法上の後見人と，草案の下での身上のためのマネジャーは区別される。後見人は，患者の自己決定のあるなしにかかわらず，地域社会の中で患者の生活を監督，管理する[62]。

11　保護が必要な人のための公的支援

　法律委員会の報告書は，能力のない人の保護のみではなく，地域社会で生活している成年の保護が必要な人に対する病気の治療のリスク，無視，深刻な搾取に対する保護についても言及している。高齢者の虐待の問題や無能力になりつつある成年者の心理的，性的虐待が増えている。法律や福祉の断片的な権限では十分に対応できない[63]。

　保護が必要な人の定義は，意思能力その他の能力を欠くため，または年齢もしくは疾病のために意思能力を欠き，コミュニティケアサービスを現に必要としているか，または将来必要とすることが見込まれ，かつ，現に自らケアすることができないか，または将来できないことが見込まれ，または著しい危害や重大な搾取から，自らを守ることができない者のことである[64]。社会福祉事業が保護を必要としている人に対して任意の事前の調査をすることも認められている。そして一時的に保護することも認められている[65]。もし断られたら，裁判所は，特定の建物に立ち入る権限を付与する令状を発行する権限を有する[66]。また裁判所は，地方当局の担当者の申立に基づき調査命令を下す権限を有する[67]。最後の手段として，裁判所は保護が必要な人を短期間移動させる命

---

61) supra note 1) paras. 8.36-8.40.
62) Draft Bill, Clause 26(4), (6) supra note 1) para. 9.47.
63) supra note 1) paras. 2.42-2.43.
64) Draft Bill, Clause 36(2). (邦訳74頁)。
65) Clause 36(3), National Health Service and Community Care Act 1991, S 46(3).
66) Clause 39. (邦訳74頁)。
67) Clause 40. (邦訳75頁)。

令を下す権限を有する[68]。

これらの権限は，1989 年未成年者法に規定されている子供を保護する権限と同等の権限をほぼ模範にしているが，ケアについては，成年者の発育不全は除かれており，可能な限りの自己決定権を尊重することを考慮している。これらの権限はすべて重要であると考えられている。保護を必要とする人が反対するとわかるか，そのように信じられる権限であればその権限は行使することができない。それは精神障害が原因で病気になると信じられる合理的な原因がない限り行使できない。精神障害か，そのされている援助を拒否している場合はそれに従うべきである。多くの高齢者や精神障害者は独立した生活を好む。ときに不安もあるが，それは彼らの選択なのである[69]。

第 2 節　2005 年意思能力法

1　2005 年意思能力法の制定

1995 年に提出された報告書の内容をふまえて 2005 年意思能力法が制定され，2007 年より施行されている。1985 年持続的代理権授与法は 2005 年意思能力法に吸収されたので，2007 年以降は，1985 年持続的代理権授与法に基づいて持続的代理権を新たに設定することはできない。2007 年以前から利用されている持続的代理権については，引き続き 1985 年持続的代理権授与法の適用がある。2005 年意思能力法に統合された 1985 年持続的代理権授与法における持続的代理権（the Enduring Powers of Attorney）は，永続的代理権（the Lasting Powers of Attorney）に名称が変更された。

2　概　　要

2005 年意思能力法は，自ら個人的な福祉の決定（医療を含む）や財産上の決定をする能力を喪失した人に代わって，決定を行うために新たに構成された司法権である。この法制度の枠組は，能力の喪失と最善の利益（best interests）いう二つの基本的な要素を基礎におく。意思決定をするための能力を喪失した人に対して，この法律はその人の代わりに，その人の最善の利益に基づいて必

---

[68]　Clause 41（邦訳 75 頁）．
[69]　supra note 53) at 74.

要な決定をするための過程や，裁判所の権限に対して略式の取り決めの範囲を提供する[70]。1条で基本原理，2条で無能力の定義，3条で意思能力の判断基準，4条で最善の利益の判断基準について規定している。

意思決定の対象は，財産（または管理），治療（または医療），個人（または福祉）の内容全般にわたる。

3 基本原理

2005年意思能力法の運用方針では，意思能力法の原理を次のように要約している[71]。
・成年者は，他の事情が証明されない限り，能力を有すると仮定される。
・意思決定をするための能力を維持するための援助は，すべて実用的な段階で供給されなければならない。
・人は，賢くない（unwise）決定をしたことのみを理由として，能力が十分ではないとして取り扱われない。
・能力のない成年者に関するすべての治療の決定は，その成年者の最善の利益に基づいて行われなければならない。
・能力の十分ではない人に代わってされた決定は，その人の権利と行動の自由の見地から，制限を最小限にする方法をとらなければならない。

4 最善の利益

2005年意思能力法の最大の特徴は，「最善の利益」という判断基準に従って，意思能力を喪失した人に代わって必要な判断をすることを法制度化したことである。4条に基づいて最善の利益を決定するときは，すべての関連する事情を考慮しなければならない。とくに以下のことについては考慮しなければならない[72]。

---

70) Gordon Ashton OBE, Caroline Bielanska, "Elderly People and the Law," 2nd ed. Jordans, 2014 at 56. 2005年意思能力法については，菅富美枝『イギリス成年後見法に見る自律支援の法理』（ミネルヴァ書房，2010年）で詳細な検討がされている。
71) Mental Capacity Act 2005: Code of Practice, para. 2. なお，これらの内容は，2005年意思能力法1条2～6項の内容に対応する。
72) この指摘については，Basant K. Puri, Robert A. Brown, Heather J. McKee, Ian H. Treasaden, Mental Health Law（2nd edition, 2012）at 141-142. 4条では，最善の利益について，次のように規定している。

・その人がいかなる決定をすることも可能か。
・他の願望・信条，能力を有していたら本人が決定するか，または好みを指

4条　最善の利益
1　本法の趣旨に照らして本人の最善の利益を判断する場合，意思決定者は単に次の事実のみに基づいて判断してはならない。
 (a)本人の年齢または容姿
 (b)本人の最大の利益になるという根拠のない思い込みを他人に導くような本人の様子または行動
2　意思決定者はすべての関連する事情を考慮し，特に次の手順を踏まなければならない。
3　意思決定者は以下について考慮しなければならない。
 (a)本人は当該問題に関する能力を将来有する可能性があるか，及び，
 (b)その可能性があれば，それはいつ頃解決するか
4　意思決定者は，合理的に実行可能な範囲で，本人のためになされる行為または本人に影響のある意思決定に，できる限り本人の参加を許可し，参加することを奨励し，本人の参加能力を高めるように努めなければならない。
5　その判断が生命維持の治療に関する場合，その治療が本人の最善の利益に適するかを考慮する際には，本人の死を願う周囲の要望に誘導されてはならない。
6　意思決定者は合理的に確かめうる範囲で以下について考慮しなければならない。
 (a)本人の過去および現在の要望及び感情（特に，本人が能力を有していたときに本人によって書かれた関連する書面）
 (b)本人に能力があれば本人の意思決定におそらく影響を与えただろう信念及び価値観
 (c)本人に能力があればおそらく考慮しただろうその他の要素。
7　意思決定者は，意見を聞くことが可能でかつ適切であるならば，何が本人の最善の利益なのか，とくに6項に規定された事項について，以下の者の見解を考慮に入れなければならない。
 (a)当該問題または同種の問題に関して，相談したい人として本人が名前をあげた者
 (b)本人を介護している者または本人の福祉に関心のある者
 (c)本人により授権された永続的代理人
 (d)裁判所で任命された本人のための法定代理人
8　1項から7項に規定された義務は，以下の場合も同様に適用される。
 (a)永続的代理権が行使される場合，または
 (b)本人が能力を欠くと信じることが相当であるため本法のもとで行使できる場合
9　裁判所ではなく人によってなされた行為または決定は，その人が（1項から7項までの規定に従い）行為または判断したことが本人の最善の利益に適すると信じることが相当と認められる場合には，本条を十分に遵守したことになる。
10　「生命維持の治療」とは，本人に医療を提供する者が本人の生命の維持のために必要であると考慮して行う治療のことである。
11　「関連する事情」とは，以下のことである。
 (a)本人が決定した内容を知っていること
 (b)関連しているとみなすことが相当であること。

第3章　イギリスの成年後見制度

示したことへの価値を考慮する。
・すでに指名された人または世話をする人など，永続的代理権（lasting power of attorney）（持続的代理権に相当する）または裁判所で指名された代理人について考慮する。
・能力を回復する可能性を考慮する。もし，その可能性があるならいつか？
・決定が生命維持の治療と関係がある場合，患者が死亡する可能性を探らないこと。その人にとっての最善の利益を考慮すること（「生命維持の治療（Life-sustaining treatment）」とは，生命を維持する必要があるときに医療関係者が考慮する治療である）。

　4条1項は，最善の利益は単にその人の年齢，外見，態度または個々の状況を基礎にするわけではないことを明確に示す。5項では，生命維持の治療に関連する最善の利益は，本人の死を要望する周囲の思惑によって，その決定が誘発されるべきではないことを強調する。4条が要求する，その人の最善の利益に基づく決定がされたと合理的に確認できる決定をした場合，その最善の利益の要求は承認される。

第3節　1983年精神保健法

1　1983年精神保健法の概要

　1983年精神保健法は精神障害者の強制入院，強制治療に関する法律である。精神病の治療のために強制的に病院に収容するための根拠規定がある。

(1)　正式の手続（formal process）をとらない場合

　1983年精神保健法の前身である1959年精神衛生法（The Mental Health Act 1959）は，特別な手続を必要としない「インフォーマルな」入院患者に関する規定を新設した（5条1項）。この規定は，1983年精神保健法131条1項に引き継がれている。この規定の目的は，意思能力のない患者を精神異常証明と収容令という不名誉な烙印を押すことなしに入院させ処置することであった。現在では，大部分の患者はこのインフォーマルな入院手続によって対応され，大多数の在宅患者さえ同様の手続によって対応されている。したがって，ほんのわずかな人々が後見並びに1948年国民扶助法（The National Assistance Act

1948)の諸命令の対象になるにすぎず，しかも発動されるのは稀である。

精神保健法委員会（The Mental Health Act Commission）は，拘禁患者の監督のために創設された機関である（1983年精神保健法121条）。この委員会は，正規の手続きによらない長期入院の判断能力が十分ではない患者について，多くが高齢で，そのうちの一部の人は「事実上の拘禁（de facto detention）」の対象とされた，鍵のかかった病棟か部屋に住んでいるが，この方法が，患者本人の意思を尊重したものではないことを認めている[73]。

(2) 非司法的手続

1983年精神保健法による非司法的手続は，患者や専門家に迅速かつ，恥辱や伝統的な「正統手続の保障」にかかる費用をかけずに，彼らが必要とする保護を与えるものであった。これらは，検査のための入院を28日以内とすること（2条），治療のために6カ月入院する場合患者の最も近い親族（nearest relative）による申請が必要で（11条1項），医師2人，そのうちの1人は資格のある専門家の証明が必要とされる（12条）。入院が長期にわたる場合，最も近い親族による異議は，裁判所によってのみ却下することができる（11条4項及び29条3項c）。患者は医師によって退院させることができるが，長期の場合は最も近い親族（23条），精神保健審査委員会（Mental Health Review Tribunal）（72条）によって退院させることができる。ただし，長期入院患者でも危険な場合は，近親者に依らず，医師の判断で退院を許可しないことができる。患者の後見は裁判所のみが解任することができる。精神保健審査委員会による退院を要求する場合，患者は治療のための入院を除き，再審を申請しなければならない（66条及び68条参照）。精神保健審査委員会は，弁護士1人，外部からの医師1人，学識経験者1人から構成される。通常非公式で行われ，医療関係者が患者を診察し，その容態を報告するが，必ず患者本人にも面接しなければならない。患者から，法定代理人や別の医学的助言を求めることもできる。

---

[73] 1983年精神保健法の一部が改正されて2007年精神保健法となったが，イギリスでは法制度の名称は1983年精神保健法と記載されるので，ここでは1983年精神保健法と表記する。1983年精神保健法の概要については，ブレンダ・ホゲット「老人性精神病と薄弱：強制入院及び法定後見の手続」国際家族法学会第6回世界会議国内委員会編『高齢化社会——その苦悩と政策への挑戦——』（日本加除出版，1991年）330頁〜331頁，また，新見育文「イギリスにおける意思決定の代行」法律時報67巻10号23〜30頁（1995年）参照。

第3章　イギリスの成年後見制度

審査委員会は一時帰宅や，病院から後見人のもとへの移送などを提案できるが，患者の取り扱いや治療に関する事項に介入できない[74]。

2　1983年精神保健法における強制治療と強制入院制度

(1)　患者の同意のある治療

1983年精神保健法では，精神障害者に対する精神科治療の場合が対象になり，精神科以外の身体の状態に対して適用することはできない。精神保健法に基づいて個人が精神病の施設に拘禁されている場合，精神保健法第4章以下の規定により，個人は自分の意思に反して治療を受けることになる。精神外科学，外科治療による移植や性的な反応抑制物質薬を使用するような，患者の身体への侵襲を伴う治療を行うには，患者の「有効な」同意を要する。

「有効な」同意とは，①医者が患者に対して理解ができるように単純な言葉で説明をすること，②治療の目的や影響について説明を受けること，③それに対して患者が理解できる能力を持っていることにより成立する同意をいう[75]。もし患者が治療に同意することができないか治療を拒否した場合は治療を進めることができない。同意を得ることなく治療が行われた場合，強制入院患者，非強制入院患者の両方の場合のすべての制限能力患者に対して違法となる（57条，56条1，2項参照）。患者の同意を得るために，医師は治療が有効であることと，患者の状態を緩和する治療の可能性を説明をしなければならない[76]。

(2)　精神保健法の規定における強制治療

患者が強制的に入院した場合，精神病の治療は，本人の同意なしに行われることになる（63条）。1983年精神保健法第4章，第4A章において，強制治療について次のように規定されている。

① 本人の同意及びセカンドオピニオンが要求される治療（57条）

精神保健法57条に規定されている脳外科と性ホルモンの移植の治療を行う

---

74)　前掲73）331～333頁。「最も近い親族（nearest relative）」とは，精神保健法に基づいて与えられる役割であり，近親者とは異なる。

75)　Department of Health, Code of Practice: Mental Health Act 1983 (1990) para. 15.12.

76)　この内容については，N. Glover-Thomas, "Treating the Vulnerable in England and Wales: The Impact of Law Reform and Changing Policy." International Journal of Law and Psychiatry. Vol. 29 (2006) (1), p.25-30.

場合は，患者の有効な同意及びセカンドオピニオンを得なければ，実行することができない。

② 本人の同意またはセカンドオピニオンが要求される治療（58条，58A条）
精神障害者に対する精神医療における薬物治療（58条）と電気けいれん治療（58A条）について規定されている。

同意のない精神障害者の患者に対しては，3ヶ月間薬物治療をすることができる。もし患者が治療に同意しなければ，身体の病気のために治療する場合には適用されない。身体の病気に対する治療は，コモンロー上要求される有効な同意や2005年意思能力法に基づいて対応しなければならない。

最初の28日間の地域の治療（またはこの後で行われる最初の3カ月の拘禁の開始）のためには，薬物治療のための保証は要求されない。最初の28日が過ぎた後は，患者に能力や自発的な同意があるか，能力が欠けているかに関わらず，精神障害者に対するすべての薬物治療を行うためには，セカンドオピニオンを行うために任命された医者の同意が必要である。

電気けいれん治療は，緊急事態の場合を除いて，患者に能力があり，治療を拒否している場合は，治療することができない。このような対応は，精神保健法の特定の条文に対して適用されるのみで，すべての条文に適用されない（1条（2B）参照）。緊急事態でなければ，2005年意思能力法における永続的代理権制度によって，代理人に，患者が能力の欠ける前に有効な電気けいれん治療を拒否する事前の意思表明を依頼しているか，能力が欠けていても有効な電気けいれん治療を拒否する事前の意思表明をしていれば，電気けいれん治療は施されない。

薬物治療または電気けいれん治療が，精神保健法の治療の同意の規定に基づいて強制される場合，薬物治療または電気けいれん治療の施療のために身体検査が必要な場合は患者の要望に反して行うことができる。例えば，電気けいれん治療の場合，治療の際に血液検査を行う。この対応も，精神保健法の特定の条文に対して適用されるのみで，すべての条文には適用されない（1条（2B））[77]。

(3) 緊急の治療（62条）
精神保健法62条で規定されている緊急の治療を行う場合，次のいかなる場

---

77) supra note 72) p.54.

合においても，57条，58条は適用しない[78]）。
- (ア) 患者の生命を救うために必要な緊急の治療。
- (イ) 治療内容を変更することが，患者の状態の深刻な悪化を防止するために直ちに必要な場合。
- (ウ) 治療内容を変更することが可能で，かつ危険の少ない場合，患者の深刻な病気で苦しんでいることを緩和するために直ちに必要な場合。
- (エ) 変更することが可能で，かつ危険の少ない治療が直ちに必要で，その治療が，患者が暴力的な態度をとるために自分自身や他人を危険にさらすことを防止する必要があり，その治療をすることで障害を最小限にすることを意味する場合。

62条では，身体または精神的な状態が治療内容を変更できないと都合が悪い場合でない限り変更できない。また，重大な身体の危険が伴う場合は，危険が多いことについて考慮される。

(4) 精神保健法第4A章

これは，病院から退院後，地域治療の指示(Community Treatment Orders=CTOs)に委ねられた患者の治療に関することである。地域治療規則から離れた患者は病院に呼び戻され，第4A章の要件に当てはまらなければ，精神障害者のための治療はすることができない。これは，治療をする人には治療を行うための権限が必要で，ほとんどの場合証明書が要求される。地域治療規則11の形式は，電気けいれん治療やすべての関係のある薬物治療と同様に，いわゆるはじめの3カ月間後の薬物治療のために拘禁された患者のために，58条及び58A条による証明をこれらの治療のために必要とする。証明は，地域の治療の規則のために拘禁を解放された人（強制入院から退院した人）の後の最初の1カ月間は要求されない。

第4A章の証明が与えられたときには，セカンドオピニオンのために任命された医者が，治療が妥当かどうかを明示する。その医者は，患者が治療に同意する能力があるかの問題を保証する必要がないだけでなく，能力のある患者が同意したか拒否したかを証明する必要もない。証明書は，それ自体によって，十分な治療を与えることを保証するものではない。

第4A章のもとで，セカンドオピニオンのために任命された医者は，患者

---

[78] Ibid., p.54

の治療に専門的に関わった他の二人の人に助言を求める。これらのうちの一人は医者に限られ，患者に対して責任を負うべき医者でもなく，いかなる治療も担当していない医者が証明した場合に限り，認められる。

　患者が治療に同意するために能力を有している場合は，治療を提供する権限をもつ。同意する権限は，場合によっては，永続的代理権により代理権を有する者や，保護裁判所により任命された代理人に認められるが，彼らは患者に代わって同意することができる。

　地域で治療を受けている患者が治療を同意する能力が欠けた場合，患者は，治療を受ける際に，治療に同意する能力が欠けていることを証明するために適切な段階を踏まなければならないことを要求する権限を持つ。治療をする時は，治療をするための同意をする能力が欠けた患者が適切だと信じられるようにしなければならない。患者が治療を受けることに反対すると考えられる理由がない状態でなければならない。もし患者が反対する理由があれば，患者に治療を行う必要はない。治療をする人は，治療を担当している人か，承認された医者によらなければならず，また治療は，その医者の方針のもとで行われなければならない。医者は，患者に十分に能力がある場合，有効で適用できる事前の意思表明や，永続的代理権制度における代理人や，保護裁判所または代理人の決定と対立しない治療を保証しなければならない。

　治療が証明書なしに緊急事態により行われる場合，その治療は，64Ｇ条5項に規定する次の内容の一つに該当しなければならない。

(a)　患者の生命を守るために直ちに必要である。

(b)　患者の状態の深刻な悪化を排除できないために，直ちに防止する必要がある。

(c)　患者の深刻な病気の苦難を排除できない，または危険が多いため直ちに緩和する必要がある。

(d)　患者が暴力的な態度をとる，または暴力行為をするため患者自身または他人に危険があり，それを排除できない，または危険が多いため，患者をこの危険から予防する必要があるため，最小限の干渉が直ちに必要である。

　これらの事情は，治療するために患者に対して実施する必要がある時は患者への害を防止するためにのみできる。そのような治療を行うのは，患者の病気の害の予想に比例した対応でなければならず，患者の深刻な害についても同様である。

第3章　イギリスの成年後見制度

地域での治療が撤回された患者は，第4A章により取り扱われる[79]。

(5)　1983年精神保健法第4章の適用が除外される場合

1983年精神保健法第4章は，拘禁された患者の強制治療について規定しているが，次の規定に該当する場合は適用が除外される[80]。

(ア)　第4章以下に基づく緊急事態における患者の拘禁（72時間以内）。

(イ)　5条2項により，患者が病院から離れることを防ぐために外来患者を拘禁すること（72時間以内）。

(ウ)　5条4項により，患者が病院から離れることを防ぐために外来患者を拘禁すること（6時間以内）。

(エ)　35条に基づいて，裁判所が精神状態を報告されたことにより，告訴された人を滞在させること。

(オ)　135条に基づいて，拘禁されている精神障害者がその障害のために苦しんでいると信じられる患者を安全な場所へ移すこと（72時間以内）。

(カ)　136条に基づいて，公共の場所で見つかった人が精神障害のために苦しんでいることが分かったため警察によって移動して拘禁した場合（72時間以内）。

(キ)　37条に基づいて，有罪判決を受けた拘禁されている患者を望んだ病院へ移す場合（28日以内）。

(ク)　42，73，74条に基づいて，この条件で退院させた患者。病院はこれを撤回しない。

(6)　強制入院患者に関する判例

①　In Re C 事件[81]

1983年精神保健法により施設に入院している患者に身体の治療が必要な場合，患者にコモンロー上の能力がある場合は，治療を拒否したり選択することができる。コモンロー上の意思決定ができるかどうかの決定は，能力を判定するための検査を受ければ十分であるとする。この検査の内容を具体的に示した事件である。

C氏は67歳で，統合失調症にかかり，1983年精神保健法の手続に基づいて

---

79)　Ibid., p.55-56.
80)　supra note 72) p.53.
81)　Re C (Adult: Refusal of Treatment) [1994] 1 All E.R. 819.

拘禁されていた。のちに彼は第2の持病である糖尿病により足が壊疽にかかり，医師は足を切断することを勧めたが彼は拒否した。足の壊疽と精神病の関係を立証することはできなかった。1983年精神保健法63条では，患者の同意がなければ治療ができない場合を定めた57条，58条の規定と一致しない医療において，患者の同意なしに治療ができることを認めている。C事件では，次の検査をすることにより患者の能力の有無を判断することを決定した。患者は，①医療に関する情報を理解し保持することができるか，②情報を信じるか，③情報を選択して評価することができるか，これらの三つのことができるかで患者の同意能力の有無を判断するとした。

② In Re MB 事件 [82]

控訴裁判所で能力の有無を判断するための検査について精密に考案された事件である。患者は次の条件が満たされなければ，能力があるとはいえない。第一に，患者は意思決定のための具体的な情報，とくに問題の医療を受けるか受けないかの結果を調査したり，情報を保持できなければならない。第二に，患者は，その情報を使って，決定に至るまでの過程で迷う点に対して重点を置くことができなければならない。これは患者の同意について，①患者は情報を理解し記憶できるか，②患者は情報をつり合いをとって評価して意思決定に到達することができるかをテストすることである。

理解の程度は，決定がされる医療行為の重大さに相応して要求され，より深刻な決定をする場合，より高い能力が要求される。1983年精神保健法63条では，患者に無理やり治療を受けさせることを阻止することはできない。患者の同意のない手術を行う場合，患者の判断能力と，患者にとっての最善の利益が何かを基準にして判断する。

3 精神科病院への非強制入院とボーンウッド（Bournewood）事件

患者が同意能力を欠いているか，病院へ入院することに同意しない場合，従来から非強制入院の手続きが取られていた。非強制入院は，患者が自発的に入院する場合ではないので，入院に同意しなくても，異議を唱えなければ入院させることは可能であると解され，実務上もそのように対応してきた。非強制入院患者には，精神保健審査委員会（Mental Health Review Tribunal）への退院

---

82) Re MB [1997] 2 F.C.R. 541.

請求権など，強制入院患者に保証された権利を有しなかった。

(1) ボーンウッド（Bournewood）事件の概要[83]

原告のLは48歳で，生まれながら自閉症であり精神障害者であった。言語によるコミュニケーションはできず，感情を態度で示すことはできるが，自分の意思を明確に表現することはできず，24時間介護が必要な状態であった。13歳の時から30年間ボーンウッド（Bournewood）病院に入院していた。Lは，1994年に試験退院し，介護者のもとからデイセンターへ通うようになったが，病状が悪化したため，1997年に再度入院することになった。このとき，Lが治療に従順であり，入院に抵抗しなかったことから，非強制入院の手続が取られた。入院後，介護者との面会が禁止されたことから，介護者が，Lの入院は病院の不当拘禁に当たると提訴した。

判断能力が低下しているが，精神科病院への入院を積極的に拒否しないため，非強制入院手続により精神科病院へ入院していた患者について，そのような入院が「事実上拘禁された（de facto detained）」状態であり，不当拘禁に相当する，と判断した事件である。さらに，ヨーロッパ人権裁判所により，患者が精神科病院に非強制入院させられ，拘禁されたことがヨーロッパ人権規約5条1項に反し，拘禁のための正当な審査手続きを欠いていたことが5条4項に違反する，とされた事件である。

当然認められるものとされていた非強制入院手続に対して，従来の立場を覆した判例の内容は関係者に大きな衝撃を与えた。1990年代より着手された精神保健法の改正作業にも大きな影響を与えることとなった。

(2) 精神保健法のもとでの患者のための保護手段

精神保健法のもとで治療や入院を強制する場合，患者のためにたくさんの保護手段があることによってバランスがとられている。ボーンウッド（Bournewood）判決において，Steyn裁判官は付帯意見の中で，この判決では，治療に従順であるが入院に同意や拒否をする能力を欠く患者は，法が保証する保護手段の対象外となることを指摘した。そして，精神保健法において有効に患者

---

[83] R v. Bournewood Community and Mental Health NHS Trust, ex parte L (1998) All E.R. 319. Bournewood事件の詳細については，五十嵐禎人「精神科病院への非強制入院を考える――イギリスBournewood事件よりの示唆」新井誠編『成年後見と医療行為』（日本評論社，2007年）189～215頁参照。

第3節　1983年精神保健法

を拘禁するためには次の「実質的，手続上の保護手段」が必要であることを言及した。
① Lのような患者は，2条による評価や拘禁（28日間），または3条に基づく治療または拘禁（6か月）が，少なくとも2人の医者の書面による勧告によってのみ認められる。
② 1983年精神保健法第4章（58条）における治療を適切に受けるための手続を守ること。
③ 1983年精神保健法第5章における精神保健審査委員会（Mental Health Review Tribunal）への適用の便宜を図ることと，自動的に紹介に回すこと。
④ 1983年精神保健法25A-J条と117条における保健機関や地域の機関によって提供されるアフターケアのサービスを受ける権限が与えられること。
⑤ 1983年精神保健法の運用指針（Code of Practice）における利益を受けるようにすること。
⑥ 1983年精神保健法121条による精神保健法委員会（Mental Health Act Commission）の管理・監督のもとで医療を受けること[84]。

また，ヨーロッパ裁判所により，①病院の管理者を解任する権限，②独立精神保健弁護人制度（Independent Mental Health Advocates）の創設，③精神障害者を刑法上の犯罪から守ること，④ヨーロッパ共同体人権裁判所の活用，の保護手段もまた考慮されるべきであることが指摘される[85]。

4　1983年精神保健法改正

(1)　制度改正への動き

1983年精神保健法を改正するための専門委員会の議長を務めたRichardsonは，制度の改革が必要とされた理由として次の4点を挙げている。
① 1983年精神保健法を含む現在の法律の枠組みは，病院における治療の基準を基礎に置いている。そのため，病院外の不本意な治療やケアに対して適切な対応をするための法令の条項が存在せず，この脱落の救済方法を設置する必要があった。

---

84) ADVICE ON THE DECISION OF THE EUROPEAN COURT OF HUMAN RIGHT IN THE CASE OF HL v. UK (THE "BOURNEWOOD" CASE), Para. 54, 2004 (HL v. United Kingdom ECrtHR decision 5 October 2004).
85) supra note 72) p.37.

第3章　イギリスの成年後見制度

② ヨーロッパ人権規約を国内法化するために1998年に人権法（Human Rights Act 1998）が制定されたが，国内の精神保健法がヨーロッパ人権規約の義務に従うことができるか懸念された（前述のボーンウッド〈Bournewood〉事件は，①，②の問題の象徴とされた）。
③ 危害を与える可能性があるが表面上はそう見えない人々は，1983年精神保健法では保護することができない。これは，強度の人格障害（dangerous people with severe personality disorder=DSPD）の問題である。
④ 法律委員会の努力にもかかわらず，イングランド及びウェールズには，成年後見（adult guardianship）や制限能力に関する法律が存在しなかった[86]。

そして，精神保健法の目指す到達点は，医療へのアクセスの方向を示すこと，患者や患者以外の人を保護することとしている[87]。

1998年イギリス政府は1983年精神保健法の見直しのための専門委員会を設置し，1999年に法改正を提案するグリーンペーパーが公表され，2000年精神保健法の改正の内容を示す白書が公表された。そして改正のための草案 Mental Health Bill 2002が提出されたが，この中では，強制的な治療・拘禁を行う権限の創設が盛り込まれていたため，反対意見が続出した。そのため，政府は修正案である Mental Health Bill 2004を公表した。議会による立法前の審査では修正案は非難され，改善策が求められた。2006年に2004年の修正案は取り下げられ，1983年精神保健法を修正するための法案が新たに提出されることとなった。新たな法案は，2007年に承認され，1983年精神保健法の一部を改正する形で2007年精神保健法が制定された。

(2) 草案で検討された内容

制度改正のために政府は白書や草案を提出したが，その中で，現行制度に関連する点について整理する。

① 1999年グリーンペーパー[88]

---

86) Genevra Richardson, "Balancing Autonomy and Risk: A Failure of Nerve in England and Wales?" International Journal of Law and Psychiatry, Vol. 30 (2007) (1), p.74-75.
87) Ibid., p.71.
88) Department of Health(1999). Reform of the Mental Health Act 1983 — proposals for Consultation Cm. 4480. London: TSO.

第3節　1983年精神保健法

精神障害（mental disorder）の定義を明らかにすること，強制的な収容のための基準を変更して，病院や地域社会における基準を新たに義務づけること，新しい精神保健裁定委員会（Mental Health Tribunal）を創設すること，強制的な治療を制限する新たな条項を創設すること，などが盛り込まれた。

② 2000年白書[89]

2000年に公表された白書の内容は，次の二つの分野に分類される。第一に，精神障害により同意を得られない人に，いつどのように医療やケアを提供するかの新しい法律の枠組の概要を示すことである。第二に，強度の人格障害のレッテルをはられた人を含む，非常に大きな危険があるとみられる人に対して，いかに法律やサービスが公的な保護を強化するかを検討することである。

③ 2004年草案[90]

2004年に公表された草案では，触法精神障害者を含む精神障害のために損害を受ける人の強制的なケアや治療について，対応する新たな法律の枠組が紹介された。草案では，次のことが追及された。

・患者のために新たな援助を提供することである。そのために，患者を助けるために指名された人を紹介したり，新たに独立した精神保健法の権利擁護（advocacy）の制度を導入すること。

・患者のための強固なセーフガードを提供することである。独立した法的団体である精神保健裁定委員会（Mental Health Tribunal）により公的な便宜を使用するための許可を要求すること，検査のための新たな権限を与えること，子供に対して特別なセーフガードを行うこと（1983年精神保健法は未成年者も対象になる），強制的な治療のために書面によるケアプランを要求すること。

・患者が納得した治療を受けることを保証すること。自己や他人に害を及ぼす危険があることが発端で，現在の深刻な危険の標的になることが生じた場合，正式な権限が行使される前に可能な世話や承認を要求することにより，地域で生活支援することが可能な患者のためである。

・強制治療のもとでの患者のための選択が増加する場合の対応を検討するこ

---

[89] Department of Health(2000). Reforming the Mental Health Act. Cm. 5016. London: TSO.
[90] Department of Health(2004). Draft Mental Health Bill and Explanatory Notes, Cm 6305-Ⅰ, andⅡ London: The Stationery Office.

第3章　イギリスの成年後見制度

と。意思決定が困難な場合患者の視点を代理する人を選ぶ場合や，意思能力がある場合に電気けいれん治療（ETC）を拒否する権利をどのように保障するかを検討することである。

新たな制度の目的や視点を保証することの重要性は，制度の対象に精神障害が含まれること，精神医療やケアが改革の提案において認められることにより理解された。改革案において具体化された原理は，等しい治療を保証することと明白な意思決定についてである。その原理は次のとおりである。

・患者の健康や，患者本人や他人の安全のため，そして多くの意見が考慮される必要があるときに，最後の砦となる場合に限り強制的な権限が認められること。
・ケアや治療の計画を開発する過程で精神障害のある人に困難がある場合，できる限り本人の自己決定を促進することにより援助すること。
・このようなケアや治療の強制は最小限にして，可能な限り制限することを最小限にした環境を提供すること。

④　2004年草案における「精神障害」の定義

2004年草案では，1999年にグリーンペーパーにより概要が提案された精神障害の定義を変更することを約束した。「精神障害」は，従来の精神保健法による精神病（mental ill）よりも広い意味である。精神障害の定義に当てはまる対象者には，強制的なケアや治療により利益のある状況の人は対象外とした。

精神障害（mental disorder）の定義は，「精神や脳のあらゆる障害や疾病の結果，精神的な機能の悪化や障害があること[91]」であり，したがって，精神的に障害を受けた（mentally disordered）と読まれる，としている。この見解では，薬やアルコールなどの依存と関連のある精神障害や，神経質や多様な硬化症，食欲不振など精神状態の影響を受ける身体の病気は対象外とされる。従来の1983年精神保健法では適用の中心となる可能性のあるこのような「治療の可能性のある人」は対象外とされた。草案では，「他人に深刻な害を与える危険が非常に大きい患者の場合は，その他人を保護するために治療は必要である。また，他の場合も，治療は，患者の健康と安全を守り，他人を保護するために必要であり，強制的な権限の影響を受けやすい患者にまで提供することはできない。[92]」としている。

---

[91]　Clause 2(6) of the Draft Bill. この条項のもととなったのは前掲注1）の報告書である。
[92]　Clause 6 of the Draft Bill.

(3) 精神障害者の拘禁

1983年精神保健法のもとでは，精神障害者に対する治療の権限は，病院における拘禁と相互に関連している。現在の精神医学の研究では，精神障害者のケアは病院（施設）からコミュニティケア（地域社会におけるケア）へ移行した。精神保健法は長い間これらの変化に柔軟に対応することができず，制限された環境でケアを行う方法を選択してきた。草案では，病院や地域で患者を受け入れるケアや治療の方針について，非常に柔軟で新しい方法を紹介した。これは，患者が退院した後に治療を続けなくなった結果健康状態が悪化し，再び拘禁を要求することを繰り返すこと（回転式ドア症候群といわれる）を避けるための方法である。これは，患者が回復する段階で病院とコミュニティケアの間を往復するのを縮小することを目的とした。そのために新しい3つの過程が含まれる。

- 2人の医師と1人のソーシャルワーカーによる予備的な調査により，患者にさらなる評価が必要か，精神保健サービスの専門家による緊急の治療が必要かを調査する。
- 正式な評価と初期の治療は，28日以内に正式なケアプランを作成して開始する。
- 精神保健裁定委員会は，精神保健サービスの方法を決定することができ，ケアや治療の方法を決定する権限が与えられ，ケアプランを指定し，6カ月経過を見て，さらに2カ月延長することができる[93]。

5　2007年精神保健法──1983年精神保健法の改正点

2007年精神保健法は，1983年精神保健法の一部を修正する形で改正された。主な改正点は次のとおりである[94]。

① 精神障害（mental disorder）の定義の変更

1983年法で精神病や精神障害などいくつかの分類に分けて定義していた内容を，2007年法では，「精神障害」に統一した[95]。

② 拘禁のための基準の変更

治療や様々な事情が本人にとって役に立つ場合でなければ，患者に対して拘

---

[93]　supra note 76), p.32-33.
[94]　supra note 72), p.10-11.
[95]　Mental Health Act 1983, s 1(2).

禁を強制したり，継続することはできない[96]。

③　病院に対する対応

監督下の地域治療（Supervised Community Treatment）のもとにいる患者は，病院の判断に反して強制することは可能で，地域治療の指示（Community Treatment Order）の承認のもとで，病院に撤回を求めることができる[97]。

④　独立精神保健擁護機関（Independent Mental Health Advocacy）の創設

独立精神保健弁護人（Independent Mental Health Advocate）により治療やケアの変更が提供されることを援助するため，国の権限でこれを設置することを義務づけた[98]。

⑤　最も近い親戚（nearest relative）

最も近い親戚とは，精神保健法上認められる独自の役割のことである。患者が地方裁判所に対して最も近い親戚の解任を要求する権限を与え，地方裁判所は，最も近い親戚として行動することがふさわしくないと判断する場合，解任することができる。最も近い親戚に新たに民法上の配偶者を含める変更をした[99]。

⑥　専門家の役割

認可されたソーシャルワーカーや責任を負うべき医療上の職員や医者の範囲を拡大した。訓練を受けて承認された精神保健の専門家（Approved Mental Health Professional=〈AMHP〉）は，独立して医療の視点の代わりの見解で行動する。許可された精神保健の専門家には，ソーシャルワーカー，看護師，職業上の治療士が含まれる。また，責任を負うべき臨床医（Responsible Clinician=〈RC〉）は，患者を拘禁することが必要な状態になった時，拘禁が必要かを調査する役割を担う。責任を負うべき臨床医には，精神科医や心理学者である必要はなく，ソーシャルワーカー，看護師，職業上の治療士であればよい。ただし，許可された精神保健の専門家と責任を負うべき臨床医を兼ねることはできない[100]。

⑦　監督下の地域治療（Supervised Community Treatment<SCT>）

---

96)　Mental Health Act 1983, s 2(2)(a)(b)(c), s 3(2)(c).
97)　Mental Health Act 1983, s 17A-17G.
98)　Department of Health, Code of Practice: Mental Health Act 1983 (2008) para. 20.12.
99)　Mental Health Act 1983, s 29(3)(e).
100)　Mental Health Act 1983, ss 114 and 115, s 34(1).

拘禁されていた患者が病院から退院した後に、患者の地域生活での治療に対応するために設けられた制度である。目的は、患者が退院した後に治療を続けなくなった結果、その患者の健康状態が悪化し再び拘禁することを繰り返すこと（回転式ドア症候群）を避けるためである[101]。

6 後見制度 (guardianship)

(1) 背景——1959年精神衛生法

1983年精神保健法の前身である1959年精神衛生法のもとでは、後見人には、コモンローにおいて14歳以下の子供の父親が与えられるすべての権限と同様の権限が与えられていた[102]。後見人には個人だけではなく、地方保健局のような公的機関も含まれる。

1959年精神衛生法は1970年代に再調査され、政府から2冊の白書が提出された[103]。この中で後見の利用状況や問題点が指摘され、法改正への圧力となった。後見が利用されない理由として次の3点が指摘された[104]。第一に、後見の権限が不明確なことである。1959年精神保健法は、地方保健局が選任した後見人に対しても、私的な個人の後見人に対しても、単に「14歳以下の子供の父親に与えられるすべての権限」を有することを規定しているだけである。第二に、権限が広すぎることである。後見人は、被後見人の住む場所を決定したり、どのような待遇を受けるかを承認できるだけでなく、契約や婚姻についても決定できる。これは、被後見人は子供と同様に後見人の事前の承諾なくしてこれらの行為を行うことが出来ないことを意味する。したがって、このようなパターナリスティックな対応では、現在の精神障害者のケアには対応できない。第三に、後見人の権限に対して責任が重すぎることである。1959年精神衛生法33条では「後見人の考慮する行動や保護のための広範な義務を負う」ことを規定している。これは、すべての「親としての」義務を負うことを意味

---

101) Department of Health, Code of Practice: Mental Health Act 1983 (2008) para. 25.2.
102) 平岡公一「イギリスにおける高齢者福祉の改革——在宅ケアを中心に——」福地義之助・冷水豊編『高齢化対策の国際比較』332頁
103) White Peper, 1978, Review of the Mental Health Act 1959 Cmnd. 7320 ; White Paper, 1981, Reform of Mental Health Legislation, Cmnd. 8405.
104) M.J.Gunn, "Mental Health Act Guardianship: Where Now?" Journal of Social Welfare Law, 1986, No. 3, at 145.

し，特に地方保健局が後見人になる場合責任が重過ぎる。

(2) 1983年精神保健法の問題点

　1983年精神保健法改正により，後見人の権限は縮小され，親としての（parental）責任は回避された[105]。この改革を良い意味で理解すれば，精神病治療において，病院における伝統的な精神医療を要求する伝統的な精神病患者の状況を想定していることである。しかし，病院よりも地域社会（コミュニティケア）に重点を置く患者にとってはすでに時代遅れの制度になってしまっている[106]。この改正により後見の利用が増加することが当初見込まれていたが，結果に現れなかった。その原因として，次のことが指摘される。

　第一に，後見の職務には，財産管理と身上監護があるが，財産管理については，1959年精神保健法よりも厳しい義務が課せられている。財産管理後見人は医師の無能力証明によりパブリック・トラスト・オフィスへの申立によって開始され，保護裁判所とパブリック・トラスト・オフィスの監督のもとで財産管理を行う。この制度の問題点は，医師の無能力証明など費用がかかること，手続全体が保護裁判所の監督下にあり，手続面の煩わしさがあることである[107]。

　第二に，後見制度そのものが現状に適応しているか疑問があることである。1983年精神保険法7条は，1959年精神保健法33条の規定と大きな違いはない。改正された点は，現行法では，16歳以上でなければ被後見人になれないことである。このことは，子供については，子供を保護する法律の下で扱われること，精神保健法における患者として扱わないことを明らかにしたものである[108]。その他の改正は，治療のための病院への入院の根拠に対応したことである。知的障害（subnormality）や，強度の知的障害（severe subnormality）の概念は，精神的な機能障害（mental impairment）や，強度の精神的な機能障害（severe mental impairment）に代えられたことである。しかし，これに対しては問題がある。イングランドでは，精神障害について特に四つの状態（精神病（mental illness），強度の精神的な機能障害，精神的な機能障害，精神病による障害（psychopathic disorder））については，後見の適用があると考えられ

---

[105]　Id. at 145.
[106]　Brenda Hale, supra note 6) at 62.
[107]　Gorden R Ashton, supra note 53) at 311, 315-324.
[108]　Gunn, supra note 104) at 147.

第 3 節　1983 年精神保健法

ている。

　これに対して，スコットランド 1984 年精神保健法 36 条では，対象者は単に「精神障害（mental disorder）」と定めているだけである。この違いは，精神障害の中に，精神的に社会的不利な状態（mental handicap）が含まれるかどうかの問題として現れる[109]。白書の中では，後見が必要な人の中に精神的に社会的不利な状態の人を含めることが課題であった[110]。精神的な機能障害の状態に対して必要なケアは医療が中心になるが，精神的に社会的不利の状態では医療上のケアはほとんど必要がない。

　1984 年スコットランド精神保健法 1 条 2 では，心神喪失について「精神病または精神的に社会的不利（mental handicap）な状態で原因が明らかなもの」としている。1983 年精神保健法 1 条 2 では心神喪失について「精神病，精神の発達が抑止され，または不十分で，精神病の疾患またはあらゆる精神の喪失または障害」としている。スコットランド法では精神的に社会的不利な状態についての定義を定めていない[111]。病気は性質と程度の問題であり，そのことが後見を認める根拠になると考えているのである。また後見は患者の福祉のために必要不可欠である場合に限られる[112]。これらのことから，1983 年精神保健法上の「精神障害」に精神的に社会的不利な状態を含めるとする考え方があるが，依然根拠は不明確である[113]。

　第三に，後見人の本質的な権限が，実生活の中で有効に活用できるかが問題である[114]。1983 年精神保健法 8 条 1 では後見人の権限について次のように定めている。

　A　後見人によって，患者の住む場所を命じる権限を有する。
　B　患者に対して，医療，職業，教育，訓練の目的を明確に述べ，その場所と時間をそれに参加するために命じる権限を有する。
　C　患者がいかなる場所に住んでいても，医者や承認されたソーシャルワーカーまたはその他の人と接触することを命じる権限を有する[115]。

---

[109] Gunn, supra, note 104) at 147.
[110] White Paper, 1978, supra note 103) at para. 4.8.
[111] Gunn, supra note 104) at 148.
[112] ホゲット・前掲 73) 332 頁
[113] Id. at 148.
[114] Id. at 149.
[115] 1984 年スコットランド精神保健法上の後見人も同様の権限を有している。S.41,

183

第3章　イギリスの成年後見制度

　このような権限は，ときには患者本人の自律（autonomy）を阻害してしまう可能性がある。また，1983年精神保健法は本人が能力を喪失してから手続が開始されるので，本人の意思が必ずしも反映されない可能性がある。また，後見人の権限については主に医療との関係が規定されているが，検査のための28日以内の入院，治療のための6カ月以内の入院，地域社会における後見制度の6カ月以内の適用の中で後見の役割がすでに果たされていて，実際には後見制度のもとでの後見人の権限はあまり必要ないともいわれている。これらのことは，特に精神的に社会的不利な状態にある人や重度の混乱のある高齢者（elder severely confused）のケアについて問題が表面化する[116]。

(3) 福祉の動向と権利擁護

　1983年精神保健法における後見制度の問題点の解決の糸口をM. J. Gunnは，国連の知的障害者の権利宣言と権利擁護に求めている[117]。そこで，それぞれの内容について若干の検討を試みる。

　1971年に国連総会で採択された「知的障害者の権利宣言」（前文と7か条）1条では，「知的障害者は，実際上可能な限りにおいて，他の人間と同様の権利を有する」と規定している。また，5条では，「自己の個人的福祉及び利益を保護するために必要とされる場合は，知的障害者は資格を有する後見人を与えられる権利を有する」と規定している。また国連は，1975年に「障害者の権利宣言」（前文と13か条）を採択し，障害者の定義を明らかにするとともに，総合的な権利保障を承認したのである。その1条では，障害者の定義として，「先天的か否かにかかわらず，身体的または精神的能力の不全のために，通常の個人または社会生活に必要なことを確保することが，自分自身では完全にまたは部分的にできない人のことを意味する」としている。また，5条では，「障害者は，可能な限り自律させるよう構成された施策を受ける資格がある」と規定し，健常者と同様な生活保障，人権保障を受けることを明言している[118]。

Mental Health (Scotland) Act 1884.

[116] Id. at 149. なお，医療や検査に関する規定は1959年精神保健法の内容が1983年精神保健法第2条，3条，7条に引き続き適用された。

[117] Id. at 150-152.

[118] 手塚直樹・加藤博臣共編『障害者福祉基礎資料集成』（光生館，1985年）7頁以下に「知的障害者の権利宣言」が，9頁以下に「障害者の権利宣言」が掲載されいるので，引用した。なお，原文では，「精神薄弱者」の表記になっているが，本文では，知的障害者に書き直している。

精神的に社会的不利な人を後見の対象に含めるかどうかの問題は，そのような人を地域の中でケアするか，医療上のケアをするかの問題と密接な関係にある。精神保健法上の後見の対象になると考えれば医療上のケアが中心になる。しかしほとんどの場合医療上のケアは必要とされないこと，障害者の自立支援の視点からは，むしろ地域の中でケアすることが望ましいと考えられる。後見の対象者を明確にすることによってケアの形態が決定されていくことを十分に考慮しなければならないのである。障害者の権利擁護の視点からも後見の対象を明確にすること，そのことによって後見人の役割や被後見人へのケアの内容が明確になるのである。

(4) 1983年精神保健法における財産管理

財産管理については，1985年持続的代理権授与法における持続的代理権制度（enduring powers of attorney），1983年精神保健法上のレシーバーシップ（receivership），被任命者制度（appointeeship）があった[119]。

コモンロー上の代理権は，本人の意思能力喪失により代理権が終了する。持続的代理権制度は，意思能力がなくなった後でも代理権が有効に持続する制度である。要件は，本人が意思能力のあるうちに代理人に代理権を授与することと，代理人は本人が無能力になると保護裁判所に登録する必要があることである。レシーバーシップは，持続的代理権が設定されていない場合，医師の無能力証明によりなされたパブリックトラストオフィスへの申立により開始する。この際，保護裁判所は，本人が無能力であることの証拠を精神保健法1条に基づき要求する[120]。被任命者制度は，意思無能力者の代わりに社会保障の給付金を管理したり，使用する制度である。通常家族や友人がなるが，場合によっては地方公共団体の職員がなることがある[121]。

レシーバーシップや被任命者制度には，それぞれ意思能力が十分ではない人への対応に関する問題点を抱えている。レシーバーシップの場合，医師による無能力であることの証明や，パブリックトラストオフィスへ納めるための費用

---

[119] Joan Langan, "In the Best Interest of Elderly People? The Role of Local Authorities in Handling and Safeguarding the Personal Finances of Elderly People with Dementia," Journal of Social Welfare and Family Law, 19(4), 1997 at 464-465.

[120] イギリス持続的代理権授与法，精神保健法の詳しい検討については，新井誠『高齢社会の成年後見法［改訂版］』（有斐閣，1999年）6～17頁，50～85頁以下参照。

[121] supra note 119) at 464.

第3章　イギリスの成年後見制度

などが必要だが，その費用が高いことが指摘されている[122]。また，保護裁判所で，無能力であることを証明しなければならないので，精神的に耐えがたいものであることも指摘されている。また，被任命者制度では，本人の能力の判定について完全に能力があるか，それともまったく能力がないのかのオール・オア・ナッシングで判断されるため，認知症高齢者のように十分ではないがある程度の意思能力がある場合に適切な対応ができない場合がある[123]。

　新たに1985年持続的代理権授与法が制定されてこのような問題点はおおむね克服された。1985年持続的代理権授与法は，2005年意思能力法に統合され，永続的代理権と名称が変更された。現在の1983年精神保健法では，レシーバーシップと被任命者制度は廃止されている。したがって，現行法の1983年精神保健法の中に財産管理は含まれない。

7　1983年精神保健法改正後の後見制度

(1)　概　要

　1959年精神衛生法では，後見人は，14歳以下の子供に対する親のすべての権限と同様の権限を有していた。後見制度は，強制的な治療を地域で行うための制度と考えられていた。この権限の強大さが，後見制度があまり使われない理由の一つであると考えられていたため，1983年精神保健法では，その権限を大幅に縮小した。

　改正された1983年精神保健法における後見制度は，病院外の地域社会のケアのための制度であった。成年後見（adult guardianship）の限定した形式である。後見人は，地区の社会サービス機関，または最も近い親戚を含めての私的個人がなり得るが，ごくわずかな権限しか持つことができない。最も近い親戚は患者を退院させることができるが，他の後見人同様権限は限られている[124]。

　後見人の権限は，患者が①どこに住むか，②どこに治療を受けに行くか，③仕事や教育の訓練について，それぞれ対応することである。患者が家にすむか，病院で治療することを指示するかの権限については明示されていないが（6条1項参照，入院のための規定はある），退院許可なく抜け出した人を連れ戻す権限

---

[122]　Id. at 465.
[123]　Id.
[124]　前掲73) 332頁．

はある（18条3項）。後見人の権限が，病院のみならず，ケア施設への強制入院を保証する手段と認められるかどうかは解釈上争いがある。しかし，このような場合でも，患者の代理人として患者に治療を受けさせたり，患者本人が治療に同意するように強要する権限はない[125]。

後見は，社会でケアをすることを援助するための制度で，主に患者の福祉の必要性に焦点をあてたものである。

(2) 2007年精神保健法における後見制度

イギリス保健省は，1983年精神保健法（2007年一部改正）について運用方針を公表している。その中で，後見制度や後見人の役割等を指摘している。2007年に一部改正された精神保健法における後見制度について，この運用方針の内容をもとに整理する。

① 後見の目的

後見の目的は，強制的な権限を使用しなければケアをすることができない患者に対して，退院後，地域でのケアを提供することができるようにするための制度である。このようなケアは，精神障害者の専門家による治療を含むものと含まないものがある[126]。そのため後見は，患者が最小限に制限を受ける状況で，地域で可能な限り自立した生活を送ることができるようにするための制度である。後見制度が使用されるときは，患者の総合的なケアプランの中で行われるべきである[127]。

後見制度が適用されることがふさわしい場合については，次の二つの例を挙げている。

・患者が後見人の立場や意向によく応じると考えられるため，患者が必要な治療やケアに自発的に承諾すると考えられる場合。
・患者がどこに住むかを決定する権限を持つ人が必要な場合，または患者に連絡をとる医者，承認された精神保健の専門家（Approved Mental Health Professional=AMHP），またはその他の人が患者に接触する必要がある場

---

[125] 前掲73) 332頁。
[126] Department of Health, Code of Practice: Mental Health Act 1983 (2008) para. 26.2.
[127] Department of Health, Code of Practice: Mental Health Act 1983 (2008) para. 26.4.

第3章　イギリスの成年後見制度

合[128]）。

② 後見制度を適用するための基礎

後見制度は16歳以上の人が対象者である。16歳以下の精神障害者で地域での監督が必要な児童には，児童法（両親の権利や地域における権限を含む）が有効である。

後見制度が適用される場合について，1983年精神保健法7条（個人の場合）と37条（裁判所により選任される場合）に規定があるが，37条が適用されるのは稀である。7条2項は次のように規定している。

「後見は，患者が次の状況の場合適用される。
　(a)　生まれつきの精神障害に苦しみ，この条文に基づいて後見を受け入れる根拠があること。
　(b)　患者の福祉や利益のために必要であること，または他人を保護するために後見が受け入れられるべきであること。」

後見人の権限については，8条1項に規定されている。後見人は，
「(a)　後見人の権限によって患者が居住する場所を指定することを要求する権限がある。
　(b)　患者に随行して，医療，職業，教育または訓練の目的のために指定することを要求する権限をもつ。
　(c)　患者が住んでいる場所で，医療従事者，ソーシャルワーカーまたは特定の人と面接することを要求することができる。」

運用方針では，これらの権限について具体例を挙げている。

(a)は，後見人に患者が特定の場所に住むことを要求することを認めることである。これは，例えば虐待する人と同居することを思いとどまらせることであり，特有のユースホステルまたは他の施設に住むことを保証する[129]。(b)は，医療，職業，教育，訓練のために，特定の場所と時間に後見人が患者に付き添うことを要求することである。そのような場所の中には，例えばデイセンターまたは病院，診療所が含まれる[130]。(c)は，患者が住んでいる場所で医者など

---

[128]　Department of Health, Code of Practice: Mental Health Act 1983（2008）para. 26.8.

[129]　Department of Health, Code of Practice: Mental Health Act 1983（2008）para. 19.5.

[130]　Department of Health, Code of Practice: Mental Health Act 1983（2008）para.

第 3 節　1983 年精神保健法

の専門家にアクセスするための権限を後見人に与えているのは，患者が退院後面倒をみることを放棄しないことを保証するためのものである[131]。

③　後見制度が使われる理由

後見人の役割は，2005 年意思能力法によっても対応することができる。本人の意思をできる限り尊重するためには，地域生活の中で特定の人の監督を受ける後見制度よりも，2005 年意思能力法を適用したほうがよいと考えられる。それでも後見制度が適用される理由として，運用方針は次のように説明している。

・住居の建て替えのために転居することとは違う理由で，患者が後見人の配慮を受けることに利益があると考えられる場合に対応するため。
・患者が現在不在になっているが，住むべき場所へ戻るために配慮するための明白な法定の権限を持つ特有の必要がある場合に対応するため。
・患者の住む場所が，個人または組織の管理下のもとにあることがとくに重要であると考えられる場合に対応するため[132]。

④　行動の制限か自由の剥奪か？

人に，その人の同意を得ることなしに公共の場所に住むことを要求することは，明らかにその人の行動を制限することになるが，イギリス政府は，そのこと自体は，自由の剥奪にはならないという見解をとる。運用指針では，強制的に公共の場所に住むことを要求することが考慮される場合について，次のように規定する。

患者を特定の場所に住まわせる権限は，次の場合から患者を保護するために使われる。

・後見人が不適切と考える場所に住んでいること
・サービスと接触する関係を断つこと
・正規に住む場所を手配する前に住む場所から離れる場合
・患者の睡眠が妨げられる場合[133]

19.6.
[131] Department of Health, Code of Practice: Mental Health Act 1983 (2008) para. 19.7.
[132] Department of Health, Code of Practice: Mental Health Act 1983 (2008) para. 26.12.
[133] Department of Health, Code of Practice: Mental Health Act 1983 (2008) para.

第3章　イギリスの成年後見制度

しかし，行き来する自由を制限するために使用されるのではなく，患者を保護する目的で効果的に拘禁するために使用される。

患者に特定の場所に住むことを要求することは，2005年意思能力法のもとで，独立した権限が与えられない限り，自由を剥奪される状況において住むことを患者に要求するために使用されるものではない。その権限は，患者がどこに住むかを決定する能力が欠けたときにのみ行使することができる[134]。

⑤　有効な後見の構成要素

後見制度は，第一に患者の福祉の必要性に焦点を当てる（精神保健法7条）。後見を提案する要素は，特定の治療よりも患者の包括的な福祉である[135]。後見を適用するためには，ケア計画の手引（Care Programme Approach）（またはそれと同等のもの）に従って，各専門分野協力の議論を基礎とした，確立した包括的なケアプランによって遂行すべきである[136]。ケアプランは，患者に必要とされているサービスを見極め，供給されるものである。精神保健法のもとで有する後見人の権限は，ケアプランを達成することを指し示すものである[137]。鍵となるケアプランの要素は次のとおりである。

・患者の必要性に合うことを援助するために，適切に順応させること。
・デイケア，教育，訓練，便宜を図ることに近づく手段を尽くすこと。
・ケアプランを履行するために関係のあるすべてのことと，（個人の後見人の

26.29.

[134]　Department of Health, Code of Practice: Mental Health Act 1983 (2008) para. 26.30.

[135]　Department of Health, Code of Practice: Mental Health Act 1983 (2008) para. 28.6.

[136]　Department of Health, Code of Practice: Mental Health Act 1983 (2008) para. 26.19. ケア計画の手引とは，精神障害にかかった人のために地域でケアを提供するという意味で，イギリス保健省によって支持された指針である。法制度として規定されていない。地域で治療を受ける人のために医療と保健のサービスを提供することを保護するために効果的な指針である。

[137]　Department of Health, Code of Practice: Mental Health Act 1983 (2008) para. 26.20. 後見は，NHS及びコミュニティケア法に基づくコミュニティケアのもとでサービスが提供されることにはなっていない。したがって，後見は，地方自治体の権限で提供されない（行政の財源から分離されている）。後見は，ケア計画の手引に基づいて提供される。この指摘については，Richard Jones, Mental Health Act Manual (SWEET & MAXWELL) 16th ed. 2013, p.70.

場合）後見人のために地域社会福祉事業局（Local Social Services Authority=LSSA）からの援助を受けるために，有効な協調と会話をすること[138]。

個人の後見人は，ケアプランを実行するために必要とされるサービスを仲介する場合，患者に代わって弁護するために用意されるべきである[139]。

個人の後見人は，精神障害者のすべての特別な障害と必要性を正しく評価することができる人がなるべきで，後見人は，患者を適切で思いやりのある方法で世話をする。後見人は，患者の身体や精神の健康を促進することの利益と，職業訓練，雇用，レクリエーションや公共の福祉をふさわしい方法で示すべきである。地域社会福祉事業局は，個人の後見人が役割を果たすことができるように助言をして補助したり，他の援助の形を示すために十分な対応をしなければならない[140]。

第4節　1983年精神保健法と2005年意思能力法

1　2つの法制度の関係

1983年精神保健法は，精神障害者同士や他者への危険を縮小するために，強制的なケアを供給することを目的とする制度である。2005年意思能力法は，判断能力が十分ではないすべての人々のために意思決定の代行や権利擁護をする制度として創設された。両方の枠組みは，その原理が非常に異なっている。

2005年意思能力法は，本人の最善の利益について，パターナリズムから，本人の自律（autonomy）の原理を基礎とする。能力のある個人の決定は尊重され，能力を喪失したとき，本人にとって最善の利益である場合のみ干渉する。意思決定のための能力があるかが重要な要素となる。さらに事前の決定や治療

---

[138] Department of Health, Code of Practice: Mental Health Act 1983 (2008) para. 26.21. 後見人は，地域社会福祉事業局（Local Social Service Authority〈LSSA〉）または，地域社会福祉事業局により承認された人（個人の後見人〈private guardian〉）がなる（Department of Health, Code of Practice: Mental Health Act 1983 <2008> para.26.3）。

[139] Department of Health, Code of Practice: Mental Health Act 1983 (2008) para. 26.22.

[140] Department of Health, Code of Practice: Mental Health Act 1983 (2008) para. 26.23.

の拒否について，本人に能力があるときにその決定は記録され，能力が喪失した後もその決定の内容は継続して尊重される。医師は，患者が能力のあるときに有効であるように，特別の治療については事前の決定を尊重することを要求される。これに対して，1983年精神保健法は，本人や他人への危険を防止することを基本とし，社会における保護や医療におけるパターナリズムを基礎に置く。患者の自律や事前の決定にはあまり比重は置かれない[141]。

2 両制度が重複する場合

両制度とも判断能力が十分ではない人を対象としているので重複する場合がある。2005年意思能力法は，本人自らに関連した事項に対して決定を行う能力が十分ではないすべての人に適用されるが，1983年精神保健法は，治療の方針を決定するために，患者本人の能力を無視して治療やケアの方針を判断する。すべての場合に当てはまるわけではないが，多くの場合，精神保健法の限界は，患者の意思決定能力が欠けた場合であり，意思決定能力が十分でなくても患者本人に判断能力がある場合は2005年意思能力法で対応される。同様に，能力が欠け，2005年意思能力法では対応できない場合（強制的な治療が必要な場合），治療が必要な精神障害者は精神保健法で対応される。

身体障害により治療が必要な場合，精神保健法は精神障害者のための治療のみに対応する枠組みのため適用されない。もし，身体障害のために判断能力が十分ではなかったり治療が必要な場合は，2005年意思能力法が適用されるべきである。もし，精神障害のために強制的な治療が必要な場合，患者に十分な能力がある場合でも，2005年意思能力法の適用は不適切であり，強制的な治療が必要と判断されれば1983年精神保健法の適用がある。そこで，身体と精神の障害の区別は実務上機械的に対応されることは免れない。身体障害者の治療は2005年意思能力法で対応しなければならず，能力のある精神障害者の強制的な治療は1983年精神保健法の適用によってのみ認められる。

1983年精神保健法の対象者は，能力が欠け，現在相当に深刻な害を他人に与える危険のある人，または能力があるにもかかわらず類似する危険を有する人に限定している。これは，区別なく本人の意思能力の範囲を広げる利点があり，患者の自己決定権を尊重し，深刻な害を与える危険な場合についてのみ精

---

141) supra note 86) p.76-77.

神障害者を判断する必要性を示す。

　2005年意思能力法28条では，精神障害の患者に精神保健法第4章に規定されている治療を行う場合，2005年意思能力法に基づいて，精神障害のある患者に治療を行うことや，治療を受けさせることに同意することを禁じている。したがって，1983年精神保健法第4章に規定されている治療は，2005年意思能力法に優先して適用されることになる[142]。

本章のまとめ

　わが国の任意後見制度のモデルとなった1985年持続的代理権授与法は，財産管理のみを対象としていた。医療や生活全般に対して判断能力が十分ではない人の意思決定に対応するための制度の必要性が議論され始め，2005年意思能力法が成立した。本人の意思を尊重して権利を擁護するためには2005年意思能力法を積極的に活用することが有効である。本人の状態により強制的な保護や対応が必要な時は1983年精神保健法が適用される。2005年意思能力法と1983年精神保健法の両方の適用が可能な場合は，2005年意思能力法が優先して適用される。1983年精神保健法は，本人を保護するための強制治療や強制入院，退院後の地域生活の支援について規定している。1983年精神保健法における後見制度は，本人が退院後に地域生活をしながら円滑に通院治療ができるように福祉の分野と連携しながら本人を支援する役割を担う。後見人には，財産管理と医療同意の権限はない。後見制度の利用は多くなく，2005年意思能力法でも対応が可能であることが指摘されながら2007年の一部改正の際に制度を存続させた理由は，本人の地域生活と退院後の治療を支援することが極めて重要だからである。

　1983年精神保健法は，ボーンウッド（Bournewood）事件により判断能力が十分ではなく従順で積極的に拒否しない患者に対して，その保護手段に限界があることが判明した。そのために法改正への議論がされ，病院や地域で，患者の変化する必要性に対応するために，強制力を柔軟にすることを目的として改正された[143]。強制入院や強制治療が必要な場合やその内容について，個別具体的に規定を設けた。患者の人権を擁護するため，第三者の同意や監督を義務

---

[142] Ibid.
[143] supra note 89).

づけたり，裁判所や審査機関，相談機関の役割を充実させた。そして，患者の地域生活を支え，日常生活の中で適切に治療が受けられるように，後見制度など，医療や福祉を本人のために結びつける役割を新たに提供するようにした。

　精神保健法は，社会における保護，人々が要求するサービスへ近づける方法を獲得すること，人権を擁護することの3つの目的を調和させるために苦心するといわれる[144]。本人の意思を十分に尊重し，判断能力がない場合や意思表示が困難な場合は代行決定を行うことになる。その際には，2005年意思能力法4条に規定されている最善の利益に基づいて行われる。精神保健法で対応できない場合は，2005年意思能力法や1998年人権法の適用を検討することになる。本人の意思を尊重し，できる限り本人の自律を支援するためには，2005年意思能力法がより適切である。本人の保護が必要な場合1983年精神保健法が適用される。それぞれの法制度で，本人の意思の尊重と保護，医療や福祉のサービスへのアクセスに関する事項，代行決定に関する基準，人権を保護するための方法や手段が具体的な規定，判例や運用指針で明らかにされているところに特徴がある。支援を必要とする人の状況に合わせて，それぞれ対応できる制度を創設して権利を擁護する姿勢は，示唆を得るところである。

---

[144] この指摘については，Brenda Hale, "Justice and Equality in Mental Health Law: The European Experience." International Journal of Law and Psychiatry, Vol. 30(1), 2007, p.19.

はじめに

第4章　わが国の成年後見制度と身上監護

はじめに

　わが国における後見制度に関する議論の中で，旧法における禁治産後見についての議論は，財産管理に関する議論が中心で，身上監護事項に関する議論は非常に数が少ない。禁治産後見における身上監護事項は，未成年後見における身上監護事項とその内容や性格が全く異なること，禁治産者の人権に関する議論は改正前の民法においては特別な規定はなく，議論もほとんどされなかったことについては，ほぼ異論のないところであろう。ここでは，まず，成年後見制度における身上監護について，立法過程における議論を検討する。そして，従来の学説や判例を検討してから，具体的な事項や問題点を検討する。

第1節　身上監護の立法過程

1　明治民法における療養看護義務

　後見は，家長の死亡により家長権の支配庇護から離れ，自ら独立し，自己を防衛することができない未成年者または婦女を防衛するための制度であった。もともと家産の維持のために相続と密接に関連して中継相続の役目を果した後，後見人が収益権を有した自益後見を経て，被後見人のためにその財産を監護する他益後見へ移行した。わが明治民法における後見も，被後見人のための後見法を確立したものである[1]。

　明治民法は，親権の延長としての未成年後見と，親権とは別な保護機関としての禁治産後見制度を設けた。そして必須の監督機関として後見監督人の制度を設け，さらに親族会を監督機関として家制度の下で適用することを明らかにした。明治民法922条に禁治産者の療養看護についての規定がある。第1項で，「禁治産者ノ後見人ハ禁治産者ノ資力ニ応シテ其療養看護ヲ為ムルコトヲ要ス」と規定し，第2項で，「禁治産者ヲ瘋癲病院ニ入レ又ハ私宅ニ監置スルト

---

1) 後見制度の沿革については，戒能通孝「後見法」『家族制度全集法律編第三巻親子』（河出書房，1937年）290頁以下参照。

195

第4章　わが国の成年後見制度と身上監護

否トハ親族会ノ同意ヲ得テ後見人之ヲ定ム」と規定している。

　明治民法 922 条は，旧民法人事編 227 条を経て規定されたものだが，この旧民法人事編 227 条が規定された理由として，次のように指摘されている。「本條ハ人事編ノ第二百二十七條ト同ジデアリマス二百二十七條ハ「疾病ノ性質ト資産ノ状況トニ従ヒテ禁治産者ヲ自宅ニ療養セシメ又ハ之ヲ病院ニ入ラシムルハ親族会ノ決議ニ依ル但瘋癲病院ニ入ラシメ又ハ自宅ニ監置スル手続ハ特別法ヲ以テ之ヲ定ム」此但書ヲ削リマシタソレカラ此第一項ノ規定デアリマス此第一項ノ規定ト云フモノハ是ハ既成法典ニハアリマセヌ，アリマセヌケレドモ外国ニハ大抵皆アリマスル人事編モ始メノ草案ニハアツタノデアリマスルガ後ニ削ラレマシタヤウデアリマス固ヨリ明文ハナクテモ分ルコトデハアリマセウケレドモ前條ニ於テ未成年者ノ身体ニ関スルコトヲ規定シテアリマスルカラソレト相対シテ此處ニ禁治産者ノ身体ニ関スルコトヲ規定スルノガ最モ体裁ニ於テモ宜カラウト思ハレマスルソレデ未成年者ノ後見ト云フモノハ財産管理ノ外ニ教育監護ソレカラ禁治産者ノ方ハ財産管理ノ外ニ療養看護ト云フノデ教育監護，療養看護ト相対シテ後見ノ目的ヲ示スニ足リルデアラウト思フテ入レマシタ[2]。」

　ここで明らかになるのは，禁治産者の療養看護義務は，必ずしも規定することを想定していなかったが，外国法には規定があることから規定したこと，もともと特別法で規定する旨を条文に記載する予定であったことを削除したこと，未成年後見における監護教育義務（身上監護義務）とは性格が異なるものとしていたこと，である。

　梅謙次郎博士は，「禁治産者ノ後見人ハ卑シクモ其ノ心身ヲ慰メ病ノ平癒ニ利益アル以上ハ費用ヲ惜マス之ヲ支出スルコトヲ要スト云フト雖モ此等ハ総テ善良ナル管理者ノ注意トシテ自ラ斟酌アルヘキ所ニシテ固ヨリ法文ヲ以テ規定スヘキ所ニ非サルナリ[3]」として，療養看護のために財産を使用することは善管注意義務に相当することを指摘している。成年後見制度における身上配慮義務について善管注意義務がある根拠は，立法当初から変わらない。

　また，奥田義人博士は，明治民法 922 条の立法の目的については，「禁治産者ヲ後見ニ付スルハ其身体精神ノ健康ヲ失セルニ因ル，之カ後見人タルモノハ

---

[2]　法務大臣官房司法制度調査部監修『法典調査会民法議事速記録 7』（商事法務研究会，1984 年）50 頁。

[3]　梅謙次郎『民法要義巻之四親族編』（1901 年，復刻版，有斐閣，1985 年）467 頁。

196

第 1 節　身上監護の立法過程

主トシテ之カ健康ヲ回復セシムルノ注意ヲ為スコトヲ要ス[4]」ためにこの規定を制定し，未成年後見と比較して「身上ニ対スル権利義務ニ就テハ両者ノ差異稍著ルシキモノアリ[5]」とこの規定の特殊性を指摘している。なお，「禁治産者ノ資力ニ応シテ」の規定の解釈については，「必スシモ禁治産者自身ノ資力ヲ意味スルニ非ラス禁治産者ニ対シ扶養ノ義務ヲ負フ者ノ資力モ亦計算中ニ入ル可キモノナルハ当然ナリ，例ヘバ禁治産者自身ハ毫モ其特有財産ヲ有セザル場合ニ於テ其配偶者，子，父母，戸主等ニ於テ資力アル者ナルトキハ其資力ニ応シテ療養看護ヲ為スコトヲ要スルモノナリ[6]」と禁治産者のみではなく，その扶養義務者の資力も含むことを指摘している。

また，保佐人の職務については，親族法の中に特に規定がなかったのだが，この理由については，「保佐ハ後見ト異ナリ自ラ積極ニ其ノ身体財産ヲ保護スル職務ヲ有スルモノニ非ラスシテ準禁治産者ノ自ラ為ス行為ヲ保佐シ其ノ智能ノ足ラサルヲ補フノ職務ヲ有スルニ過キス，其権限ハ後見人ノ如ク被後見人ノ行為ヲ代理スルニアラスシテ準禁治産者ノ行為ニ同意ヲ興フルニ在リ。故ニ保佐ハ全ク親族関係ト其性質ヲ異ニスルモノニシテ後見ト異ナリ親族法中ニ規定ス可キ事項ニ非ラス，然レトモ其ノ智能足ラサルモノニ対スル保護ノ方法タルノ点ニ於テハ禁治産者ニ対スル後見ト其ノ性質ヲ同シウシ其ノ規定ス可キ事項モ亦略相類セルモノアルヲ以テ[7]」親族法に定めなかったとしている。成年後見制度が制定されるまで，保佐人の職務内容は，親族法には条文による明確な規定がなく不明であったが，被保佐人を保護する方法は禁治産者と同じと考えたため規定する予定がなかったことを指摘している。

明治民法 922 条第 2 項で，禁治産者を瘋癲病院へ入院させるか，私宅監置するかについて親族会の同意を要求した理由は，「何レノ方法ヲ取ルカハ禁治産者ノ病症如何ニ依リテ之ヲ決ス可ク，其病症上必要ナキニ拘ラス之ヲ監置スルカ如キハ本人ノ利益ヲ害スルノ甚シキハ勿論其家族全体ノ利益ヲ害スル┐甚シキヲ以テ之ヲ後見人ノ単意ニ任スルハ危険ナリ，故ニ[8]」親族会の同意を求めた，と指摘している。なお，後見人と親族会と意見が一致しない場合は，

---

4) 奥田義人『民法親族法論』（有斐閣書房，1899 年，復刻版，信山社，2003 年）434 頁。
5) 4) と同じ。
6) 前掲 4) 435 頁。
7) 前掲 4) 386 頁。
8) 前掲 4) 434〜435 頁。

第4章　わが国の成年後見制度と身上監護

「後見人ハ親族会ノ決議ニ服スルカ然ラサレハ九五一條ニ依リ其不服ヲ申立ツルノ外ナシ[9]」と指摘するように，最終的には，裁判で決定するほかないとしている。

なお，922条1項における「療養看護」の意味は，療養とは医療を受けさせることをいい，看護とは，「自己の身体財産に危害を及ぼし，または他人の身体財産を侵害する行為を防止すること[10]」とされている。これは，成年後見制度に関する議論がなされるまで引き継がれることになった。

明治民法における後見制度で解決できないのは，財産を有しない未成年者や禁治産者の生活の問題であるといわれている。未成年者や禁治産者が財産を有していれば，親族に代わる他人が後見人になる可能性があるが，財産を有しない場合は親族が後見人にならざるを得ない。後見制度の法的性格のひとつに「親権の延長」と考えられていたことから，親族が全面的に面倒を見ることを想定していたと考えられる。

以上のことから，禁治産者の療養看護については，入院か私宅監置以外の具体的な内容に関しては条文の規定は存在せず，また，議論すべき対象にもしていなかったことになる。しかし，法典調査会の発言にもあるように，当初は，特別法で規定することを想定していた。そして，この議論は，精神病者監護法制定の立法過程に引き継がれることになるのである。

2　精神病者監護法における禁治産後見に関する議論

現在の精神保健及び精神障害者福祉に関する法律（以下，精神保健福祉法）の沿革は，明治33年制定の精神病者監護法にさかのぼる。この法律では，精神病者の処遇について，監督及び保護の責任を明らかにし，届出によって私宅での監置を認めるものであったが，治安取締法であって，精神医療と保健を目的としたものではなかった。このとき，立法のために中央衛生会の臨時委員に梅謙次郎博士が任命され，審議に加わっていた。これは，当時司法省法制局長官であった梅謙次郎博士が，民法上精神障害者の財産についての規定はあるが，身体上の保護についての規定はないということに対して，調査を命じたという事情があったためであるとされている[11]。「元ト此法ノ成立チマシタ所以ト云

---

9)　前掲4) 435頁。
10)　和田于一『後見法』（大同書院，1932年）70頁。
11)　星野茂「精神保健法上の保護義務者制度をめぐる諸問題（上）」法律論叢63巻6号

第1節　身上監護の立法過程

フモノハ民法ノ方デ精神病者ノ財産ヲ保護シテヤル，所ガ精神病者ノ身体ハ保護シナイ，精神病者ト云フ方ノ身体ヲ保護スルト云フコトヲ一向民法ノ方デ見テ居リマセヌカラソレデ此法ヲ要スル訳デアリマス[12]」というように，禁治産者の療養看護の具体的な内容について特別法として規定しようとしていたことがうかがえる。

　精神障害者監護法における監護義務者として，その第一順位に後見人と定めたことについては，明治民法922条との整合性を図るためであったことが指摘されている。当時の家制度の下では，当然に戸主が第一順位であるべきところなので，戸主ではないことをめぐり再三議論が繰り返されたが，最終的に後見人が第一順位になった理由については，民法との関係で次のように指摘された。「戸主ト云フモノハ家族ニ対シマシテ其居所ヲ制限スル権限ヲ持ッテ居リマス，ソレ故ニ普通ノ場合ニ於キマシテハ後見人ノ意見デ此精神病者ヲ現在ノ居所以外ニ移サウト致シマスニハ矢張リ戸主ノ同意ヲ得ルノガ本則ニナッテ居ル，併ナガラ病ノ性質上ドウシテモ後見人ノ職務ヲ尽スニハ之ヲ移ササナケレバナラヌト云フ場合デ，戸主ガ唯頑固デ強情ヲ張ッテ居ル場合ニハ後見人ノ職務ト致シマシテ之ヲ移スコトハ民法ノ規定ニ依ッテ出来マスノデ，詰リ本則ハ戸主ノ同意ヲ得ナケレバ現在居ル場所ヲ変ズルコトハ出来マセヌ，病院ニ入レタリ何カハ出来ヌ筈デゴザイマスケレドモ，病人ノ性質ニ依リテ親族会ノ同意ヲ得マシテ移ス場合ニハ民法ノ規定ニ依ッテ出来ルコトニナリマス，従ッテ比法律ニ於キマシテ先ヅ以テ後見人ヲ責任者ニスル方ガ寧ニ穏当ナルノミナラズサウナリマセヌト民法ト矛盾致シマスカラドウシテモサウシナケレバ工合ガ悪イ[13]」つまり，戸主の権限についてはすでに民法に規定があるので，規定のない後見人の権限を明らかにするために新たな規定が必要であることを指摘したのである。さらに，「先ズ法律ハイツモ弊ノ方ヲ見マスガ，戸主ノ病者ニ対シテ冷淡デアル，随分精神病者ニ対シテハ親子夫婦ノ如キモノデモ放擲シテ顧ミヌト云フヤウナ不人情ナ者ガアル，況ヤ戸主ガ遠縁ナゾデ不人情ニシテ病者ニ対シテ少シモ愛情ヲ持ッテ居ラヌ者ハナイトハ限リマセヌ[14]」と指摘して，戸

　　（1991年）118頁。立法の経緯が詳細に検討されている。
12)　第13回帝国議会貴族院精神病者監護法案特別委員会議事速記録第2号（『帝国議会貴族院委員会速記録10』東京大学出版会（1987年）216頁）の三宅秀委員の発言。
13)　第14回帝国議会貴族院精神病者監護法案特別委員会議事速記録第3号（『帝国議会貴族院委員会速記録10』東京大学出版会（1987年）236頁）の梅謙次郎政府委員の発言。
14)　13)と同じ。

199

主が禁治産者に対応しない場合が想定されることから，後見人の権限についての規定が必要であることを説明している。

この精神病者監護法により，監護義務者として，後見人，配偶者，親権を行う父または母，戸主，四親等内の親族の中で親族会に選任された者であることが規定された（1条）。精神病者を監置できるのは監護義務者のみであり，原則監置には行政庁の許可を必要とした。

この法により，監督及び保護の責任を明らかにしたが，私宅監置を法的に認めたものでもあった。法律制定前は，精神病者の処遇を私人に任せていたために，本人を座敷牢に閉じ込めたりして，不当に監禁することが横行していた。このような処遇を改善する方向で，精神病者監護法の制定がされたのだが，この私宅監禁とは実質的には納屋や土蔵，座敷牢に監禁することであり，本人の人権を著しく侵害するものであった。

3　精神病院法の制定

精神病者の取締りを目的とした精神病者監護法は，その後，精神病者に対する治療・保護を目的とした法律の制定の必要性をめぐる運動や学会による指摘を受け，大正8年に，精神病院法が制定された。この法律では，精神病者の治療・保護を目的とする方向が示された。主務大臣が道府県に対して精神病院の設置を命じ得ることとし（1条），これに基づいて設置された精神病院の所要経費に対して6分の1ないし2分の1の補助を行うこととするとともに（3条），道府県精神病院に代わる施設として代用病院の規定を設け（7条），これらの精神病院に精神病者であって身寄りのない者，犯罪傾向の著しい者，療養の途のない者を入院させることができる（2条）こととした。

この法律により，精神病者の治療と保護に対する公共の責任が明確に示された。しかし，実際には精神病院法による改革は進まず，一方においては，精神病者監護法も存続し，私宅監置も認められていたので，多くの精神病者は私宅監置の状態のままだった。精神病者監護法の見直しについて公約されていたが，結局，精神衛生法の制定まで実現しなかったのである。

禁治産者の療養監護義務は，明治民法の下では後見人の資力のある範囲でのみ認められ，その具体的な対応については，特別法に従って対応することが規定されていたのである。しかし，基本的には，家制度の下で，禁治産者の療養看護は，民法の規定に従って療養看護と扶養の領域の問題であり，家族が対応

することが当然であると考えられたようである。法典調査会においても「固ヨリ明文ハナクテモ分ルコトデハアリマセウケレドモ」と発言があることからもうかがえることである。また，立法の際，療養看護と扶養の内容の区別を明確にはしていなかったようでもある。これは，精神病者監護法において監護義務者として後見人も扶養義務者も監護義務者であると規定した（1条）ことからも考えられることである。そして，療養看護と扶養との概念が曖昧なことは，結果として，成年後見制度制定の際の身上監護に関する議論においても，表面化するのである。

4 戦後の民法改正と精神衛生法の制定

(1) 民法の改正

第2次世界大戦後，昭和22年，現行憲法が施行された。憲法24条，13条，14条に定められた個人の尊厳と両性の本質的平等などの基本原理に対して，明治民法の家制度がそぐわないため，民法改正が行われた。昭和21年に，内閣に設置された臨時法制調査会が開設され，同時に司法省に司法法制審議会が設けられ，それぞれ民法改正について審議された。審議の結果，同年9月に「民法改定要綱」を発表し，家，戸主権，家督相続，親族会，庶子，妻の無能力を廃止することを決議し，父母の共同親権，配偶者の相続権，均分相続などの改正の方針を明らかにした。「日本国憲法の施行に伴う民法の応急措置に関する法律」（憲法施行までの時限立法）を経て，昭和22年「民法を改正する法律」が公布され，昭和23年1月1日より施行された。これが現行の家族法である[15]。

禁治産者の療養看護についても形式的に改正された。民法858条において1項で「禁治産者の後見人は，禁治産者の資力に応じて，その療養看護に努めなければならない」，2項で「禁治産者を精神病院その他これに準ずる施設に入れるには，家庭裁判所の許可を得なければならない」と規定された。禁治産者の後見人は，一般的な被後見人の身分及び財産上の保護を行う義務のほかに，特有の義務として，療養看護に努める義務が課せられている。

療養看護の程度，方法は禁治産者の資力に応じて定められるが，禁治産者の資力のみならず，扶養義務者の資力も含む。従って，禁治産者と後見人の間に

---

15) 有地亨『新版家族法概論』（法律文化社，2003年）10～11頁参照。

扶養義務関係がある場合には，扶養に関する879条の規定に従ってその療養看護がなされることになる。後見人に扶養義務がない場合は，後見人は，自己の財産を使用して禁治産者の療養看護をする義務を負わない。この場合には，禁治産者自身の財産収入またはこれに対して扶養義務者が支給できる扶養のための資力に応じてその療養看護に努めれば足りることになる。そのために毎年必要な費用の金額は，後見人が就職したときに予定しなければならない（861条）。

禁治産者を精神病院その他精神病者を対象とする施設に入れるには，家庭裁判所の許可を得なければならない。明治民法では瘋癲病院と定められていたのを，精神病院その他これに準ずる施設に改め，親族会の同意を要求していたのを，家制度の廃止に伴い，家庭裁判所の許可に改正した。私宅監置は廃止された。家庭裁判所は禁治産者の精神病院入院の許可に際しては，後見人に禁治産者の療養看護に関し相当と定める事項を指示し，また必要ありと認めるときは，その許可を取り消しまたは指示の変更をすることができる（家事審判規則88条）。この規定の適用は，禁治産者が心神喪失の状況にある場合に限られる[16]。

(2) 精神衛生法の制定

新憲法の制定により，基本的人権の尊重（11条以下），国の社会福祉，社会保障及び公衆衛生の向上推進義務（25条2項）が示されたことなどを踏まえて，昭和25年精神衛生法が施行された。明治以来の精神病者監護法と精神病院法は廃止された。この法では，「精神障害者」を法律用語として初めて使用し，保護義務者の規定の制定，精神衛生鑑定医の制度，措置入院，同意入院の制度，指定病院の制度，措置入院の公的負担制度，都道府県の地方精神衛生審議会の設置義務などを明記し，精神衛生に関する現行法制度の基本的な枠組みを創った。廃止された精神病者監護法における監護義務者は，精神衛生法における保護義務者に引き継がれた。私宅監置制度が廃止されたので，保護義務者には監置権は認められない。

精神衛生法上の精神障害者は，禁治産者であるかは問わず，精神衛生法に従って保護しなければならない。しかし，この場合も後見人が第一順位の保護義務者とされているのである。この点について，通説は，次のように指摘している。「精神障害者は禁治産者だけに限るわけではないが，禁治産者はすべて

---

16) 註釈親族法（下）（有斐閣，1952年）193〜194頁。

精神障害者であるから，従来民法の考えていた禁治産者の個人的な療養看護は，精神衛生法制定により国及び地方公共団体が義務として行う社会的な医療と保護へ移行した」。そして，精神衛生法の規定を引用しながら，次のように指摘している。まず，精神衛生法 20 条で保護義務者について，本人の「後見人，配偶者，親権を行う者及び扶養義務者」と規定し，20 条 2 項で「保護義務者は，精神障害者に治療を受けさせるとともに，精神障害者が自身を傷つけ，又は他人に害を及ぼさないように監督し，且つ，精神障害者の財産を保護しなければならない」と規定していることから，禁治産後見人の療養看護義務を定めた改正前民法 858 条 1 項は，精神衛生法の諸規定に形を変えたと考えられた[17]。事実上，精神衛生法における保護義務者の規定が，療養看護の具体的な義務内容となり，民法上の本来の療養看護義務の内容が不明になってしまったのである。

5 成年後見制度制定における身上監護に関する議論

禁治産者の療養看護義務について，戦後の民法改正後に本格的に議論されたのは，成年後見制度制定における議論であるといっても過言ではない。それまでは，精神保健福祉法（精神衛生法制定後，幾度か改正されて精神保健福祉法に至った）か，扶養義務の中で議論されていたと見てよいだろう。ここでは，立法過程における議論について，報告書をもとに検討する。

平成 7 年法制審議会の民法部会は，成年後見問題を取り上げることを決定し，その審議の基礎となる論点整理・調査研究を行うことを目的として法務省民事局内に「成年後見問題研究会」が設置された。そして，平成 9 年 9 月 30 日にその検討結果を取りまとめた『成年後見問題研究会報告書』が公表された。それから，この報告書の内容をさらに検討して，平成 10 年 4 月に『成年後見制度の改正に関する要綱試案の解説――要綱試案・概要・補足説明――』が公表された。これらを踏まえて審議，検討を行った結果，平成 11 年に成年後見制度は施行された。まず，『成年後見問題研究会報告書』[18]（以下，報告書と略す），

---

17) 中川善之助『新訂親族法』（青林書院新社，1959 年）575〜577 頁。鈴木禄弥『親族法講義』（創文社，1988 年）248 頁では，「民法 858 条 1 項は，精神保健法により，同法 22 条 1 項中に拡大的に解消してしまった。」と指摘する。
18) 成年後見問題研究会『成年後見問題研究会報告書』（法務省民事局参事官室，1997 年）46〜52 頁。この報告書については，判例タイムズ 961 号（1998 年）4〜34 頁に解説がある。特に身上監護については，小賀野晶一「身上監護――総合的な身上監護法からの考察――」判例タイムズ 961 号 22〜28 頁参照。

第4章　わが国の成年後見制度と身上監護

『成年後見制度の改正に関する要綱試案の解説——要綱試案・概要・補足説明——』（以下，要綱試案と略す）において公表された身上監護に関する議論について，それぞれの内容を引用して検討する。

(1) 『成年後見問題研究会報告書』
① 身上監護事項について

まず，禁治産者の療養看護義務の内容を，新たな成年後見制度においては，いわゆる身上監護事項として検討をしている。成年後見制度の下で，成年後見人に，一定の範囲でこの身上監護の権限，義務を認めるべきか，認めるべきではないかについて相反する見解があることを指摘している。

認めるべきであるとする見解は，「①わが国社会の高齢化の進展に伴い，老夫婦二人や独居老人の世帯が増加し，日常生活や医療面での援助に対する社会の需要が増加することが予想されるのであり，これに応えるために成年後見人に身上監護の権限及び義務を認める必要がある，②身上監護を現実の介護義務と解する必要はなく，本人の身上について配慮し，必要な決定・監視を行うことであると解すればよい，③本人の財産はその財産管理それ自体のために管理されるべきものではなく，本人ができる限り健康で文化的な生活を送ることが出来るように，すなわちその身上監護のために利用されるものであるから，成年後見人は本人の身上監護についても権限と義務を持つべきものである，④最近の諸外国の立法例においても身上監護を成年後見人の職務としているものが多い[19]。」としている。

これに対して，成年後見人に身上監護の権限及び義務を認めるべきではないとする見解は，「①扶養義務者に対してすら引き取り扶養を強制することは出来ないとの見解が表明されているのに，成年後見人に身上監護義務を課すことは，事実上現実の介護義務を課するに等しい結果となりかねない，②身上監護の内容とされている事務のほとんどは財産管理権の行使に還元されるものであるから，これを別個独立の職務として規定する必要はないとしている[20]」。

以上の議論から，身上監護について，「その意義自体について必ずしも共通の理解が得られているわけではない[21]」ことを指摘している。その上で，「身

---

19) 前掲18) 報告書 46 頁。
20) 前掲18) 報告書 47 頁。
21) 前掲18) 報告書 47 頁。

第1節　身上監護の立法過程

上監護に関する事項の中には，何らかの形で財産管理と関連を有するものが少なくなく，そのような類型の事項に関しては，現行法の下でも，後見人の財産管理に関する法律行為についての善管注意義務（民法869条，644条）の範疇の中に一定の範囲で解釈上読み込む余地があり得るものと考えられるのであり，身上監護の問題について検討するに当たっては，民法858条1項所定の療養看護義務の角度からのアプローチと，上記の法律行為に関する善管注意義務の角度からのアプローチの双方の観点から，個別具体的な事項に則して検証していくという作業が必要になるものと考えられる[22]」として，従来身上監護に関して論じられてきた個々の事項を，個別に検討している。

そして検討の結果，「本人の身上監護に関連して，成年後見人の職務とするのが適当な事項としては，①健康診断などの受診，治療・入院などに関する契約の締結，費用の支払い等，②本人の住居の確保に関する契約の締結，費用の支払い等，③老人ホームなどの入退所に関する契約の締結，費用の支払いなど及びそこでの処遇の監視・異議申立等，④介護を依頼する行為及び介護・生活維持に関連して必要な契約の締結，費用の支払い等，⑤教育・リハビリに関する契約の締結・費用の支払い等[23]」であるとしている。

②　身上監護の考え方──2つのアプローチ

身上監護の問題を検討するには，療養看護義務の角度からのアプローチと法律行為に関する善管注意義務の角度からのアプローチから検討する必要があることが報告書では指摘された。それぞれのアプローチの考え方は次のとおりである。

療養看護義務の角度からのアプローチは，「わが国社会の高齢化及び少子化・核家族化の進展に伴い，老夫婦二人や独居老人の世帯が増加し，身上面での援助に対する社会の需要が増加することが予想される現状の下で，仮に療養看護義務に関する現行民法第858条の規定を削除するとすれば，財産管理の指針に関する規定を新設したとしても，現行法より身上監護について後退した立法になっているという批判を招くので妥当でなく，また，本人の財産は財産管理のみならず身上監護のためにも利用されるべきものであることを明確にする意味からも，何らかの形で，本人の身上監護についての権限及び義務を成年

---

22)　前掲 18) 報告書 47 頁。
23)　前掲 18) 報告書 50 頁。

後見人に認める旨の規定をおくことが適当であるとする意見が多数であった。そして，この場合において，成年後見人の身上監護に関する職務内容について，現実の介護行為を含まず，また，本人の意思に反して医的侵襲，施設への入所等を強制されないことを明らかにするために，前記①から⑤までの事項が解釈上すべて含まれるという趣旨で，成年後見人は，『本人の身上について配慮し，かつ，必要な決定及び監視を行うこととする』旨を規定するのが適当である[24]」とする考え方である。

　これに対し，法律行為に関する善管注意義務の角度からのアプローチは，「これらの事項の多くは財産管理そのものか，あるいは財産管理的色彩を有する行為であり，その意味でこれを財産管理行為に含ましめ，身上監護については，成年後見人は本人の財産の管理に当たっては，善管注意義務の一環として，本人の福祉に配慮しなければならないと解することとすれば足りる[25]」とする。さらに，「この考え方をつきつめれば，療養看護義務等に関する現行民法858条の規定を削除し，新たに財産管理の指針として，本人の福祉への配慮をうたう条文を新設するという方法もあり得る[26]」とする。そして，療養看護義務の角度からのアプローチに対しては，「身上監護を財産管理の一つの側面ととらえて，『本人の身上について配慮した財産管理をし，かつ，必要な決定及び監視を行うこととする』とすべきであるとする意見や，身上監護を財産管理の基準・指針ととらえて，『本人の生活の維持及び向上に努めなければならない』とすべきである[27]」との意見があったことを指摘する。

　報告書では，療養看護義務の角度からのアプローチが多数であったとしている。しかし，結果として，法律行為に関する善管注意義務からの角度からのアプローチに従って身上監護事項が検討された。その理由は，報告書では明らかにされていない。そのために，身上監護とされる事項や内容は財産管理との関係でのみ取り上げられた。

　③　検討された個別事項

　以下では，検討結果の主な論点を紹介する。

　ⅰ）医療に関する事項

---

24)　前掲18) 報告書50頁。
25)　前掲18) 報告書50頁。
26)　前掲18) 報告書50頁。
27)　前掲18) 報告書51頁。

第1節　身上監護の立法過程

　医療に関する事項のうち，「本人の身体に関する侵害を伴わない健康診断などの行為については，……これを成年後見人の権限及び義務として差し支えないものと考えられるが，本人が受診を拒否している場合において，それに反して健康診断などの受診を強制することはできないし，その義務もない[28]」とする。

　治療行為その他の医的侵襲に対する決定・同意については，「成年後見の場合における治療行為その他の医的侵襲に対する決定・同意という問題は，……それら一般の場合における治療行為などについての決定・同意権者，決定・同意の根拠，その限界などについて，社会一般の共通認識が得られているとは到底いい難いものと考えられる。それにもかかわらず，今回の成年後見法制の整備に際し，成年後見の場合についてのみ治療行為などについての決定権・同意権について規定を置くことは，時期尚早のそしりを免れないものというべきであって，結局この問題は，医療行為について本人の判断能力に問題がある場合における第三者による決定・同意全般に関する問題として，将来の十分に時間をかけた検討に基づいて立法の要否・適否を判断すべき事項であり，当面は社会通念のほか，緊急性のある場合には緊急避難などの法理に委ねることとせざるを得ない[29]」としている。

　医療同意権の問題に関連して，とくに「『延命治療及びその中止』『臓器移植』『不妊手術の実施』についても，世上で論じられていることから検討がなされたが，成年後見の場面についてのみ決定権・同意権についての規定を置くことは困難である[30]」とされた。

　ただ，「①治療・入院などについての契約の締結や費用の支出は，財産管理行為そのものあるいはそれと密接に関係する行為であって，これについては，当然成年後見人の権限として認めることが出来る。②ただし，入院についても，本人がそれに反対している場合には，緊急避難が成立するような場合はともかく，成年後見人がこれを強制する権限を有するとするのは適当ではない[31]」としている。

　また，「精神病院への医療保護入院に関する同意権については，精神保健及

---

28) 前掲18) 報告書47頁。
29) 前掲18) 報告書47〜48頁。
30) 前掲18) 報告書48頁。
31) 前掲18) 報告書48頁。

207

第4章　わが国の成年後見制度と身上監護

び精神障害者福祉に関する法律上の問題ではあるが，医療保護入院に関する後見人の同意権が残る（同法35条参照）以上，民法858条2項の規定は維持するのが相当である[32]」として，民法と精神保健福祉法上の関係についての問題には触れていない。

ⅱ）住居の確保に関する事項

住居の確保に関する事項について，「本来財産行為としての性格を有し，当然成年後見人の権限の及ぶ事項と考えられるのであるが，精神医学的に，高齢者の生活には住み慣れた場所がよいとか，住居を変えると痴呆が進むということが主張されており，その観点から，本人の身上監護にも強い影響を与える事柄として，本人の住居に関する成年後見人の権限を制限し，本人が老人ホームなどに入所した場合であっても，成年後見人が本人の住居に関する権利を処分することは出来ないこととする必要があるということが問題とされている[33]」ことを理由に，身上監護事項の問題として取り扱っている。

住居の確保に関する事項を検討対象にしたことに関して，さらに，「精神医学的な観点から本人の居住を確保する必要があるとの見解は十分な根拠を有するものであり，この観点から成年後見人の権限に制約を加えて，成年後見人が，本人の住居について売却，賃貸，賃貸借契約の解約の申し入れその他本人の居住を困難にする行為をしようとする場合には，後見監督人または家庭裁判所の許可を得なければならないものとするのが適切である[34]」ことを指摘している。

成年後見人の居所指定権については，「現行民法上居所指定権は未成年後見人についてのみ認められており，禁治産後見人には認められておらず，実際上も，成年後見人に居所指定権を認めるのは適当でない[35]」としている。

ⅲ）老人ホームなどの入退所，処遇の監視・異議申立て等に関する事項

これらの事項について，「成年後見人に居所指定権はなく，老人ホームなどへの入所を本人に強制することはできないということを別にすれば，入退所に関する契約の締結や費用の支払い，そこでの処遇の監視・異議申立のほか，本人が行政処分などにより入所した施設における処遇（公法上の権利義務関係）

32）　前掲18）報告書48頁。
33）　前掲18）報告書48頁。
34）　前掲18）報告書49頁。
35）　前掲18）報告書49頁。

の監視・異議申立などを成年後見人の権限及び義務とすることに特段の問題はないであろう[36]」としている。

　居所指定権を否定する理由として,「居所指定などの事実行為の決定は,その意味と効果を明確にすることが出来ない以上,決定権限の対象からはずすべきである[37]」としている。

　iv) 高齢者・知的障害者等の介護・生活維持に関する事項

　「介護を依頼する行為及び介護・生活維持に関連して必要な契約を締結する行為については,特に後者は財産管理の色彩の強い行為であり,いずれも成年後見人の職務とするのが適当である[38]」としている。そして「介護・生活維持のための社会保障給付の利用は,成年後見人の権限に含まれる……ただし,これらの場合でも,成年後見人は,本人の意思に反して介護を強制することは出来ない[39]」とする。

　介護について,「本人を現実に介護する行為（事実行為としての介護労働）については,これを成年後見人の義務とすることは,私法上の判断能力補充制度である成年後見制度において,社会福祉的事項を成年後見制度の職務とすることになり,制度本来の趣旨を逸脱することになりかねない上,成年後見人に過重な義務を課することになり,ひいては適切な成年後見人を得られなくなる恐れもあることから,成年後見人に現実の介護行為をする義務を負わせるべきでない[40]」として,介護行為は身上監護事項に含まないことを明らかにした。

　v) 教育・リハビリに関する事項

　「教育に関する事項は,主として知的障害者について問題となり,又,高齢者の場合にはリハビリに関する事項が問題となるものと考えられるが,教育・リハビリを本人に強制することは出来ないということを別にすれば,これらの事項に関する契約の締結や費用の支払い等を成年後見人の権限及び義務として認める[41]」としている。

---

36) 前掲 18) 報告書 49 頁。
37) 前掲 18) 報告書 49 頁。
38) 前掲 18) 報告書 49 頁。
39) 前掲 18) 報告書 49 頁。
40) 前掲 18) 報告書 49〜50 頁。
41) 前掲 18) 報告書 50 頁。

第4章　わが国の成年後見制度と身上監護

④　身上監護の条文の規定の性質と規定方法について

身上監護に関する規定の性質に関しては，「①現行民法858条1項の療養看護義務を拡大したものととらえる考え方，②財産管理に関する法律行為における身上監護に関連する事項についての善管注意義務（民法869条，644条）の内容を具体化・明確化したものととらえる考え方，③財産管理権を前提として，財産管理と関連のある範囲で身上監護に配慮すべき新たな性質の権限・義務ととらえる考え方[42]」があるとしている。

身上監護の内容は，「『～を行うこと』が権限を意味するのか，義務を意味するのかが重要であるとの指摘がされたが，この点に関しては，基本的には，成年後見人の財産管理権（財産に関する法律行為の代理権等）を前提として，その範囲及びこれと関連する範囲において，身上監護についての権限と義務の双方が生ずるものである[43]」とする。

身上監護義務に関する新設の規定の適用範囲は，前記の身上監護に関する規定の性質の①～③に照らし合わせて，「(a)現行民法858条1項の療養看護義務を拡大したものととらえる前記①の立場からは，現行と同様，後見類型の後見人にのみ身上監護義務を課すのが適当であるとの意見が出され，また，(b)現行民法858条1項の療養看護義務とは別個に，財産管理及びその権限との関連から身上監護義務を導き出す前記②及び③の立場からは，一方では，(i)財産管理の面において限定された代理権などしか有しない者に，身上監護の面について広い責務を課すのは妥当でないとの理由から，包括的・全面的な代理権などを有する付後見型の後見人のみが身上監護義務を負う[44]」，「一定の定型的な範囲の財産管理権を有する付後見・付保佐類型の後見人・保佐人のみが身上監護義務を負う（新たな第三類型の準保佐人（補助人）は身上監護義務を負わない）ものとする[45]」とする考え方がある一方，「(ii)付保佐類型及び付準保佐（付補助）類型においても，保佐人及び準保佐人（補助人）は，より狭い範囲とはいえ代理権などを有するものであり，その行使に際して身上監護に配慮すべき場面があり得る以上，より一般的に，すべての類型の成年後見人が，その権限の範囲及びこれと関連する範囲において，身上監護義務を負うものとするのが相当で

---

42)　前掲18)報告書51頁。
43)　前掲18)報告書51頁。
44)　前掲18)報告書51頁。
45)　前掲18)報告書51頁。

ある46)」とする指摘があった。

⑤ 本人の希望の尊重

成年後見事務の処理に当たり，本人の希望を尊重すべき旨の規定を置くかについて，受任者の善管注意義務に関する民法644条の規定を後見が準用していることから，この民法664条から導き出されると考えられるとする。ただ，「このような規定を置くことは，パターナリズムからの転換になるという意味があり，644条を具体化したものとして，これを肯定して差し支えない47)」としている。

(2) 『成年後見制度の改正に関する要綱試案の解説——要綱試案・概要・補足説明——』

先の報告書の内容をさらに検討して，要綱試案が公表された48)。身上監護事項については，次のような補足説明がされている。

① 身上監護に関する一般規定の創設

成年後見人等の身上配慮義務の規定を新設した理由について，次のように説明している。

「一般に，民法の規律の対象である契約を中心とする法律行為の中には，財産管理を主たる目的とするもののみならず身上監護を主たる目的とするものが多く含まれており（医療契約，住居に関する契約，施設入所契約，介護契約，教育・リハビリに関する契約等），また，財産管理を主たる目的とする法律行為の場合でも，何らかの形で本人の身上に関する事項を含むのが通常である。一般に，本人の財産は，財産管理のみを目的として管理されるのではなく，本人の福祉に適合するように，本人の身上監護をも目的として利用されるべきもので

---

46) 前掲18) 報告書51～52頁。
47) 前掲18) 報告書52頁。
48) 法務省民事局参事官室『成年後見制度の改正に関する要綱試案の解説——要綱試案・概要・補足説明——』（金融財政事情研究会，1998年）39～43頁。この要綱試案については，ジュリスト1133号（1998年）233～237頁，ジュリスト1141号（1998年）4～94頁，ジュリスト1152号（1999年）127～139頁，判例タイムズ972号（1998年）4～60頁，判例時報1633号（1998年）26～34頁，金融法務事情1513号（1998年）25～37頁，NBL640号（1998年）40～55頁，戸籍673号（1998年）27～53頁に解説がある。特に，身上監護については，道垣内弘人「身上監護」，『本人の意思の尊重』について」ジュリスト1141号29～38頁，田山輝明「成年後見人の機能と任務の範囲——身上監護を中心として」判例タイムズ972号20～22頁。

第 4 章　わが国の成年後見制度と身上監護

あるということができよう。高齢社会への対応及び障害者福祉の充実に対する社会的要請の高まりならびに社会の少子化・核家族化の進展に伴い，痴呆性高齢者・知的障害者・精神障害者等に対する身上面での支援に関する社会の需要が一層高まっていくことが予想される現在の状況に照らすと，成年後見人の職務である法律行為に関する権限（代理権・取消権等及び財産管理権）の行使のあり方に対して，財産管理の面のみならず，身上監護の面についても，職務遂行の指針となる責務の内容として，成年後見人の『本人の身上に配慮すべき義務』に関する一般的な規定を設けることが必要かつ相当であると考えられる[49]」。

②　身上監護の法的性質について

身上監護に関する規定の法的性質は，「成年後見事務の遂行における身上監護の充実の観点から，成年後見人の権限（代理権・取消権等及び財産管理権）の行使に当たって『本人の身上に配慮すべき義務』を明文化することにより，成年後見人が本人の身上面について負うべき善管注意義務（民法 869 条，644 条）の内容を明確にし，かつ敷衍したものとして位置付けるのが相当である[50]」としている。

そして，規定の内容について，「単に現行の善管注意義務の解釈を具体化したものにとどまらず，理念的に本人の身上への配慮が事務処理の指導原理であることを明示することによって，成年後見人の身上監護面に関する職務・機能の実効性を十分に高めていくことに資するもの[51]」であり，「成年後見人の行為規範及び事務処理の在り方に関する解釈原理を理念的に明確にし，身上監護に資する成年後見事務の遂行を制度的に担保するために必要かつ有益である[52]」とする。

③　身上監護に関する規定の適用を受ける対象者

身上監護に関する規定の適用を受ける対象者については，「試案の三類型（後見・保佐・補助）においては，すべての類型の成年後見人が一定の範囲の代理権・取消権等及び財産管理権を付与されることになるので，前述の一般規定の

---

49)　前掲 48) 要綱試案 39〜40 頁。
50)　前掲 48) 要綱試案 40 頁。
51)　前掲 48) 要綱試案 40 頁。
52)　前掲 48) 要綱試案 40 頁。

趣旨・性質に照らすと，すべての類型の成年後見人が『本人の身上に配慮すべき義務』を負うものとするとともに，当該義務の範囲が成年後見人の権限の範囲に対応することを明確にするために，各成年後見人は『自己の権限の範囲に応じて』当該義務を負う旨を規定するのが相当である[53]」と考えられる。

④ 「本人の意思の尊重」についての規定の創設

新たに創設された本人の意思尊重義務を規定した理由について，諸外国で「成年後見事務の処理に当たって本人の希望を尊重すべき旨の規定が置かれており，自己決定の尊重の理念を明確にするためには，……成年後見人の善管注意義務（民法869条，644条）の内容を明確にし，かつ，敷衍した規定として，成年後見人の権限の行使に当たっては本人の意見を尊重すべき旨の明文に規定を設けることが必要かつ相当である[54]」からだと説明している。

そして，条文の規定方法として，「この規定は，成年後見人の善管注意義務の内容の具体化・明確化という規定の性質上，前述の『本人の身上に配慮する義務』に関する一般規定と同様の性質を有するものであるので，自己決定権の尊重と本人の保護との調和という制度の理念を明確にするという趣旨からも，両者を合わせて一つの条文として規定するのが適当である[55]」としている。

⑤ 身上監護事項の内容

身上監護に関する一般規定は，「本人の身体に対する強制を伴わず，かつ，契約等の法律行為（事実行為は含まれない。）に関する事項である限り，一身専属的な事項を除き，身上監護に関連するあらゆる事項をその対象として含み得るものである[56]」としている。具体的な事項は，「①医療に関する事項，②住居の確保に関する事項，③施設の入退所，処遇の監視・異議申立て等に関する事項，④介護・生活維持に関する事項，⑤教育・リハビリに関する事項[57]」のすべてがその内容として含まれるという解釈を前提としている。そして，「成年後見人が前記①～⑤等の各項目に関する契約の締結（例：医療契約，住居に関する契約，施設入所契約，介護契約，教育・リハビリに関する契約等），相手方の

---

53) 前掲48)要綱試案40頁。
54) 前掲48)要綱試案40頁。
55) 前掲48)要綱試案40～41頁。
56) 前掲48)要綱試案41頁。
57) 前掲48)要綱試案41頁。

第4章　わが国の成年後見制度と身上監護

履行の監視（例：施設内の処遇の監視等），費用の支払（介護・生活維持のための社会保障給付の利用を含む。），契約の介助（例：住居の賃貸借契約の介助，施設の退所等）等を行う際に『本人の身上に配慮すべき義務』を負い，また，法律行為である限り異議申立て等の公法上の行為を行う際にも当該義務を負うものと解するのが相当である[58]」としている。

また，身上配慮義務の内容には，「個々の法律行為の態様及び本人の身上をめぐる状況に応じて多種多様なものが含まれるものと解されるところであり，例えば，いわゆるアドヴォカシー（advocacy＝本人の身上面に関する利益の主張を補助し，又は本人の身上面に関する利益を代弁すること）等についても，当該規定の解釈として一定の合理的な範囲内（契約等の法律行為に関する権限の行使に伴う注意義務の範囲内）において『本人の身上に配慮する義務』の内容に含まれるものと考えられる[59]」として，法律行為に関する事項である限り，福祉の基本理念をも含む幅広い内容が含まれることが指摘されている。

⑥　身上監護に含まれない事項

身上監護に関する義務に含まれない事項について，次のように指摘している。「成年後見人の身上監護に関する義務の範囲は，成年後見人の法律行為に関する権限の行使に当たっての善管注意義務の具体化という規定の性質上，契約等の法律行為に限られるものであり，現実の介護行為のような事実行為は含まれない。また，成年後見人の権限は，意思表示による契約などの法律行為に関するものに限られるので，身体に対する強制を伴う事項（健康診断の受診の強制・入院の強制，施設への入所の強制，介護の強制，教育・リハビリの強制等）は含まれない。なお，意思表示による法律行為であっても，一身専属的な事項（例：肝臓移植の同意等）は，成年後見人の権限に含まれないものと解される[60]」。

⑦　本人の住居に関する事項——身上監護に関する個別規定の創設

本人の住居の確保に関する事項について，「本来財産管理行為としての性格を有し，当然に成年後見人の権限の及ぶ事項と考えられるが，精神医学的に住居の環境は本人の心神の状況に多大な影響を与えるものとされており，本人の

---

[58]　前掲48）要綱試案41頁。
[59]　前掲48）要綱試案41頁。
[60]　前掲48）要綱試案41～42頁。

身上面に対する悪影響の防止という観点から、本人の住居の処分等に関する成年後見人の権限を法律上制限することの要否が問題となる[61]」として、個別規定の必要性を指摘している。

　そして、個別規定を設ける理由として、「成年後見人は、本人の財産に関する法律行為について代理権を付与されている以上、本来、自己の判断に基づいてその権限を行使することが可能であるが、本人の居住用不動産の処分等の行為に関しては、当該行為が本人の身上面に与える影響の重大さにかんがみると、法律上その権限に一定の規制を加えることが相当であり、その規制の方法としては、……本人の居住用不動産の処分等の行為（売却、賃貸、賃貸借契約の解除、抵当権の設定その他これらに準ずる行為）について家庭裁判所の許可を要件とする方法が適当であると考えられる。これは、居住用不動産の処分等の行為が本人の身上面に与える影響が大きいことにかんがみ、特に身上監護の観点から財産上の代理権を制限したものであ[62]」るとしている。

　そこで、試案では、「成年後見人が本人に代わって本人の居住の用に供する不動産に関する売却、賃貸、賃貸借契約の解除、抵当権の設定その他これらに準ずる行為をするには、家庭裁判所の許可を得なければならない」旨の個別規定を設けることとしている[63]。

⑧　成年後見人等の医療同意権について

　成年後見人等の医療同意権については、次の理由から認めなかった。

　「成年後見の場面における医的侵襲に関する決定・同意という問題は、一般的に意識を失った患者又は未成年者等に対する医的侵襲に関する決定・同意と共通する問題であるところ、それら一般の場面における決定・同意権者、決定・同意の根拠・限界等について社会一般のコンセンサスが得られているとは到底言い難い現在の状況の下で、本人の自己決定及び基本的人権との抵触等の問題についての検討も未解決のまま、今回の民法改正に際して成年後見の場合についてのみ医的侵襲に関する決定権・同意権に関する規定を導入することは、時期尚早といわざるを得ないものと考えられる。この問題は、医療行為について本人の判断能力に問題がある場合における第三者の決定・同意全般に関する

---

61)　前掲48) 要綱試案42頁。
62)　前掲48) 要綱試案42頁。
63)　前掲48) 要綱試案42頁。

第4章　わが国の成年後見制度と身上監護

問題として，医療の倫理等に関する医療専門家等の十分な議論を経た上で，将来の時間をかけた検討に基づいて慎重に立法の要否・適否を判断すべき事柄であり，当面は社会通念のほか，緊急性がある場合には緊急非難・緊急事務管理等の一般法理にゆだねることとせざるを得ないものというべきであろう。また，医療に関する事項に関連する問題として，臓器移植，不妊手術，延命治療及びその中止，尊厳死等の問題についても，同様の理由から，今回の民法改正に際して成年後見の場面についてのみ決定権・同意権に関する規定を導入することは，適当ではないものというべきであろう[64]」。

⑨　成年後見人等の居所指定権について

成年後見人等の居所指定権については，次の理由から認めなかった。

「『居所指定』とは，……重度の精神上の障害を有する者を医療施設に入所させる場合を指すものと解されており，実質的には被後見人を精神病院に入れる場合に関する我が国の民法858条2項の規定に相当するものということができる。試案における被補助人又は被保佐人の施設入所に関しては，本人の同意を要件として施設入所契約の代理権を補助人又は保佐人に付与すれば足り，それ以上に意思能力の残存している本人の意思に反する強制的な施設入所等の権限を補助人又は保佐人に付与することは，本人の自己決定及び基本的人権との抵触の恐れがあり，適当とは考えられない。したがって，わが国の民法において，居所指定権に関する一般的な規定を設けることは，必要ではなく，また，適当ではないものと考えられる[65]」。

「なお，精神病院への医療保護入院に関する同意権については，精神保健及び精神障害者福祉に関する法律上の問題として別途検討すべき事項[66]」として，検討対象から外している。

6　成年後見制度制定と身上監護

前記の報告書，要綱試案の内容をふまえて新たに成年後見制度が創設され，平成12年4月に施行された[67]。

---

[64]　前掲48)要綱試案43頁。
[65]　前掲48)要綱試案43頁。
[66]　前掲48)要綱試案43頁。
[67]　成年後見制度の解説，内容については，小林昭彦・大門匡編著『新成年後見制度の解説』(金融財政事情研究会，2000年)，「特集・新しい成年後見制度」ジュリスト1172

第1節　身上監護の立法過程

(1) 基本理念

　成年後見制度の基本理念は，自己決定権の尊重，残存能力の活用，ノーマライゼーション（障害のある人も家族や地域で通常の生活をすることができるような社会をつくるという理念）と本人の保護との調和を図ることとされている。民法における後見制度の従来からの考え方である，本人の能力を制限することにより保護する考え方から大きく転換した。

(2) 身上監護に関する一般規定と個別規定の創設

　身上監護については，まず一般規定として，民法858条において「成年後見人は，成年被後見人の生活，療養看護及び財産の管理に関する事務を行うに当たっては，成年被後見人の意思を尊重し，かつ，その心身の状態及び生活の状況に配慮しなければならない」と規定された。精神科病院や施設へ入れる際の家庭裁判所の許可に関する規定は，最終的に削除された。この規定は，成年後見人が本人のための身上監護（生活・療養看護）と財産管理に関する事務を行うには，本人の意思を尊重し，本人の身上（心身の状態や生活の状況）に配慮しなければならないことについて，本人の意思を尊重することと，身上に配慮することに対して善管注意義務を負うことを規定している（保佐人につき民法876の5第1項，補助人につき民法876条の10第1項，善管注意義務については，民法869条，644条）。

　また，身上監護に関する個別規定として，民法859条の3において「成年後見人は，成年被後見人に代わって，その居住の用に供する建物又はその敷地について，売却，賃貸，賃貸借の解除又は抵当権の設定その他これらに準ずる処分をするには，家庭裁判所の許可を得なければならない」と規定された。この規定は，本人の居住環境の変化がその心身及び生活に与える影響の重大さを考慮すると，本人の居住用不動産の処分に際しては，本人の心身の状態及び生活の状況に十分配慮した慎重な判断が求められるので，成年後見人に単独で判断させるのではなく，客観的・中立的な立場にある家庭裁判所が関与することを規定したものである（保佐人につき民法876条の5第2項，補助人につき民法876条の10第1項）。

　保佐人・補助人の代理権は審判により対象行為を特定して付与されるので，家庭裁判所は，被保佐人・被補助人の居住用不動産の処分に関する代理権を付

号（2000年）2〜43頁の各論文参照。

与する場合には，居住用不動産の処分についての許可の審判を合わせて行う場合が多いと考えられる。成年後見人等が家庭裁判所の許可を得ないで本人の居住用不動産を処分した場合，その処分行為は無効である。

(3) 身上監護事項の内容

具体的な身上監護事項は，①介護・生活維持に関する事項，②居住の確保に関する事項，③施設の入退所，処遇の監視・異議申立てに関する事項，④医療に関する事項，⑤教育・リハビリに関する事項等のすべてがその内容に含まれる。住居の確保に関する事項については，民法859条の3に個別規定がある。そして，成年後見人は前記①～⑤等の各項目に関する契約の締結（医療契約，住居に関する契約，施設入所契約，介護契約，教育・リハビリに関する契約等），相手方の履行の監視（施設内の処遇の監視等），費用の支払い（介護・生活維持のための社会保障給付の利用を含む），契約の解除（住居の賃貸借契約の介助，施設の対処等）等を行う際に「本人の心情に配慮すべき義務」を負い，また，法律行為である限り異議申し立てなどの公法上の行為を行う際にも当該義務を負う。また，「本人の心情に配慮する義務」の内容は，個々の法律行為の態様及び本人の身上をめぐる状況に応じて多種多様なものが含まれるものと解され，例えば，いわゆるアドヴォカシー（advocacy＝本人の身上面に関する利益の主張を補助し，または本人の身上面に関する利益を代弁すること）等についても，当該規定の解釈として一定の合理的な範囲内（契約等の法律行為に関する権限の行使に伴う注意義務の範囲内）において「本人の身上に配慮する義務」の内容に含まれるものと考えられる[68]。

(4) 身上監護に関する義務の範囲

身上監護に関する一般規定における義務の範囲は，成年後見人の法律行為に関する権限の行使に当たっての善管注意義務の具体化という規定の性質上，契約等の法律行為に限られるものであり，現実の介護行為のような事実行為は含まれない。また，成年後見人の権限は，意思表示による契約等の法律行為に関するものに限られるので，身体に対する強制を伴う事項（健康診断の受診の強制・入院の強制，施設への入所の強制，介護の強制，教育・リハビリの強制等）は含まれない。なお，意思表示による法律行為であっても，一身専属的な事項

---

[68] 小林＝大門前掲書67)『新成年後見制度の解説』143～144頁。

（肝臓移植の同意など）は，成年後見人の権限に含まれないものと解される[69]。

(5) 身上監護に関する事務の具体的な内容

身上監護に関する事務の具体的な内容は，介護契約，施設入所契約，医療契約，社会保障給付の申請などのあらゆる法律行為とそれに伴う事実行為である。これらの法律行為は準委任契約であり，財産管理に類似するものと考えることも出来る。立法担当者は，この法律行為に伴う事実行為として介護，看護の手配や見守りが考えられ，これを超える実際の介護行為や看護行為は含まれないとしている[70]。

(6) 身上監護に含まれない事項

身上監護に関する事項に手術，入院，健康診断受診の強制，施設入所の強制は含まれない。また，本人の意思表示に基づく法律行為であっても臓器移植，不妊手術，延命治療とその中止，尊厳死の同意などの事項は含まれないと解されている。成年被後見人などに対する医療行為の同意権については，立法担当者は，現状では社会一般のコンセンサスが得られていないので時期尚早として規定をおかず，当面社会通念のほか，緊急避難（刑法37条），緊急事務管理（民法698条）などの一般法理に委ねることとする，としている[71]。

また，居所指定権も，身上監護に関する事項に含まれない。被補助人または被保佐人の施設入所に関しては，本人の同意を要件として施設入所契約の代理権を補助人または保佐人に付与すれば足りるとしている。

(7) 任意後見制度における身上監護

任意後見契約法6条では，成年後見人等の身上配慮義務に関する民法858条及び876条の5第1項の規定にならって，「本人の意思を尊重し，かつ，その心身の状態及び生活の状況に配慮しなければならない」旨規定されている。任意後見人の事務は，本人から委託を受けた事務の範囲にとどまる。任意後見人の事務は，任意後見法2条1号において代理権付与の対象とされた法律行為としての委任事務（これに伴う事実行為を含む）に限定され，単独の事実行為は含まれない。したがって，代理権付与の対象となる法律行為は身上監護に関す

---

[69] 小林＝大門前掲書67)『新成年後見制度の解説』144頁。
[70] 小林＝大門前掲書67)『新成年後見制度の解説』144頁。
[71] 小林＝大門前掲書67)『新成年後見制度の解説』144頁。

第4章　わが国の成年後見制度と身上監護

る法律行為（介護契約，施設入所契約，医療契約等）や要介護認定の申請などである。また，任意後見契約は，委任契約の一類型であるので，任意後見人は受任者としての善管注意義務（644条）を負う[72]。

7　精神保健福祉法との関係

精神保健福祉法上の保護者は「その後見人，配偶者，親権を行うもの及び扶養義務者」がなるとし，これらがないときまたはこれらがその義務を負うことができないときは，市町村長がなることになっていた。保護者には，具体的に①治療を受けさせる義務，②自傷他害を防止する義務，③財産上の利益を保護する義務，④診断が正しく行われるよう医師に協力する義務，⑤医療を受けさせるにあたって，医師の指示に従う義務，⑥措置解除に当たって退院，仮退院時に引き取る義務などが課せられていた（精神保健福祉法22条）。これらの規定は，患者家族側からの発想ではなく，医療の側からの発想である[73]。

医療保護入院制度（治療の必要がある場合に，本人の意向にかかわらず入院させる制度）は，入院，退院に保護者や家族の同意を要する。精神症状により，本人が拒否しても周囲や家族の診断依頼が行われて，医師が必要と認めた場合，保護者の同意により入院させることができるが，保護者の同意を要件としていることで，周囲のために運用される可能性があり，必ずしも本人保護にならないという問題がある[74]。また，入院が必要なのに保護者が同意しないため治療が遅れる，保護者の同意がないと退院できないので入院が長期化する，など本人の権利擁護の観点からも問題がある。

精神保健福祉法においては，精神障害者に保護者が付される場合，その保護者の第一順位は後見人と規定されている（20条）。成年後見制度においては，後見人，保佐人，補助人の制度が創設されたが，これらの三類型すべてが精神

---

[72] 小林＝大門前掲書67）『新成年後見制度の解説』249～250頁。
[73] 古川孝順編『社会福祉供給システムのパラダイム転換』（誠信書房，1992年）39頁。
[74] 古川前掲書73）40頁，なお，精神保健福祉法における保護者の同意の問題については廣瀬美佳「医療における代諾の観点から見た成年後見制度に関する覚書」小林一俊・小林秀文・村田彰編『高齢社会における法的諸問題——須永醇先生傘寿記念論文集——』（酒井書店，2010年）253～271頁，同「平成25年法律第47号による精神保健福祉法改正と成年後見制度——医療における代諾の観点から——」五十嵐敬喜・近江幸治・楜澤能生編『民事法学の歴史と未来——田山輝明先生古稀記念論文集』（成文堂，2014年）513～530頁参照。

保健福祉法上の保護者に含まれるのか，複数後見人が同時についた場合，その中の一人が保護者になるのか，全員がなるのか，法人後見人の場合どのように対応するのか，などの問題が残る。また，保護者の権限，義務についても，医療保護入院の場合の保護者の同意権が，法人後見，保佐人，補助人にも認められるのか，引取義務及び自傷他害防止義務を負うことになるのか，などの問題点が指摘されていた[75)]。

これらの問題については，平成11年の精神保健福祉法改正により，保護者について次のように改正された。
① 22条に規定する保護の対象から任意入院及び通所患者を除外し，自らの意思で医療を受けている者については，保護者の保護の対象としないことにした。
② 22条に既定する保護者の義務のうち自傷他害防止監督義務を削除し，症状が悪化した精神障害者について医療保護入院の同意を行うなどにより適切に治療を「受けさせる義務」が課せられるにとどまることとした。
③ 保護者になることが出来る範囲に民法における成年後見制度の保佐人を加えることとした。

これで，保護者の負担はやや軽減されたが，依然として「措置入院患者が退院するときは，保護者は，退院する者を引き取らなければならない」（41条）という規定があり，保護者が引き取り，医療をきちんと受けさせる責任を取らなければならない。入院生活が長くなると，保護者が家族の場合親が死亡していたり，高齢のため子供の面倒まで見ることが困難な場合など，引き取ることができなくなっている場合が多い。このため，精神障害者に親亡き後の問題が生ずることがある。

精神保健福祉法上の問題は，その問題となる規定を一部削除することにより解決を図ろうとした。そして，旧法858条2項は，最終的には削除された。これに伴い，同条項の特則的な適用について定める平成11年改正前の精神保健福祉法35条の規定も削除された。

成年後見制度制定後も，保護者制度については精神保健福祉法との整合性が取れていない（保護者になるのは後見人と保佐人のみで，補助人や任意後見人，法人後見人については規定がないこと，成年後見制度は複数の後見人が認められるが，

---

75) 星野茂「成年後見法と精神保健福祉法について」判例タイムズ972号（1998年）56～58頁。

第4章　わが国の成年後見制度と身上監護

保護者は一人しかなれないこと等）問題があった。最終的には，2013年の精神保健福祉法の改正より，2014年4月1日から保護者制度は廃止され，保護者に関する規定は削除された。なお，精神障害者本人の権利を守るため，保護者の規定のうち，退院等の請求権は存置している。しかし，医療保護入院の同意権は成年後見人，保佐人に残っている（精神保健法33条2項）。

第2節　学説の検討

　旧法における療養看護に関する議論では，その法的性質や具体的な内容についてはほとんど議論されなかった。旧法の立法過程においても，議論の課題にはしていなかった。成年後見制度における身上監護に関する議論をめぐって本格的に議論され始めたとみてよいだろう。しかし，家族法の性格に関する学説や，関連する制度において間接的に議論されることはあった。そこで，まず身上監護に関する学説を検討する前に，その背景となる学説や議論を整理する。それから，現行法における身上監護に関する学説や議論について検討する。

1　扶養義務との関係

　身上監護と扶養はその目的や内容は異なる。しかし，成年後見制度制定前には療養看護と扶養との関係について議論されることがあった。そこで，療養看護と扶養の関係について議論されたことを整理する。

(1)　私的扶養と公的扶養

　扶養には大きく分けて私的扶養と公的扶養がある。親族間の扶養，地域社会における相互扶助，民間の福祉事業，企業福祉などによる生活の保障が私的扶養である。政府やその関係機関，団体などによる生活の保障が公的扶養といえる。公的扶養は主に社会保障によって行われている。

　広義の扶養には，経済的扶養の他に，精神的扶養と身体的扶養が含まれる。経済的扶養の対象となるものは，生活費の負担であるが，当然に衣食住の費用のほかに，医療，教育などのすべての費用が含まれる。これらは親族による私的扶養に関わるが，社会保障では，介護保険の介護給付，医療保険の医療給付や年金の年金給付などが考えられる。精神的扶養とは，肉親の愛情に基づく思いやりなどの情緒的援助のことであり，身体的扶養とは身の回りの世話や面倒

見のことであり，これはサービス扶養など様々な名で呼ばれている。

　私的扶養のうち親族扶養を除くその他の扶養と公的扶養とを合わせて社会的扶養と呼ぶこともできるだろう。民法上の扶養義務者は親族に限られるが，扶養義務者の範囲では十分な生活保障が得られていない場合があり，何らかの社会的扶養で補われているのが実情と考えてよいであろう[76]。

　未成年後見の場合，親権者がいない場合に後見が発生するため（民法838条），親権との相違は扶養義務の有無であるとされるが，禁治産後見の場合，扶養義務者が後見人になることが十分にあり得るので，扶養義務者が後見人になる場合，療養看護義務と扶養義務を負うことになる。禁治産後見における療養看護義務は，親族共同体意識の中で事実上扶養義務と混同されてしまったところがある[77]。

　広い意味で要扶養状態に置かれている人々に対する援護機能を（親族間の）私的資源と公的・社会的資源との間でどのように配分するのか，親族扶養と社会福祉（事業）との機能的役割をどのようにあてがうかの議論に発展するが，禁治産者の療養看護義務についても同様のことが言える。のちの成年後見制度における身上配慮義務の法的性格や具体的な内容を検討するときも，扶養義務や社会保障との関係について議論された。

(2) 扶養義務の内容

　現行家族法は，明治民法における家制度を排除するとともに，憲法に規定された個人の尊厳と，平等や基本的人権の尊重などの人権に関する規定との調和を目指して規定された。扶養制度が社会保障などとの関係で議論されるのは，直ちに人権や生存権に触れる問題だからである。また，現行家族法は非常に柔軟性をもつといわれるが，これは家庭裁判所における調停や審判による解決を想定しているからである。現行家族法は，臨時法制審議会の民法改正要綱よりもその適用範囲を拡大し，さらに，戦時中の人事調停法の実績を前提として，

---

[76] 堀勝洋「社会保障と扶養」ジュリスト1059号（1995年）177頁。

[77] この指摘については，佐藤敏一「身上監護に関する後見事務の監督について──実務を通じての若干の考察──」最高裁判所事務総局家庭局『家庭裁判所の諸問題』（1969年）148～149頁。未成年後見に関する議論だが，身上監護に関する数少ない文献である。また，明山和夫「社会保障と親族扶養──将来のヴィジョンと政策──」都市問題研究15巻2号（1963年）では，親族扶養について身上監護の用語を用いている。この頃からすでに扶養や身上監護の概念は，あまり区別されていなかったようである。

第4章　わが国の成年後見制度と身上監護

当事者の協議と調停を先行させることとした。この条項の適用は，婚姻の際の夫婦の氏の決定，離婚の際の親権者・監護者，監護について必要な事項・財産分与の決定，扶養の順位・程度・方法の決定，寄与分・遺産分割の決定など，家族法上の各種の重要事項にわたる。これらは，原則としてまず当事者の協議に委ねられ，協議が整わないか，協議ができない場合に家庭裁判所の調停にまわされ，調停が不調に終われば家庭裁判所の審判により対応される[78]。

　民法879条では，「扶養の程度又は方法について，当事者間に協議が整わないとき，又は協議をすることができないときは，扶養権利者の需要，扶養義務者の資力その他の一切の事情を考慮して，家庭裁判所がこれを定める」と規定されている。これは，扶養義務においても，家庭裁判所における解決を想定していることを示す規定である[79]。しかし，旧民法における禁治産者の療養看護義務についても，扶養義務者が行う場合，扶養義務との関係は最終的にこの規定によるものと解されていた。つまり，法定の扶養義務者でも，協議，審判までは扶養義務の有無やその内容は法律上不確定なままということになる。戦前の明治民法の段階で（明治民法957条），この規定に一定の解釈基準を与えるための新たな議論が，「生活保持義務」と「生活扶助義務」からなる扶養義務二分説[80]である。

　生活保持義務は，夫婦と親の未成熟子に対する扶養義務がそれに該当し，扶養の程度は自己の生活程度と同様で，生活の全面的保持でなければならない，とする。生活扶助義務は，自己の地位相応な生活を犠牲にすることなしに給与し得る生活費だけでよい，とする。この二分説は，戦後批判する説があった。しかし，現在でも通説，判例として定着している。なお，老親扶養については，成熟子と親との間に必ずしも共同生活関係が存在しないことから，生活扶助義務であると解されており，判例もこの考え方を採用している。

　扶養に関する規定は，高齢社会を反映して老親扶養の問題について検討されるようになり，これに関連して，高齢者福祉・介護・相続と扶養義務との規範的関係に関する議論がされるとともに，成年後見制度の導入に向けての取り組

---

[78]　利谷信義「家族間の変遷と家族法」法律時報65巻12号（1993年）38頁参照。
[79]　上野雅和「扶養義務」星野英一編『民法講座第7巻親族・相続』（有斐閣，1984年）289頁，305～306頁，318～322頁参照。
[80]　中川善之助「親族的扶養義務の本質(1)――改正案への一批評――」法学新報38巻6号2頁（1928年），同「親族的扶養義務の本質(2・完)」法学新報38巻7号（1928年）76頁。

みへと発展した。

(3) 高齢者扶養の法的性格

民法上扶養とは経済的な生活の扶助を意味する。幼弱・老齢・精神障害・失業など自然または社会的要因による生活困窮者の経済的生活に対する外的扶助のことである[81]。

扶養問題は，それぞれの時代背景で固有の方法で解決されてきた。家庭的統制の強かった時代には，家長の責任において家族員の生活を保証する家族責任が中心となっていた。明治民法上は戸主に家産を独占させるとともに家族員を扶養する義務を負わせた。この国家とその法によって創られた「望ましい家族関係」は，家父長とこれに従属する家族構成員という関係を作り出し，家父長＝老親の地位は絶対的で，法の面でもモラルの面でもその法的な強制と社会的統制の下で私的扶養のルールの確立によりその地位はきわめて安定していた。したがって老親扶養は，貧しい家族社会であろうと家族ベースの安定した扶養機能，介助機能のサービス供給源に支えられ，今日のような老親扶養の問題の顕在化はあまり見られなかった[82]。

しかしこのような家父長的家族制度が崩壊し，親子・夫婦・兄弟姉妹という人間の基本的な関係が表面化すると，要扶養者への扶養責任はそれぞれの関係の当事者ということになる。高齢者扶養も法規定の下で家族構成員の自主的・自発的な意思によるその権利・義務行使，その家族（親族）の自主，自治に生活維持を委ねることになった。それと同時にこのような関係者のいない者の扶養は国家又は公共団体が引き受ける方向へと発展する[83]。前者が私的扶養義務の問題であり後者が社会保障制度である。近代の福祉国家は財産を有する者や労働力のあるもの者は自己保障を原則とし，財産もなく労働能力のない者のみ国が公的扶助を引き受ける（憲法 25 条・27～29 条）。しかし，私有財産制度を認める国家組織では国民の生活を保障する国家の資力にもおのずと限界があるので，一定の親族関係にある者が扶養しなければならないとしている。すべての国民に最低生活を保障することを目的とする生活保護法 4 条 2 項でも，民法

---

[81] 田中実『親族法論』（成文堂，1979 年）199 頁。
[82] 佐藤進「高齢化社会と高齢者福祉をめぐる法的諸問題」自由と正義 45 巻 10 号（1994 年）8 頁。
[83] 我妻栄・有泉亨『民法三（親族法・相続法）』（第三版）（一粒社，1978 年）213 頁以下。

の扶養義務がありその資力がある場合には公的保護を与えないことを定めている[84]。しかし，このような各人の自己保障と私的扶養と社会保障との関係がうまくかみ合わず様々な問題が生じているのである。

扶養義務には，生活保持義務と生活扶助義務があると考えられているが，生活保持義務とは子または配偶者の生活を自己の生活の一部として保持する義務のことで，扶養の程度は自己の生活程度に等しく生活の全面保持でなければならない[85]。生活扶助義務とは，少なくとも一応各人の個別的生活を前提とする意味において被扶養者の最低限度の文化的生活の維持を目的とするもので，相手方の生活を維持するため自己の地位相応の生活を犠牲にすることなしに給付し得る生活必要費だけでよい[86]。高齢者の扶養義務について通説は，親と成人の子との間の扶養（民法877条1項）は，いわゆる経済的な「生活扶助」であって，扶養を受けるべき者が扶養必要状態にあり扶養すべき者が扶養可能状態にある場合でなければ扶養義務は発生しないとされる[87]。成熟子の親に対する扶養は，法的に生活共同ないし同居を義務付けられない関係の扶養に当たるので生活扶助義務と考えられる。私的扶養の限界の問題や公的扶養における私的扶養の優先の原則と照し合わせるとこの結論は妥当である。しかし扶養必要状態は扶養すべき者の扶養の余力，当事者の身分関係，社会的地位などの一切の事情との関係で相対的・弾力的に判断されてもよいのではないかと考えられる。この点では高齢者扶養は生活保持義務に近いと考えられる[88]。

2 財産法と家族法の関係

後見制度は，成年後見，未成年後見制度と共通して，能力については民法総則に，具体的な職務内容については親族法に規定がある。そのため，財産法と家族法の関係をめぐる議論において，その検討すべき題材として取り上げられ

---

84) 我妻・有泉・前掲83) 215頁。
85) 中川・前掲17) 597頁。
86) 中川・前掲17) 597頁。
87) 中川・前掲17) 600頁以下。
88) 上野雅和「最近の老親扶養の裁判例と法的問題——老親の面倒見をめぐって」法律のひろば39巻12号（1986年）49頁以下，同「家族（親族）の扶養義務——高齢者をとりまく家族」自由と正義45巻10号（1994年）52頁。老親扶養に関する近時の議論については，野沢紀雅「高齢者に対する扶養義務——老親扶養を中心として」法律時報85巻7号（2013年）20〜25頁参照。

第 2 節　学説の検討

ることがあった。家族法における総論的な課題であるが，身上監護について議論する際に一定の示唆を得ることができると考えられる。従来の財産法と家族法に関する議論は，大きく分けて，①財産法と家族法を対立概念ととらえ，家族法の独自性を強調する学説[89]と，②家族法を財産法とを同一の法原理ととらえる学説[90]と，③家族法を私的保護法ととらえる学説[91]がある。

①～③の学説は，家族法のとらえ方に関する学説で，今日でも定説はないが，財産法と家族法の間には質的差異があるとの見解が指摘されており，両者の違いを認める見解が有力と考えてよいだろう。このテーマにおいて，後見制度との関係で直接議論したものがある。学説は，禁治産後見について財産法ととらえるものと，家族法ととらえる見解がある。

禁治産後見について財産法ととらえる見解は，後見人は禁治産者を本人とする事務管理を行うものと解するものである。その根拠として，身分行為については，後見人は被後見人（禁治産者）に対して代理権を有していないことをあげている。そして，禁治産者は，親子，夫婦などの身分と結びつかなければならない概念ではなく，非親族身分であると考えられることから，身分法規範を

---

[89]　中川善之助『日本親族法論』（日本評論社，1942 年）3 頁以下，来栖三郎「民法における財産法と身分法(1)～(3)」法学協会雑誌 60 巻 11 号（1942 年）1～13 頁，61 巻 2 号（1943 年）40～58 頁，61 巻 3 号（1943 年）1～44 頁，なお，この来栖論文については，加藤雅信編集代表『民法学説百年史』（三省堂，1999 年）648 頁以下（河内宏執筆部分）を参照した。

[90]　川島武宜『民法講義 1 巻序説』（岩波書店，1951 年）12 頁以下，なお，青山道夫＝有地亨編『新版注釈民法(21)』（有斐閣，1989 年）48 頁以下（沼正也執筆部分）を参照した。渡辺洋三「現代家族法研究序説——家族法と財産法の関係を中心に——」黒木三郎編『山中康雄教授還暦記念論文集　近代法と現代法』（法律文化社，1973 年）276～299 頁参照。

[91]　沼正也『親族法の総論的課題』（三和書房，沼正也著作集第 1 巻，1955 年）86 頁以下，241 頁以下。なお，沼正也博士の著書は二十数巻に及ぶ膨大なもので，その随所で財産法と家族法について検討されている。他に参照した著書に，『財産法の原理と親族法の原理』（同著作集第 2 巻，三和書房，1980 年），『親族法の基本構造』（同著作集第 3 巻，三和書房，1984 年），『民法における最善性と次善性』（同著作集第 4 巻，三和書房，1963 年），『民法におけるテーマとモチーフ』（同著作集第 7 巻，三和書房，1970 年），この沼説から成年後見制度を検討したものに，舘幸嗣「成年後見制度の制定とその課題——親族法の視点から」中央学院社会システム研究 2 巻 2 号（2002 年）177～194 頁。沼説に対しては，利谷信義「現代家族法理論の一考察——いわゆる「私的保護法の理論」を中心として——」渡辺洋三・利谷信義編『現代日本の法思想』（日本評論社，1972 年）97～111 頁参照。

第4章　わが国の成年後見制度と身上監護

なすものではなく、禁治産の概念が財産法上の行為能力に関するものと考えれば、財産法上の制度といって差し支えないものと考える。禁治産者の事務の管理の性質は、委任や不在者の財産管理と異ならないものと解する説である[92]。

これに対して、親族法ととらえる学説は、財産法では対応しきれない被後見人の保護については親族法に規定するべきであり、このことが、まさに「私的保護法」として親族法における規定の存在意義であると考えられる、という説である[93]。もっとも、このような私的な保護は、社会保障法においても行われる。この点において、私的保護法としての親族法は、公的保護との接点になっていることを指摘する。

これらの議論から、従来の後見制度、特に禁治産後見制度は、家族法にも規定がありながら、財産法に非常に近い法的性質を持ち合わせていることが分かる。財産法と家族法の一般議論に照らし合わせると、後見制度が家族法に規定があることに対して、一定の存在意義を認めたうえで、その法的性質を検討する必要があると考えられる。

成年後見制度が制定されてから、民法における法体系において、財産法に重点がおかれたが、「人の法」としてそれにとどまらないことが指摘された[94]。現行法においても、財産法か家族法かどちらかではなく、両方の法的性格を備え持つ制度ととらえるべきであろう。

また、近時では、財産法・家族法二分論そのものへの懐疑から、家族法の独自性や特殊性を過度に強調することにより家族法を財産法から差別化する手法を否定したうえで、家族法の問題を個人、社会、国家との関係でとらえる議論がされる[95]。例えば、個人の自律・自己決定権の尊重には限界がないのか、あるとすればどこに根拠があるのか、個人の自律や自己決定権の尊重に対して社会や国家はどのように関わるのかなどが問題になる[96]。成年後見制度や成年後

---

92) 山中康雄「身分法の構造と性格——特に財産法大系との関連を問題にして——⑷」法律時報15巻5号（1943年）62～66頁。
93) 沼正也『親族法の総論的構造』86頁、90頁、18～19頁、193頁、同『財産法の原理と家族法の原理』98頁など。
94) 広中俊雄「成年後見制度の改革と民法の体系（上）——旧民法人事編＝「人の法」の解体から一世紀を経て」ジュリスト1184号94～101頁（2000年）、同（下）1185号93～102頁（2000年）。
95) 潮見佳男「家族法と財産法」法学セミナー689号（2012年）22～25頁では、近時の学説の状況を総合的に整理している。
96) 潮見・前掲95) 25頁参照。

見人と成年被後見人等の関係についても，このように財産法と家族法の枠に必要以上に捉われず，個人や家族，社会，国家の役割が，民法や関連諸法の中でどのように関わるのかを考慮しながら検討を進めるべきであろう。

3　身上監護事項をめぐる学説

　身上監護をめぐる議論においては，「身上監護」の定義について共通の理解がなく，それぞれの論者によってその内容が異なる。学説は，まず身上監護が成年後見制度の職務範囲に含まれるのか，その具体的な内容は何か，に対して意見が分かれた。大きく分けて，職務範囲に含む説と含めない説がある。さらに身上監護を重視する程度の違いで身上監護事項についてもさらにいくつかの学説に分かれる。以下，成年後見制度制定前と制定後に分けて，議論されたことを整理，検討する。

(1)　成年後見制度制定前の学説

　身上監護を職務内容に含めるか，身上監護事項が何かについて議論があった。
　①　身上監護を財産管理に含める説[97]：この説は，身上監護の職務範囲は財産管理の職務範囲に集約できるため身上監護について特別の配慮は必要ないとする説である。理由は，民法上扶養義務の中に介護行為が含まれないと解されているのに，この介護労働を身上監護の職務範囲として後見人に介護義務を負わせるのはおかしいことをあげている。そして，身上監護を考慮する様々な行為も必ず財産管理と関連があり，最終的には財産管理に集約されるので，特別に身上監護を成年後見の職務範囲に含める必要はないとする。
　②　決定権限説[98]：身上監護の具体的な職務は日常生活事項に対する決定権限であると解する説である。事実行為は含まれないとする。理由は，身上監護とは，健康，生命の維持，その他一身上の世話に関する決定権限と考えれば，介護行為などの事実行為を含まずに独自の身上監護の領域が認められ，財産管理を伴う様々な行為についても身上監護が関連することが認められるからである。
　③　身上監護の内容に事実行為が含まれるとする説[99]：成年後見制度の基本

---

[97]　道垣内弘人「成年後見制度試案（二）」ジュリスト1075号（1995年）93頁。
[98]　米倉明『高齢社会における財産管理制度──成年後見制度の確立をめざして──』＜講演＞トラスト60（1995年）27頁。
[99]　新井誠『高齢社会の成年後見法』（有斐閣，1994年）146頁以下，小賀野晶一『成

第4章　わが国の成年後見制度と身上監護

理念である自己決定権の尊重やノーマライゼーションの思想を実現するためには身上監護は必要不可欠なものであると考え，これらの実現のためには事実行為も含まれると考える説である。身上監護には財産管理と関連する事項と身上監護独自の事項があると考え，財産管理と関連のない身上監護には事実行為が含まれると考える説である。

　①の学説は，身上監護の内容をほぼ介護ととらえたようである。もし，身上監護の内容について，介護以外の内容を検討する場合，身上監護が職務内容に含まれると考える余地がある。これらの学説の違いは理念的な対立であり，結論には差がない，と考えられている。つまり，財産管理を優先するか，身上監護を優先するかの違いであり，特に，身上監護をアレンジする義務と捉える見解と，身上監護義務に反対する見解との差はほとんどない，とする。理由は，後者の見解における身上監護義務が，後見人が財産行為を行う際の善管注意義務の内容として行われることになるからである，とする。さらに，被後見人の住居に関わる問題については，成年後見人が行為するに当たって家庭裁判所の許可を必要とすべきことや，身上監護義務や善管注意義務が保佐人などにも課されることには学説上異論はない，とする[100]。また，②，③の学説からも，財産管理と身上監護を対立概念としてとらえるのではなく，両者が必要不可欠なものとして，協調していくものである，と指摘されている[101]。

　このように，財産管理を重視するか，身上監護を重視するかで，その表現に差はあるものの，①〜③のすべての学説で，身上監護に介護が含まれない，という点では一致している。身上監護に介護を含むものと解釈した場合，介護自体は義務として強制することになじまないので否定することになる。介護保険制度で利用できる身体介護や介助は，介護行為などの事実行為と考えられ，身上監護の具体的な内容には含まれない。必要ならば，介護保険制度を利用すればいいので，むしろ，介護保険制度を利用するための手続きの援助が身上監護の内容と考えられる。しかし，精神的，情緒的な安定を支える援助は，身上監護の職務範囲と考えられる。必ずしも介護を行いながら援助が行われるとも限らず，成年後見人も積極的に行うべきことだからである。また，在宅か施設か

　　　　年身上監護制度論』（信山社，2000年）60頁以下。
　100）　道垣内弘人「『身上監護』，『本人の意思の尊重』について」ジュリスト1141号
　　　　（1998年）33〜37頁参照。
　101）　小賀野・前掲99）51頁参照。

にかかわらず，高齢者，障害者が不安を感じることなく自分のペースで生活できる環境を作り出すことが非常に重要である。そしてその不安を取り除くために精神的なフォローが必要である。扶養義務や介護に関する民法の議論の中で，精神的，情緒的安定を図るための援助については十分に議論されてこなかった。高齢者，障害者自身の持っている力を最大限に引き出す（エンパワーメント）ためには，このような援助が不可欠である。成年後見制度の基本原理である自己決定権の尊重，残存能力の活用，ノーマライゼーションの実現のためには必要な援助であり，身上監護に含まれると考える。

(2) **成年後見制度制定後の学説**
① **身上監護事項について**

成年後見制度が制定されたことにより，身上監護事項が「本人の生活，療養看護及び財産の管理に関する事務」であり，この身上監護事項に対して，「本人の意思尊重義務」と「身上配慮義務」を負うことが明らかになった（民法858条）。これをふまえて，身上監護事項について，上記①〜③の学説は次のように整理された。

民法858条において，成年後見人のなすべき事務が，成年被後見人の「生活，療養看護及び財産の管理に関する」ことと規定した上で，これを行う行動基準として，「本人の意思尊重」と「身上配慮」を行う義務が定められている。この成年後見人のなすべき事務について，事実行為が含まれるのかについては，介護以外の事実行為が含まれるとする説が出された。つまり，「（立法担当者が）法律行為を強調する説明は，成年後見の立法過程において，被保護者の身辺の具体的な世話ないし介護という事実行為までも義務付けるかのような主張があったことから，そのような意見に対する牽制として持ち出されている[102]」ものであり，「成年後見人が被後見人の生活と療養看護に関する事務を行うことは，（民法858条の）規定の前提として維持されているので，後見人の任務として，法律行為でない事務も含み得る[103]」という解釈の余地が残されている，と指摘している。

身上監護事項に事実行為を含む学説も，次のように議論を展開した。まず，

---

102) 床谷文雄「成年後見における身上配慮義務」民商法雑誌122巻4・5号（2000年）544頁。
103) 102)と同じ。

第4章　わが国の成年後見制度と身上監護

身上監護事項につき,「財産行為関与型身上監護事項」と「財産行為不関与型身上監護事項」という概念を構成し,「財産行為不関与型身上監護事項」については,「自己決定を十分に受け止め，必要とあれば事実行為を含むしかるべき処置を取るべき義務を負うものと解する[104]」としていた。しかし，その後「通常は事実行為を行う義務を負うものではないけれども，必要とあれば保護者に課されている善管注意義務の範囲内において事実行為を含むしかるべき処置を取るべき義務を負うものと解する[105]」とした。さらに，成年後見制度施行後に，民法858条の身上配慮義務の内容として，現実の介護行為は含まれないこと，法律行為を行うことと，その法律行為の履行行為としての事実行為の遂行とが成年後見人とその法律行為の相手方との職務分担である[106]，とした。

　身上監護事項について，介護の事実行為が含まれないことは，学説上異論はない。また，身上監護事項に介護以外の事実行為が含まれる[107]と考えることも可能であろう。

　その他の学説も次のように整理された。
　i ）　事実行為限定説[108]：後見の事務は法律行為を指すものであるので,「生活，療養看護に関する事務」の内容が法律行為に限定され，単独の事実行為は含まれない。事実行為は，法律行為の一部を構成している限りでのみ認められ，単独の事実行為は認められない。介護等の事実行為は身上監護に含まれない[109]。法律行為の一部を構成する事実行為とは，例えば，契約締結前の情報収集，契約締結のために必要な事実行為，契約締結後の履行の監視，適切な変更が含まれるとする[110]。これが現在の通説である。
　ii ）　決定権限＋手配説[111]：さきの決定権限説を発展させた説で，身上監護

---

[104]　新井・前掲99）149頁。
[105]　新井・前掲99）〔改訂版〕（1999年）167頁。
[106]　新井誠「法人後見・任意後見業務の実践と課題」ジュリスト1193号（2001年）70頁。
[107]　小賀野・前掲99）63〜64頁参照。ただここで指摘する法律行為ではない事務の内容は，身上監護のために必要な事務を決定する決定権限のことである。
[108]　道垣内弘人「成年後見人の権限──身上監護について」判例タイムズ1100号（2002年）238〜239頁。
[109]　水野紀子「後見人の身上配慮義務」判例タイムズ1030号（2000年）97〜109頁。
[110]　道垣内・前掲108）238〜239頁参照。
[111]　小賀野晶一「成年身上監護論の要点」小林一俊・小林秀文・村田彰編『高齢社会

第 2 節　学説の検討

とは，生活または療養看護に関する法律行為についての決定権限をいい，決定事項を遂行するために一定の手配が必要であるから，決定権限に手配が加わるとする説である。例えば，成年後見人は介護，看護，医療など具体的な援助に結びつけるための決定を行い，一定の手配をすることである，とする。現在の有力説である。具体的に次の 3 つの態様をあげている[112]。

(a) 社会福祉系事務の決定と手配（福祉サービス契約，ケアプランの確認等）を経て，介護保険の諸サービス等の社会福祉サービスを受ける。
(b) 医療系事務の決定と手配（医療契約，医療保護入院の同意など）を経て診察，治療などの医療行為，看護行為のサービスを受ける。医療同意に対する関与は否定的に運用されている。
(c) 生活系事務の決定と手配（衣・食・住に関する契約，保険等への加入，税務申告）を経て，日常生活の見守り，その他の生活系事務の援助を受ける。

現行法の運用は，この「決定権限＋手配説」の内容にほぼ則していると考えられる。

② 医療同意権について

成年後見制度施行後に議論が積極的に展開された事項である。現行法では，医療契約と医療同意を区別して，成年後見人等には，医療契約を締結する権限は認めるが，医療行為に対する同意・代諾・代行については認めておらず，制度の限界でもある。しかし，学説は，成年後見人等に医療同意の権限を認めることに賛成する説が多い。

一定の条件のもとで認める説は「健康維持のための定期的な健康診断や日常的な生活の中で通常生じ得る疾病・けが（風邪・骨折・歯痛など）については，それが客観的に必要と思われる限り，本人の意思に反する場合であっても（医者嫌い，検査嫌い），成年後見人の判断で受診させ，通院・入院治療・リハビリ

における法的諸問題──須永醇先生傘寿記念論文集──』（酒井書店，2010 年）49 頁，同『民法と成年後見法──人間の尊厳を求めて──』（成文堂，2012 年）では，身上監護事項，本人の意思尊重義務，身上配慮義務について，詳細な検討がされている。
[112] 小賀野・前掲 111）9〜50 頁参照。山本陽一「成年後見人の職務についての若干の考慮」判例タイムズ 1359 号（2012 年）37〜52 頁では，実務的な問題から成年後見人の職務における裁量権の具体的な内容を総合的に検討している。

を継続することができる[113]。」とする。また，医的侵襲行為には，身体への影響が軽微なものから重大なものまで各種存在するので，一切同意権の付与を認めないのは相当ではなく，程度により同意権を認める見解がある。医的侵襲行為には，①症状の解明に必要な最小限の医的侵襲行為（触診，レントゲン検査，血液検査など），②当該医療契約から当然予想される軽微な身体的侵襲行為（解熱のための注射，一般的な投薬，骨折の治療，傷の縫合など），③侵襲の程度が高度の医的侵襲行為（重度の外科手術，身体組織の一部の切除）などがあり，③は同意権の対象外だが，①②は医療契約の締結と基本的には一緒になっているので，同意権を認めてもよいとする[114]。

入院契約の締結と医的侵襲行為を区別して認める説は，医師・病院と治療契約・入院契約を締結する前に治療・手術を受けるか否かの決定があり，これは身上に関する意思決定に相当するので，後見に付されていても，本人が判断できるのであれば，本人が決定すべきものである，とする。そして，成年後見人には，身上監護事項に関する事務を行う義務があるので，治療・手術の意味について本人に判断能力がない場合には，成年後見人は，義務に対応して，手術などについての意思決定もできると考えるべきであろう[115]，とする。

このように，学説は，少なくとも身体への影響が軽微なものについては，同意権を認める説がある。問題は，身体への影響が重大な医療行為に対する同意を認めるかである。生命に直接関わる事項に対する同意であるが，学説は，立法による解決を求めるもの[116]と，特別な保護機関により医療行為についての同意・代行・代諾を行うとする説[117]がある。この成年被後見人の手術・治療行為その他の医的侵襲並びに臓器移植，不妊手術，延命治療及びその中止，尊厳死などの問題こそが，立法段階で，社会一般のコンセンサスが得られていない，といわれる事項である。成年後見の実務においても問題になっている事項で[118]，認める方向で議論すべきであるが，重大な医療行為に対する同意につい

---

113) 床谷・前掲102) 547〜548頁。
114) 上山泰「身上監護をめぐる諸問題について」ジュリスト1211号（2001年）53頁，同「患者の同意に関する法的問題点」新井誠・西山詮編『成年後見と意思能力』（日本評論社，2002年）129頁。
115) 四宮和夫=能見善久『民法総則［第七版］』（2005年）55〜56頁。
116) 上山泰「成年後見と医療行為」臨床精神医学33巻9号（2004年）1181〜1182頁。
117) 須永醇「成年後見制度について」法と精神医療17号（2003年）32〜33頁。
118) 赤沼康弘「成年後見と医療行為の同意」実践成年後見12号（2005年）75頁以下。

て対応できる専門機関を設立して，対応ができる状態になって初めて認められると考えられる。そもそも成年後見人には同意権がない（民法9条参照）ことを考慮すると，医療同意権を認めるためには新たな立法による解決が望ましいと考えられる。

　実務上の問題として，成年後見人等に医療契約を締結する権限は認めるが，医療行為に対する同意・代諾・代行については認めない立法の立場に対して，成年後見人が本人に代わって医療契約を締結することができるとしても，契約の内容としての治療のために医的侵襲を伴うのが通常である以上，契約締結権限のみを認めても無意味であるから，医的侵襲への同意を認めるべきであるとの批判がある。これに対してなお，成年後見の場面で医的侵襲に関する決定権・同意権に関する規定を導入することは，時期尚早との解釈をする[119]。そのために，本人が入院し，手術を行う際に，医師が成年後見人に対して手術への同意を求めたとしても，本人に代わって成年後見人が手術に同意する権限は認められず，これに応じる義務もなく，仮に成年後見人が医師に対して同意を与えたとしても，民法上は何も意味がない[120]ことになる。

第3節　身上監護の具体的内容

　ここでは，具体例[121]をあげながら，身上監護の内容を検討する。

1　介護サービスの利用

　本人を介護することは，身上監護事項に含まれない。本人の生活障害が解決するような医療・福祉サービスなどの社会資源を活用するために，本人に代

---

[119]　原司「成年後見制度の実務上の諸問題」ジュリスト1211号（2001年）29頁。ジュリスト1211号24〜77頁では「特集・成年後見制度1年」として，成年後見制度の運用上，実務上の問題点に関する論文が掲載されている。

[120]　原・前掲論文119）29頁。実務上は，手術等の医的侵襲への自己決定としての同意と一緒に，「万一治療中に事故が発生しても一切異議は申しません」といった内容の免責特約への同意が求められることが通常であると思われるが，手術等の医的侵襲の結果医療過誤が生じた場合の医師（またはその使用者）の免責のために同意を求めるのだとすれば，その効力は通常否定されるべきものであると解すべきであり，その意味でも成年後見人に同意を求めることは無意味ではないかと考える，としている。

[121]　事例については田山輝明＝長谷川泰造編『暮らしの相談室　現場の成年後見 Q&A』（有斐閣，2002年）や，実践成年後見各号に掲載されている事例を参考にした。

わって契約を締結することが成年後見人等の役割である。そのためには，本人の生活を把握し，サービスの利用状況を見守り，継続的に本人を支援していく必要がある。本人の日常生活に絶えず関心を寄せながら本人を支え，医療・福祉などの関係者と密接に連絡を保っていくことが重要である。

　認知症高齢者などが介護が必要になった場合，介護保険制度の利用が考えられる。介護保険制度では，被保険者がサービスを選択することになっている。その手続は，要介護認定の申請から始まって，居宅支援事業者の選定，居宅サービス計画の作成依頼と承諾（在宅介護支援契約の成立），居宅サービス計画に対する合意，在宅サービス計画に沿った個別の介護サービスの利用契約（介護契約の成立），要介護認定の更新の申請，を繰り返し行う。この場合，家族が補助人になるか，後見開始の審判を受けて成年後見人になり，介護サービス利用手続や利用料の支払いなどについて代理権の付与を受けることになる。任意後見契約が締結されている場合は，任意後見人が，その代理権の範囲内でこれらの手続きを行うことになる。要介護認定の更新，変更手続を行う際に，家族が高齢者の意思を確認して，その意思に沿った内容の申請手続を行うことになる。また，介護サービスを利用するための契約を締結する場合にも，本人が契約当事者になったり，家族が代理人になったり，契約当事者となって契約することになる。

　認知症高齢者に家族がいない場合は，日常生活自立支援事業（地域福祉権利擁護事業）を利用する方法がある。しかし，認知症状が進行して，本人が契約内容を理解できない場合はこれによることができない。この場合，市区町村長による後見の申立により後見人などを選任して，選任された後見人などが手続きを行うことになる。ただ，緊急を要し，審判を待つことができない場合は，やむを得ず従来どおりの措置制度により対応することになる。

2　医療における援助

　成年後見人には，医療行為に対する同意や拒否のための決定権が与えられていない。しかし，本人の理解を十分に得られないまま治療を進めようとすることがある場合，本人の理解を前提に治療が進められるように関係者に働きかけ，本人の意思が尊重されるように配慮することが，身上監護を行うことになる。判断能力が十分ではない状態でも，医療行為に対する同意能力を有する場合があり，自己の健康状態や治療の必要性について理解することができないとは限

らないし，本人の状態や，十分な情報提供により自己決定できることがあるからである。

しかし，本人の判断能力が十分ではなく生命の危険性や治療の必要性を理解できない状態にあり，しかも放置すれば生命に危険がある場合は，緊急行為として治療行為や手術行為を行うことができる。この場合成年後見人は，インフォームドコンセントが適切に行われたか，治療行為や手術を行うべき緊急事態だったかを確認することになる[122]。

これらのことは，法定後見人にも任意後見人にも認められる事項である。しかし，治療行為の代諾や延命治療に対する決定権はどちらの後見の場合にも認められていない。生命や健康の維持や回復に関する事項ではなく，本人の生命の終結に関する事項を含むもので，本人の自己決定が本質的に問われるからである。海外の法制度では，持続的代理権授与制度やリビングウィル[123]によってあらかじめ本人の意思表明が明らかな事項については，治療行為の代諾や延命治療に関する事項についても代理人や後見人に権限を与えている（アメリカの1979年統一持続的代理権授与法や法定後見制度参照）。これらの事前の意思表明を尊重することが本人にとって最善の利益になり，自己決定権を尊重すると考えられているからである。わが国においては，導入の必要があると考えられるが，生命に直接関わることなので，慎重な議論が必要である。

3 施設の入退所，処遇の監視・異議申立てなどに関する事項

施設などで介護事故が起こった場合，介護保険制度のもとでは，事業者は速やかに市区町村，入所者の家族などに事故を連絡するとともに，必要な措置を講ずることが義務づけられている。また，入所者の苦情に迅速かつ適切に対応することも義務づけられている。事業者に説明を求めたり，市区町村などに苦

---

[122] 最判平成12年2月29日民集54巻2号582頁では，宗教上の理由により輸血拒否を表明していた患者に輸血をした事案に対して，「輸血を伴う医療行為を拒否するとの明確な意思を有している場合，このような意思決定をする権利は，人格権の一内容として尊重されなければならない」として，患者の意思に反して輸血を行った病院の不法行為責任を認めた。

[123] リビングウィルは，日本では，日本尊厳死協会の「尊厳死の宣言書」が一般的に用いられている。なお，横浜地判平成7年3月28日判例時報1530号28頁では，このリビングウィルに基づいて，末期状態の治療を中止することが許される場合があると判断した。

第4章　わが国の成年後見制度と身上監護

情を申し立てることは，本人だけでなく家族も可能である。これらの対応で損害の回復が図れない場合は，損害賠償請求をすることになる。訴訟を起こす場合，本人が認知症のために訴訟を提起することができない場合は，家族が成年後見人に選任される必要がある。

施設内における身体拘束は，厚生労働省の定めた指定基準で，「利用者又は他の利用者などの生命，又は身体を保護するため，緊急やむをえない場合」を除き，原則禁止されている。不当に身体拘束をされている疑いがあるときは，事業者，市区町村の介護保険担当課などに苦情申立をすることができる。入所者本人の状況や気持ちを確認した上で本人又は家族などから苦情申立や相談をすることができる。本人に認知症状などがあっても，成年後見人に選任されなければできないことではない。

施設に入所しても，それで身上監護が終わるわけではない。施設の居住環境，具体的なケアの内容，心身の変化，権利擁護などに注目し，援助の継続をしていく必要がある。

また，独居高齢者が居宅から施設に居所を変更することに伴い居住用不動産の処分，入所契約時の身元保証等の課題があるが，成年後見人等に身元保証人になる義務はない。

4　虐待への対応

身上監護事項には介護・生活維持に関する事項や，施設の入退所，処遇の監視・異議申立てなどに関する事項が含まれるので，虐待に対する対応も身上監護事項に含まれると考えられる。

(1)　高齢者虐待

成年後見制度の立法のための審議の中では特に取り上げられなかったが，虐待は，認知症高齢者，知的障害者，精神障害者に対する財産や人権侵害が表面化したものである。虐待は，家庭でも施設でも起こる。本人の人権や尊厳を失わせると同時に，その生命や身体を危険にさらす行為である。虐待の種類には，身体的虐待，心理的虐待，性的虐待，経済的虐待，介護・世話の放棄・放任がある[124]。認知症高齢者が虐待にあっている場合，成年後見人，保佐人，補助

---

[124]　高齢者虐待の定義については，厚生労働省老健局総務課『平成15年度家庭内における高齢者虐待に関する調査』（2003年）で下記の通りである。

第3節　身上監護の具体的内容

人を選任して本人の代わりに財産を管理したり，救済を申し出ることにより解決する方法がある。特に経済的虐待に対しては有効である。虐待を発見した場合，まず近親者（四親等内の親族）が申し立てることになるが，近親者が虐待をしている場合は，「本人の福祉のために特に必要がある」場合に相当するので，市町村の長が成年後見人の申立てをすることになる（老人福祉法第32条）。成年後見人，保佐人，補助人は，本人が助けを求めていなくても，本人の情況や意思を考慮して対応することは，身上配慮義務に該当するものと考えられる。

そのほかにも，現行制度により対応する方法としては次のことが挙げられる。成人した子が老親と同居しながら，老親を虐待している場合，独立したほかの子などが同居している子を相手に家庭裁判所に老親に扶養義務者の変更の審判を申し出て，その手続きの結果として老親を虐待されている環境から切り離すことができる。

虐待を受けている高齢者が，虐待をする家族に対して，高齢者の自宅の所有

---

①身体的虐待：暴力行為などで，身体に傷やあざ，痛みを与える行為や，外部との接触を意図的，継続的に遮断する行為。（例）平手打ちをする，つねる，殴る，ける，無理やり食事を口に入れる。やけど，打撲させる，ベッドに縛り付けたり，意図的に薬を過剰に服用させたりして，身体拘束・抑制をする。

②心理的虐待：脅しや侮辱などの言語や威圧的な態度，無視，嫌がらせによって精神的，情緒的に苦痛を与えること。（例）排泄の失敗などを嘲笑したり，それを人前で話すなどにより高齢者に恥を書かせる，怒鳴る，ののしる，悪口を言う，侮辱をこめて，子供のように扱う，高齢者が話し掛けているのを意図的に無視する。

③性的虐待：本人との間で合意が形成されていない，あらゆる形態の性的な行為又はその強要。（例）排泄の失敗などに対して懲罰的に下半身を裸にして放置する。キス，性器への接触，セックスを強要する，など。

④経済的虐待：本人の合意なしに財産や金銭を使用し，本人の希望する金銭の使用を理由なく制限すること。（例）日常生活に必要な金銭を渡さない，使わせない，本人の自宅などを本人に無断で売却する，年金や預貯金を本人の意思・利益に反して使用する，など。

⑤介護・世話の放棄・放任：意図的であるか，結果的であるかを問わず，介護や生活の世話を行っている家族が，その提供を放棄または放任し，高齢者の生活環境や，高齢者自身の身体・精神状態を悪化させていること。（例）入浴しておらず異臭がする，髪が伸び放題だったり，皮膚が汚れている，水分や食事を十分に与えられていないことで，空腹状態が長時間にわたって続いたり，脱水症状や栄養失調の状態にある，室内にごみを放置するなど，劣悪な住環境の中で生活させる，高齢者本人が必要とする介護・医療サービスを，相応の理由なく制限したり使わせない，など。

この高齢者虐待の定義の内容は，障害者虐待の定義にも当てはまる。なお，高齢者虐待防止法2条4項，障害者虐待防止法2条6項で，それぞれ虐待の定義をしている。

第4章　わが国の成年後見制度と身上監護

権に基づいて家屋の明渡しを求めて訴訟を起こす方法がある。しかし，この方法は本人に非常に精神的な負担になる。また，認知症高齢者の場合，事実上責任を追求することができない場合がある。そのほか，人身保護法に基づく保護命令や刑事告発する方法もあるが，その後の家族関係の修復が困難になるため，他にとるべき方法がない場合の最終手段であり，標準的な対応と位置づけるものではない。

　介護の放棄の場合，自ら行っていた介護を放棄するだけではなく，介護の手配をしないで放置することも介護放棄に含まれる。介護の放棄は，要介護者の生命に関わる問題であり，緊急に対応しなければならない場合がある。この場合，老人福祉法上の措置による介護サービスの提供の問題として，市区町村が，措置により，介護施設に要介護者を移すなどして保護することや，老人福祉法上の市区町村長による法定後見の申立てにより，早急に成年後見人を選任して本人の権利を擁護することが考えられる[125]。

(2)　高齢者虐待防止法と成年後見制度

　「高齢者虐待の防止，高齢者の養護者に対する支援等に関する法律」(高齢者虐待防止法) が2005年に成立し，2006年から施行されている。成年後見制度との関係では，養護者による高齢者虐待を受けたと思われる高齢者を発見した者は，当該高齢者の生命または身体に重大な危険が生じている場合速やかにこれを市町村に通報しなければならない (高齢者虐待防止法7条1項)。高齢者虐待を発見した者または高齢者本人からの高齢者虐待を受けた旨の届出があった場合には，当該通報又は届出にかかる高齢者に対する養護者による高齢者虐待の防止及び当該高齢者の保護が図られるようとるべき措置の一つとして，適切に，法定後見の開始の審判の請求 (老人福祉法32条による) をすることとされている (高齢者虐待防止法9条2項)。なお，通報または届出の受理について市町村は，高齢者虐待対応協力者 (老人福祉法上の老人介護支援センターや介護保健法上の地域包括支援センターその他関係機関，民間団体等) のうち適切な者に，

---

[125]　高齢者虐待の具体的な内容については，高齢者虐待防止研究会編，津村智恵子・大谷昭編集代表『高齢者虐待に挑む――発見，介入，予防の視点――』(中央法規，2004年) 60～72頁，田山・長谷川・前掲121) 145～148頁，187～190頁，大国美智子・久岡英樹編『高齢者の権利擁護』(ワールドプランニング，2004年) 9～27頁，179～199頁を参考にした。なお，田宮菜奈子，松澤明美「高齢者虐待――高齢者介護と家族の視点から」法律時報77巻5号 (2005年) 55～62頁参照。

第3節　身上監護の具体的内容

事務の全部または一部を委託することができる（高齢者虐待防止法17条1項）。また，市町村長は，財産上の不当取引の被害を受け，または受ける恐れのある高齢者についても，法定後見の開始の審判の請求をする（高齢者虐待防止法27条2項）。国及び地方公共団体は，高齢者虐待を受けた高齢者の保護並びに財産上の不当取引による高齢者の被害の防止及び救済を図るため，成年後見制度の周知のための措置，成年後見制度の利用にかかる経済的負担の軽減のための措置等を講ずることにより，成年後見制度が広く利用されるようにしなければならない（高齢者虐待防止法28条）。具体的には，市町村による法定後見の開始の審判の申立を積極的に行うことや，申立ての手数料や法定後見の成年後見人等の報酬等について成年後見制度利用支援事業を実施することなどである[126]。

(3) 障害者虐待

障害者の虐待については，精神科病院や施設の中での虐待事件が表面化している。高齢者虐待同様，本人の人権や尊厳を侵害し，その身体や生命を危険にさらす行為である。なかには宇都宮病院事件[127]のように社会問題化した人権侵害事件もある。

知的障害者についても，水戸・アカス事件[128]，白河育成園事件[129]などの深

---

[126] 高齢者虐待防止法と成年後見制度との関係については，小林昭彦・大鷹一郎・大門匡編『一問一答　新しい成年後見制度［新版］』（商事法務，2006年）343〜344頁参照。

[127] 東京地判平成5年6月11日判例時報1472号34頁，判例タイムズ822号76頁参照。昭和59年，栃木県の民間精神病院で看護職員が患者に暴力をふるい死亡させた事件である。行政当局の調査の結果，無資格者による不正医療行為，作業療法に名を借りた患者からの搾取，入院対象ではない患者の入院実態など次々と精神障害者への人権侵害問題が明るみに出た。国会でも審議され，IJC（国際法律化委員会）の実態調査も入り，国連人権差別小委員会で厳しく批判された。この事件をきっかけに精神衛生法が精神保健法に改正された。病院長は逮捕された。また，この病院に入院していた元患者4人が強制的に入院させられ苦痛を受けたとして，元病院長や国，県，市を相手取り損害賠償を求めた裁判で，裁判所は原告の請求を認め1300万円の支払いを命じた。

[128] 茨城県水戸市にあるアカス紙器工場内で，多数の知的障害者が社長から日常的に虐待を受けていたことが1995年以降発覚した。1997年3月28日に水戸地裁において社長は有罪判決を受けた。

[129] 福島県西郷村の知的障害者施設「白川育成園」で日常的に理事長や職員による虐待や暴力や違法な投薬による管理が行われていたことが発覚し，1997年刑事告発された。白河育成園は1998年に解散し，廃園した。なお，知的障害者に対する虐待については，毎日新聞社会部取材班編『福祉を食う——虐待される障害者たち——』（毎日新聞社，

刻な虐待事例が表面化した。閉鎖的な工場や施設の中で，賃金の不当な搾取，行政からの助成金の不正受給，暴力，性的暴行が日常的に行われていた実態が明るみに出た。

　成年後見制度では，障害者やその親族が一定の資産を持っている場合，障害者の生活のために財産管理を行うことができる。知的障害者や精神障害者の親亡き後の財産管理の問題にも対応ができる。

　知的障害者が施設で暴力や虐待を受けている場合，苦情を申し立てる方法がある。社会福祉法では，福祉サービスに関する利用者などからの苦情を適切に解決するため，都道府県社協に運営適正化委員会を設けることを定めている。運営適正化委員会は，施設の同意を得て事情調査を行い，暴力などの事実が認められれば，施設に対して必要な助言や勧告を行うことになっている。また，不当な行為が行われている恐れがあるときは，都道府県知事に対し，速やかに通知することになっている。この苦情や斡旋の申立ては，利用者やその家族もできる。特に成年後見人に選任されている必要はない。しかし，被後見人がこのような状況の場合は，成年後見人は苦情申立をするなどの対応を取るべきであろう[130]。

(4) 障害者虐待防止法と成年後見制度

　障害者についても，「障害者虐待の防止，障害者の養護者に対する支援等に関する法律」（障害者虐待防止法）が2011年に制定され，施行されている。虐待の種類には，高齢者虐待同様身体的虐待，心理的虐待，性的虐待，経済的虐待，介護，世話の放棄・放任がある。成年後見制度との関係については，養護者による障害者虐待（18歳未満の障害者について行われるものを除く）を受けたと思われる障害者を発見した者は，速やかに，これを市町村に通報しなければならない（障害者虐待防止法7条1項）。市町村長は，養護者による障害者虐待の通報又は届出があった場合には，当該通報又は届出にかかる障害者に対する養護者による障害者虐待の防止並びに当該障害者の保護または自立の支援が図られるよう，適切に法定後見の開始の審判の請求（精神保健福祉法51条の11の2，知的障害者福祉法28条の規定による）をするものとする（障害者虐待防止法9条3項）。また，使用者による障害者虐待を受けたと思われる障害者を発見し

　　1998年）を参考にした。
[130]　田山・長谷川・前掲121）191〜196頁参照。

た者は，速やかに，これを市町村又は都道府県に通報しなければならない（障害者虐待防止法22条1項）。使用者による虐待を受けた障害者本人は，その旨を市町村又は都道府県に届け出ることができる（障害者虐待防止法22条2項）。通報または届出の受理については，市町村は，障害者虐待対応協力者（市町村障害者虐待防止センターその他関係機関，民間団体等）のうち適切な者に，事務の全部または一部を委託することができる（障害者虐待防止法33条1項）。また，市町村長は，財産上の不当取引の被害を受け，または受ける恐れのある障害者についても，法定後見の開始の審判の請求をする（障害者虐待防止法43条2項）。国及び地方公共団体は，障害者虐待を受けた障害者の保護並びに財産上の不当取引による障害者の被害の防止及び救済を図るため，成年後見制度の周知のための措置，成年後見制度の利用にかかる経済的負担の軽減のための措置等を講ずることにより，成年後見制度が広く利用されるようにしなければならない（障害者虐待防止法44条）。具体的には，市町村による法定後見の開始の審判の申立を積極的に行うことや，申立の手数料や法定後見の成年後見人等の報酬等について成年後見制度利用支援事業を実施すること（障害者総合支援法77条4項）である。

5　任意後見制度における身上監護事項

　本人が判断能力が不十分な状況になった時の生活，療養看護及び財産管理に関する事務について代理権を付与する委任契約（任意後見契約）を締結する際に，①介護は施設か在宅か，②どこの施設にするか，③施設に入所した場合自宅を処分するか，④医療にかかるときの治療方法，⑤どの病院にかかるか，⑥葬儀や埋葬，墓地をどうするか，⑦死亡した時の連絡先，などを契約内容に入れることが可能である。代理権付与の対象となる事項であるため，契約等の法律行為に限られ，介護等の事実行為は含まれない。また，医療同意に関する事項も含まれないと考えられるため，リビングウィルは認められないと考えられる。

6　若干の検討

(1)　本人の意思の尊重

　成年後見制度の基本理念の一つが「自己決定権の尊重」である。これは，本人の意思決定を制度上もできるだけ尊重することである。そのためには，本人

の自己決定と自己選択が最大限に尊重されること（自律）が制度上保証されなければならない。

とくに本人の意思決定の自立（自律）の援助は，本人の決定が，家族，医療，福祉などの専門家や施設の決定と異なる場合，本人の立場にたって意思決定の自立を保障することは重要なことである。本人の身体や生命を守りながら精神面での支援を継続し，本来持っている力を引き出し，意思決定や自己選択を支援していくことが身上監護事項であると考えられる。

成年後見制度の対象者で，判断能力の程度によっては，本人が自己決定できない場合や，本人の福祉のために治療が優先すると考えられる場合，本人の自律と保護の調和を図る必要がある[131]。本人の身体，生命の安全を確保し，人権を擁護する必要がある場合，本人保護の要請がより強く働くことになり，場合によっては，本人の心情を推し量りながら代行決定することを認めざるを得ない場合があると考えられる。本人のための保護とは，①本人が要求し，必要としている手当や世話に近づけるために積極的に行動することと同時に，②不必要で，余計な手当や世話を除外することも含まれると考えられる。「本人の意思を尊重する」とは，本人の自己決定・自己選択に従って行動するのみではなく，本人の身体，生命の安全を確保し，人権を擁護するために対応することが内在していると考えられる。本人の自律と保護は，当然に一方が他方に優先するということにはならず，個々の事案に即してその調整を図っていかなければならない場合がある。しかし，可能な限り，本人の意思を尊重することを最優先にしなければならない。

本人の身体，生命の安全を確保するためにやむを得ず代行決定をする場合は，本人の保護と最善の利益を考えて行うべきである。本来代諾や代行決定は，本人の意思を尊重することが制度上十分に保障され，本人の意思や状況を正確に把握する第三者や中立公平な監督機関や相談機関があって，初めて認められる

---

[131] 星野英一「民法典の100年と現下の立法問題（中）」法学教室211号（2000年）43頁。「成年後見制度と立法過程〜星野英一先生に聞く」ジュリスト1172号（2000年）3〜4頁では，自律ということは，自分で決めたことに責任を負うということであるが，判断力が低下している人に，自分で決めたからといって，まずいことがあってもその結果をすべて引き受けなさいということはおかしいので，第三者の援助を受けて，本人を保護することも引き続き必要である，とする。また，「本人の意思の尊重」と善管注意義務の関係を検討したものに，道垣内弘人「成年後見人等の財産に関する権限と限界」判例タイムズ1406号（2015年）22〜28頁。

第 3 節　身上監護の具体的内容

べきものである。しかし，本人の身体，生命の安全の確保のために，本人の立場を尊重して行った代行決定については，本人の意思尊重義務に違反するとはいえないだろう。

　この本人の意思を尊重することは，手続法上も対応することになっている。家庭裁判所が後見等開始審判をするには，本人の陳述を聞かなければならない（家事審判規則 25 条，30 条の 2，30 条の 10）。また，この審判をするときは，職権で成年後見人等を選任しなければならず，その際も本人の陳述を聞かなければならない（家事審判規則 83 条 2 項，93 条 2 項）。本人以外の者から補助開始の審判の申し立てがあった場合（民法 14 条 1 項），本人以外の申立てにより保佐人もしくは補助人に対する代理権付与の審判（民法 16 条 2 項）を行う場合，本人の同意が要件とされている。同意の確認は，本人の陳述聴取を行う際に合わせて実施する[132]。

(2)　身上配慮義務

　身上配慮義務は，法定後見（民法 858 条）にも，任意後見（任意後見契約法 6 条）にも要求されている。法的性質は，両方とも，民法 644 の善管注意義務を敷衍したものである。したがって，法定後見，任意後見とも善管注意義務の性質は同様のものと考えられる。また，民法 858 条は，「生活，療養看護及び財産の管理に関する事務」の遂行にあたっての成年後見人の注意義務の内容を具体的に明らかにしたものであるから，財産管理と身上監護との間で，善管注意義務の内容に違いはないと考えられる。

　法定後見における身上配慮義務は，基本的には取締役の忠実義務（会社法 355 条）に準ずる注意義務であるとする[133]。したがって，成年後見人は，法令を遵守し，成年被後見人のため忠実にその職務を行わなければならない。これ

---

[132]　野村二朗「成年後見制度と家裁調査官の役割」判例タイムズ 1100 号（2002 年）250 頁。家裁調査官の陳述聴取と同意の確認，調査については，「成年後見事件における本人の陳述聴取及び同意の確認に関する調査の在り方」家裁月報 54 巻 11 号（2002 年）97〜144 頁，「第三者が成年後見人等候補者になった場合の調査上の留意点」家裁月報 55 巻 3 号（2003 年）105〜167 頁参照。

[133]　小林＝大門・前掲 67) 144 頁。取締役の忠実義務について，取締役の善管注意義務を敷衍し，かつ，いっそう明確にしたものにとどまり，通常の委任関係に伴う善管注意義務とは別個の，高度な義務を規定したものではないとする判例（最判昭和 45 年 6 月 24 日民集 24 巻 6 号 625 頁）の立場を引用し，成年後見人の身上配慮義務も，基本的には，これに準ずる性質の注意義務であるとする。

は，保佐人，補助人にも当てはまる。任意後見契約について，身上配慮義務（そこから導き出される善管注意義務）は，特約により加重することはできるが，減免することは許されないものとしている[134]。したがって，法定後見，任意後見ともに，善管注意義務を減免するために，任意規定化することはできない。

このように成年後見人等は本人の意思を尊重し，身上に配慮することに対して善管注意義務を負うと解されている。それでは，任意後見契約において成年後見人等に加重することができる義務や責任は具体的にどのようなものなのだろうか。ここでは信認関係について検討したい。

後見人と被後見人の間には，信認関係（fiduciary relation）[135]が存在するといわれる。後見人は，この信認関係における受認者（fiduciary）であり，相手方の信頼を受け，その者の利益のために行動，助言をする義務を負う。自己執行義務，注意義務，情報提供義務，守秘義務，高度の忠実義務を負い，もっぱら相手方の利益を図るために最高度の信義誠実を尽くして行動，助言をしなければならない，とされている。通常，契約において検討されることだが，福祉契約や，身上監護事項に関する任意後見契約など，成年後見制度の中でも契約に関する事項は多々あり，その契約遂行については，このような関係にあると考えられる。民法上の善管注意義務よりもさらに重い義務が課せられることになるが，被後見人の財産や生活に関する重要な契約事項を遂行するためには，このような視点が必要であると考えられる。

(3) 身上監護事項

成年後見人の義務・権限には，契約等の法律行為だけでなく，これに当然伴う事実行為が含まれるとしている。ただし，この法律行為に伴う事実行為は，成年後見人が成年被後見人に対して法定代理権を有する（民法859条1項）ことから導き出される。そのために，任意代理のように，代理権の発生原因となる委任契約が存在しないため，委任の内容に応じて準委任（事実行為の委任）がされていると解釈することができず，委任契約がない代理権の性質を持つ。したがって，身上監護事項について，民法858条に規定された本人の意思尊重義務と身上配慮義務から直接事実行為を導きだすことができないため，固有

---

[134] 小林＝大門・前掲67）250頁。
[135] 樋口範雄『フィデュシャリー［信認］の時代』（有斐閣，1999年）28頁参照。

の事実行為は認められない[136]）。

　しかし，法律行為に伴う事実行為と認められる事実行為の内容や範囲ははっきりしない。法律行為に伴う事実行為を，本人の意思尊重義務と身上配慮義務の内容をふまえて決定すると，「成年後見人の身上配慮義務の内容は，個々の法律行為の態様及び本人の身上をめぐる状況に応じて多種多様なものが含まれると解される[137]」ので，認められていない事実行為（介護，医療同意，居所指定）以外の事実行為はすべて認められるのか，契約締結の目的を果たす一定の範囲に限定されるのかが明らかではない。身上監護事項として認められない事実行為が何かをさらに明らかにしていく必要があるだろう。本人の意思尊重義務と身上配慮義務を遂行するためには，事実行為の範囲を最大限に認めるべきであると考えられる。

本章のまとめ

　明治民法922条の禁治産者の療養看護義務から，現在の成年後見人，保佐人，補助人の本人の意思尊重義務と身上配慮義務，身上監護事項について，立法に関連する議論や学説，事例を整理，検討してきた。立法担当者が示した成年後見制度における身上監護の定義は「生活または療養看護」[138]であるが，非常に幅広い内容を対象にしているため，その具体的内容はなお検討を要すると考えられる。

　従来の後見人を保護する制度のもとでの療養看護義務は，病気の看病と，施設への収容が主な内容であった。明治民法においては，精神病院への収容か私宅監置かについて親族会の同意を要したが，監置の必要のない禁治産者の療養看護の方法については，後見人が単独で決定することができるとする判決[139]

136）　道垣内・前掲108）238頁。
137）　小林＝大門・前掲67）143頁。
138）　小林昭彦・大鷹一郎・大門匡・前掲書126）96頁参照。
139）　仙台高決昭和17年12月19日民集21巻23号1212頁。監置不要の禁治産者を療養看護する方法は後見人単独で定めることができ，親族会の同意を要しないとする判決である。事件は，財産のある家の当主が精神障害となり，妻が面倒を見ていた。当主は精神病院に入院していたが，監置は不要であった。当主の弟妹は，当主の財産をめぐり不穏な行動に及んだり，無理やり温泉療養のための退院を勧めたりしたため，妻は財産保全のために禁治産宣告を請求し，その宣告を得て禁治産後見人になった。当主の弟妹は，親族会を召集して，当主の療養看護の方法について入院は不要で温泉療養をさせるべき

第 4 章　わが国の成年後見制度と身上監護

があり，かろうじて精神科病院への収容か私宅監置以外の対応ができることが示された。成年後見制度が制定されるまでは，依然として病気の看病と，精神科病院への収容が中心であったが，高齢者，障害者の人権を擁護するためのより幅広い対応が要求されるようになり，身上配慮義務の規定の制定に至った。

　まず，擁護すべき人権とは本人の尊厳が守られること，いかなる状況においても，人として対応され，自分らしく生きること，自分の生き方を自分で決めること，自分で実行することが権利として保証されることである。しかし現在でも虐待や，本人の意向を無視した処遇などの深刻な問題がある。このような状況に対応していくためには，権利を侵害されたが，自分の意思を表現しにくい環境に居る人たちを弁護し，代弁し，解決に向けて提言するアヴォボカシー（権利擁護）や，このような人たちが自立に向けて自らの権利を主張できるように力をつけていくことを支援すること（エンパワメント）を実行する必要がある。これらを，本人（被後見人等）の立場に立って実行することが，後見人等の身上配慮義務であると考えられる。これは，法定後見，任意後見の両方の場合に当てはまる。

　身上監護事項は，財産管理事項と比較すると，より身体の健康状態や生命に直接関わる。法務省が具体的に挙げた事項は，あくまで例を指摘したもので，

であると決めたが，妻はこの親族会に出席せず，親族会の決定にも従わなかった。これに対して当主の弟妹が当主の妻を相手取り，後見人として後見の任務を遂行せず，禁治産者（当主）の心身に重大な危険が及ぶ可能性があり，さらに当主の財産を減損させる恐れがあるとして，妻の後見人の職務執行を停止し，当主の妹に代行させる仮処分命令を求めたものである。事件の背景には当主の財産をめぐる争いがあるが，直接争われたのは，当主の療養看護の方法について親族会を開いた際に妻が欠席して親族会の決定に従わなかったことであった。一審では訴えが却下されたので，当主の妹が上告した。二審の判決では，背後に財産争いがあり，当主の弟妹が不当に後見人である妻の職務に干渉していることを指摘したうえで，親族会において決定する療養看護の方法は瘋癲病院へ入院させるか私宅監置をするかを決定することに限り，監置の必要のない禁治産者の療養看護の方法については，親族会の同意を必要としない，として，上告を却下した。明治民法時代の判例で，親族会や監置制度も廃止されているので，直接争われた親族会に関する事項については参考にならないが，後見人に療養看護の方法について幅広い決定権を認めたことは，現在においても検討する意義があると考えられる。この判例については，中川善之助「禁治産者の後見人の職務（判例批評）」民商法雑誌 18 巻 1 号（1943 年）99〜101 頁，高梨公之「監置不要の禁治産者を療養看護する方法は後見人単独に定め得，親族会の同意を要せず（判例研究）」日本法学第 9 巻第 7 号（1943 年）32〜38 頁参照。

それ以外のことを行ってはいけないということではない。身上監護事項に対して，①本人の意思尊重義務と②身上配慮義務が民法858条に規定されている。本人の意思の尊重と身上配慮を行うためには，高齢者，障害者の精神面，情緒面への援助，意思決定の自立の援助，関係者との十分なコミュニケーションが必要である。これらが十分に行われるための環境づくりも必要である。

第5章　成年後見制度と福祉の接点

は じ め に

　成年後見制度の基本理念は，ノーマライゼーション，自己決定権の尊重，残存能力の活用と本人の保護の理念との調和である。また，身上配慮義務の内容には，アドヴォカシーも，法律行為に関する権限の行使に伴う注意義務の範囲内で含まれるとしている。これらの理念は，高齢者，障害者の福祉の基本理念とほぼ一致する。そして，これらの理念を検討することが，とくに成年後見制度における身上監護の理解を深めることになると考えられる。そこで，これらの福祉の基本理念の中で成年後見制度と関係があると考えられるノーマライゼーション，リハビリテーション，アドヴォカシー，エンパワメントの内容を整理する[1]。そして，福祉における高齢者，障害者の人権の考え方や障害者権利条約，ケアマネジメントについて整理する。

第1節　成年後見制度と福祉の基本的理念

1　ノーマライゼーション

　ノーマライゼーションの理念の源流は，1959年にデンマークで制定された精神遅滞者法にさかのぼる。ノーマライゼーションの概念については，三人の代表的な提唱者の定義を検討することにする。まず，デンマークのバンク・ミケルセン（N. E. Bank-Mikkelsem）は，「ノーマライゼーションとは精神遅滞者をそれ自身とともに，それによる障害を受け入れることであり，彼らにノーマルな生活条件を提供することである。すなわち，最大限に発達できるようにするという目的のために，障害者本人のニードに合わせた処遇や教育，訓練を含め一般市民が支えられているのと同じ条件を，彼らに提供することである」としている[2]。

　同じく知的障害者福祉の分野からスウェーデンのニーリエ（B. Nirje）は，

---

[1]　福祉の理念や思想については，佐藤久雄・小澤温『障害者福祉の世界』（第4版補訂版，有斐閣，2013年）44〜70頁を参照した。
[2]　江草安彦『ノーマライゼーションの道』（全国社会福祉協議会，1982年）40頁。

第5章　成年後見制度と福祉の接点

「知的障害者の日常生活の様式や条件を社会の普通の環境や生活方法にできる限り近づけることを意味する」とし，具体的に，①一日のノーマルなリズム，②一週間のノーマルなリズム，③一年間のノーマルなリズム，④ライフサイクルでのノーマルな体験，⑤ノーマルな要求の尊重，⑥異性との生活，⑦ノーマルな経済的水準，⑧ノーマルな環境基準，をノーマライゼーションの原則としての権利であるとしている[3]。ニーリエはまた1970年代のアメリカの巨大なコロニー（障害者のための総合施設）の非人間性を指摘し，大収容施設から彼らを開放して，普通の人間が営んでいるような家庭的な条件の下での生活に移すことこそが，人間的な福祉のあり方であると主張し，アメリカの脱施設化施策にも大きな影響を与えた[4]。

アメリカのヴォルフェンスベルガー（W. Wolfensberger）は，「文化的に標準である個人の行動や特性を可能な限りにおいて確立するかあるいは維持するために，文化的に標準になっている手段を可能な限り利用すること」と定義している[5]。

このようなノーマライゼーションの原理は，知的障害者のみならず他の様々な障害を持つ人々などに具体化され，世界各国に大きな影響を与えた。この頃，国際的にも知的障害者の法的な権利に関する関心が高まった。ノーマライゼーションの理念は，1967年，知的障害者国際連盟（ILSMH）によって開かれた『知的障害者に関する法律の実態』に関する国際シンポジウムに反映され，知的障害者の人権を法的に保障するための基礎が築かれた。このときに出された見解は，国連の『知的障害者の一般的特別な権利宣言』（1968年）の土台となった。さらに1971年に出された国連の『知的障害者の権利宣言』に色濃く反映された。この知的障害者の権利宣言の5条では，「自己の個人的福祉及び利益を保護するために必要とされる場合は，知的障害者は資格を有する後見人が与えられる権利を有する」と規定され，後に世界各国での成年後見制度の創設に大きな影響を与えた。

知的障害者の権利宣言の中では「人間の価値と尊厳に基づき，知的障害者の権利を保護し，あらゆる分野においてその能力を発揮し得るよう援助し，可能

---

[3] 古川孝順編『社会福祉供給システムのパラダイム転換』（誠真書房，1982年）56頁。
[4] 松本真一編著『現代社会福祉論』（ミネルヴァ書房，1998年）233頁。
[5] ヴォルフェンスベルガー著，中園康夫・清水貞夫訳『ノーマライゼーション――社会福祉サービスの本質』（学苑社，1982年）48頁。

な限り通常の生活に彼らを受け入れることを促進する」ことが謳われ，その理念は，1975年に採択された国連の『障害者の権利宣言』に結実した。これは，知的障害者，精神障害者，身体障害者のすべてを包括するもので，この中では，障害者を，「先天的か否かに関わらず，身体的または精神的能力の欠如のために普通の個人または社会生活に必要なことを自分自身で完全または部分的に行うことのできない人のことを意味する」と定義して，障害という特別事情または特性への配慮が個別的に加えられてこそ，同じ人として公正な権利が保障されるのだとする明確な人権思想を打ち出したことが大きな特徴である。今日では，このノーマライゼーションの理念は，障害者のみならず高齢者，児童といった分野でも広く用いられるようになり，わが国の社会福祉にも多大な影響を及ぼしている[6]。

このような潮流の中で，国連は1981年を『国際障害者年』として定め，そのテーマを『完全参加と平等』とし，障害者差別の撤廃と機会平等の実施を世界に呼びかけた。翌年そのガイドラインともいえる「障害者に関する世界行動計画」を発表し，その実行を各国に促した。この計画は，「平等と参加の原理」，「あるべき社会像としての共生の原則」などの原理・原則を示し，取り組むべき具体的な課題を明示した。

アメリカでは障害当事者主体の自立生活運動が活発化し，身辺自立や経済的事由の如何に関わりなく，「たとえ日常生活すべての面で介護を必要としても自立生活は成り立つ」とする，自己決定権に基づく新しい自立観を打ち立てて，そのような地域の生活環境の保障を追求し，実践したのである。さらに，自立した障害者の機会平等を求める声が高まった結果，1990年の障害をもつアメリカ人法（Americans with Disabilities Act ＝ ADA）が成立した[7]。

また，ノーマライゼーション理念はイギリスにも影響を与えた。イギリスの場合，精神障害者の入院施設と地域生活の保障というコミュニティケアの考え方と結び付けて発展し，1990年NHS及びコミュニティケア法の成立に至っ

---

[6] 前掲4) 244頁，なお，ノーマライゼーションと障害者の人権の関係を総合的に検討したものとして，一番ヶ瀬康子・佐藤進編『障害者の福祉第1巻 障害者福祉と人権』（光生館，1987年）参照。

[7] 障害を持つアメリカ人法については，中野善達・藤田和弘・田島裕編『障害を持つアメリカ人に関する法律』（湘南出版社，1992年），八代英太・冨安芳和編『ADA（障害を持つアメリカ人法）の衝撃』（学苑社，1993年）参照。

た8)。

　各国の影響を受けながら日本では，知的障害者の地域生活の保障という北欧型のノーマライゼーションと，身体障害者の自立生活運動というアメリカ型のノーマライゼーションと，精神障害者の社会復帰と自立生活支援というイギリス型のノーマライゼーションとが混在する形で展開されてきている。これらをふまえて，近時では「ノーマライゼーションとは，人間が生まれながらにして持っている諸権利を，日常生活の中で当たり前に行使できるようにしていくための普遍的な法則であり，わかりやすく，具体的要素として構造的に示されたもの」と定義している。また，2004年に改正された障害者基本法3条，2012年に成立した障害者の日常生活及び社会生活を総合的に支援するための法律（以下障害者総合支援法）1条の2に，ノーマライゼーションの理念が規定されている。

2　リハビリテーションとQOL（生活の質）の保障

　身上監護事項には，教育，リハビリに関する事項が含まれている。そこで，身上監護事項と関連があると考えられるリハビリテーションについて整理する。ノーマライゼーション，自立生活運動の展開によって，障害者の人権，自己決定権をリハビリテーションの援助においても意識する状況が生じてきた。QOL（生活の質）については，高齢者，障害者の自立生活について議論する上で欠かせない要素なので検討する。

　QOLという用語は，日本ではリハビリテーションの分野で用いられ始めた。これは，「障害者の選択権と自己決定権が最大限に尊重されていれば，たとえ全面的に介助を受けていても人格的には自立している」という身体障害者の「自立生活思想」に基づいて，ADL（日常生活動作）に代わってリハビリテーションの目的となるもので，「人生の質」「生活の質」を全面に高めていくことである。

　自立生活思想は，アメリカのバークレーを中心にした自立生活（Indipending Living = IL）運動を行っている障害者によって主張されたものであった。彼らが提唱した時自立生活支援サービスのプログラムの三原則は，①障害者のニーズがどのようなものか，またそのニーズにどう応えたらよいのかを最もよ

---

8)　コミュニティケア改革，NHS及びコミュニティケア法の成立過程については，小田兼三監訳『英国コミュニティケア白書』（中央法規出版，1991年）参照。

第1節　成年後見制度と福祉の基本的理念

く知っているのは障害者自身である，②障害者のニーズは，様々なサービスを用意して，総合的なプログラムによって最も効果的に満たすことができる，③障害者は，その住んでいるコミュニティの中でできるだけ統合されるべきである，であった。

　この運動は全米に広がり，1972年には，障害者自身が運営する自立生活センターが発足した。そこで提供されたサービスは，①自立生活のためのピアカウンセリング，②自立生活訓練と指導，③介助者の募集，訓練，斡旋，④法的権利擁護（リーガルアドヴォカシー），⑤住宅サービス，⑥移動サービス，⑦健康管理，⑧レクリエーション，⑨就労サービス，⑩車椅子や機械の修理サービスである。①～⑩の中で，成年後見制度との関係で注目されるのは，権利擁護（リーガルアドヴォカシー）である。これは，法律上の権利や福祉のサービスを受けることを自ら主張することが困難な障害者に代わって，援助者がその権利やニーズを主張したり，必要なサービスを利用できるようにするなど，権利を行使できるようにすることである。

　全米におけるIL運動はそれまでの医学モデルで行われていたリハビリテーションに対して生活モデルで行われるリハビリテーションを指示したのである。「医学モデル」とは，サービス対象者の病理，弱さ，マイナス面に注目し，専門職者が行う主導的な援助のあり方を言う。これに対して「生活モデル」は，サービス対象者の強さ，長所，プラス面を重視するエンパワメントの視点を持ち，生活状況や社会前提を全体として把握し，対象者の主体性，選択権を尊重した援助のあり方である。QOLはこのような生活モデルで行われるリハビリテーションの根底の理念となっているのである。そればかりでなく，今日では社会福祉サービスを企画・運営する側，サービスを提供する側の基本理念となりつつある[9]。

　また，IL運動は，社会福祉の基本理念に大きな役割を果たしたが，人権保障についても影響を及ぼした。新しい自立観としての自己決定権の行使が考慮されたのである。しかも単に抽象的な概念のレベルではなく日常生活の中で具体化したことである。それは，ケアのあり方を本人が自ら管理できることが自立形成の必要条件であると考え，自立生活を維持するためには，栄養や健康管理，安全管理など，日常生活全般について自己管理力の獲得やリスクを犯す行

---

9)　『新・社会福祉学習双書』編集委員会編，『新・社会福祉学習双書19 リハビリテーション論』（全国社会福祉協議会，1998年）9～10頁。

為も必要とされる。また，このような生活の積み重ねを通して自らの生涯の状況や課題に応じた自分なりの個性的なライフスタイルを乱し，確立していくことが目標となる。様々な他者からの支援を受けながら自らの自己を回復，確立したり，生活主体者としての自己形成を図り得るための現実的な理念や生活様式を確立するために自己決定権の尊重は重要な要素である[10]。

3 アドヴォカシー

アドヴォカシーとは，自分の権利や援助の必要性を自ら主張できない者に代わって，その必要性や権利を主張し，権利を行使できるようにすることであり，それを実施する者を権利擁護者（アドヴォケイト）という。アドヴォカシーには，①自らの権利を表明する主体を形成するセルフ・アドヴォカシー（自己の権利擁護），②法的な権利があるのに，それが侵害されている個人の法的な権利を守らせるためのパーソナル・アドヴォカシー，③法や制度，政策に障害者の権利が組み込まれていない場合に，その法や制度・性格を変えていくシステム・アドヴォカシーがある[11]。成年後見制度の対象となる判断能力の十分ではない人が，様々な福祉サービスを利用する際に，自己決定能力を補完するアドヴォカシー制度が必要である。そしてこの点については，成年後見制度の立法過程で，法務省が公表した要綱試案でも指摘されたことである。

アドヴォカシーは，権利に関わる法的・政治的な諸問題に関して，個人や仲間がエンパワメントすることを支援する一定の方法や手続に基づく活動でもある。個人のアドヴォカシーとは，①侵害されている，あるいは諦めさせられている本人（仲間）の権利がどのようなものであるかを明確にすることを支援するとともに，②その明確にされた権利の救済や権利の形成・獲得を支援し，③それらの権利にまつわる問題を自ら解決する力や，解決に必要な様々な支援を活用する力を高めることを支援する方法や手続に基づく活動の総体，であ

---

10) 定岡丈弘＝佐藤久夫＝北野誠一編『これからの社会福祉⑤現代の障害者福祉』（有斐閣，1996年）12〜13頁。

11) アドヴォカシーについては，N. ベイトマン，西尾裕吾監訳『アドボカシーの理論と実際——社会福祉における代弁と擁護』（八千代出版，1998年）参照。アドヴォカシーは，もともとは行政や施設などに対して障害者の利益を代弁して活動することをいうが，現在では，広く権利擁護の意味で使用される。この指摘は新井誠・赤沼康弘・大貫正男編『成年後見制度——法の理論と実務〔第2版〕』（有斐閣，2014年）233頁参照。

第1節　成年後見制度と福祉の基本的理念

る[12]。アドヴォカシーは，ある権利主体が他の権利主体を侵害することに対する権利擁護であって，そこでは中立的立場というものはありえない。アドヴォカシーはいわゆる中立的あるいは第三者的調整や仲裁とは異なる。アドヴォカシーとは，そのような公的に権限を付与された第三者による調停や仲裁のシステムにおいて，高齢者や障害者の側に立ってその権利を擁護し，支援することである[13]。

　アドヴォカシーの機能を分類すると，次のとおりになる。アドヴォカシーの担い手（主体）により分類すると，①本人（self-advocacy　自己の権利擁護），②仲間（peer-advocacy　ピア・アドヴォカシー），③市民（citizen-advocacy），④専門家（professional-advocacy）となる。アドヴォカシーの目標により分類すると，①権利救済を目標とするアドボカシー（リーガル・アドヴォカシー）と，②本人と関係者の力を高めるためのアドヴォカシー（アシスティブ・アドヴォカシー）に分けられる。アドヴォカシーの戦略により分類すると，①権利救済アドヴォカシー（personal〈case〉advocacy）と，②権利形成・獲得アドヴォカシー（system〈class〉advocacy）に分けられる。アドヴォカシーシステムの法的権限により分類すると，①調査の権限，②調停の権限，③勧告の権限に分けられる[14]。

4　エンパワメント

　エンパワメントとは，社会的に不利な状況に置かれ，力（パワー）が欠けた状態に陥っている人たちに対して，彼らの力を高める方向で展開する援助のあり方をいう。この力とは，個人的，社会的，政治的，経済的なものと考えられ，援助者は利用者に対するパートナーとして利用者の力を強める働きかけをする。
　社会福祉援助の目的概念として定義すると，さらに次のようになる。
①　社会福祉の援助において，個人に対しては，その本人が脅かされている主体性や権利や目標を達成するために，その心理的・社会的・法的阻害要因との対決を支援し，その問題解決能力を高めるプロセス。
②　集団やコミュニティに対しては，集団やコミュニティが心理的・社会

---

12)　河野正輝・大熊由紀子・北野誠一編『講座　障害を持つ人の人権3〈福祉サービスと自立支援〉』（有斐閣，2000年）143頁（北野誠一執筆部分）。
13)　前掲12）148頁。
14)　前掲10）150〜158頁参照。

的・法的・政治的な影響力や支配力を得て，その問題解決能力と相互支援力を高め，その自律性と自主性を獲得することを支援するプロセス，を言う[15]。

エンパワメントは，自立して，自分らしく生きる力を高めること，及びそのプロセスであり，医療・福祉・教育などのヒューマンサービスにおける援助の目標概念であるとともに，過程概念である。個人（仲間・集団・コミュニティ）のエンパワメントは，①個人（仲間・集団・コミュニティ）が侵されている，諦めさせられている，奪われている主体性・目標・選択（肢）・権利・自律性・相互支援力・自治（力）を自覚し，明確にするとともに，②その心理的・組織的・社会的・経済的・法的・政治的阻害要因と対決して，問題を解決する力を高め，③様々な支援を活用する力を高めること，である[16]。

とくに，知的障害や精神障害等自らの意思を明確にして主張する能力が弱い障害者に対して，自己決定能力を支援する援助者（障害者に対してエンパワメント支援をする者）の重要性が指摘される。この援助者は従来の専門家やサービス提供者とも異なり，障害者の側に立って障害者自身の思いを理解・共感できる感性がより必要である。

5　アドヴォカシーとエンパワメント

福祉などの対人サービスにおいては，アドヴォカシー（権利擁護）は，利用者のエンパワメントに関わる一つの基本的な活動である。ここでは，両者の関係について，次のように整理する[17]。

アドヴォカシーが成立するためには，次の3つの基本的な条件がある。
① 本人が自ら侵害されていたり，諦めさせられている権利性を明確に自覚するとともに，その権利性の救済や権利の形成・獲得を目指す問題意識を持っていること。あるいは，本人の支援者あるいは法定代理人が，本人が侵害されていたり，諦めさせられている権利性を，本人の立場に立って，かつ常に本人にフィードバックしながら明確にするとともに，その権利の救済や権利の形成・獲得を目指す問題意識を持っていること。

---

15) 定岡丈弘・佐藤久雄・北野誠一編『現代の障害者福祉〈これからの社会福祉⑤〉』（有斐閣，1998年）228頁。
16) 前掲10) 142～143頁。
17) 前掲10) 144～147頁参照（北野誠一執筆部分）。

② 何らかの妨害や侵害に直面している本人の行為に，一定の権利性を主張し得る正当性が存在すること。
③ 本人（サービス利用者など）の権利性に基づく訴えに対して，本人を権利擁護できるシステムが存在すること。

①の条件については，次の３つの問題がある。第一に，諦めさせられている権利性である。エンパワメントやアドヴォカシーの一つの大切な視点として，高齢者や障害者が自覚し，訴えている問題だけではなく，本人の内面に抑圧された思いや問題をどのように引き出し，受け止めていくかの問題がある。多くの障害者が，様々な人権侵害を体験していながら，それを明確に人権侵害とは自覚し得ていないことがある。様々な日常生活上の差別や困難を，障害者だから仕方がない，病気や障害があるから甘んじなければならないと思い込まされている状態では，人権侵害が終わらないだけでなく，人権侵害をする側を野放しにしてしまうことになる。このように，諦めさせられている権利性を明確に自覚することを支援することが，アドヴォカシーの基本的活動であり，本人のエンパワメントに不可欠のテーマでもある。高齢者や障害者の日常生活のありとあらゆる相談や一般的な質問・疑問そのものが，人権侵害に対する訴えである可能性があるので，自らの権利を自覚して訴えてくる者を待っているだけでは，問題は解決しない。相談を受け止めて，本人の権利性を明確にする支援が求められる。

第二に，後見的支援における本人の代弁・代理である。第三者が介入することによって，本人を権利侵害からできる限り遠ざけ，保護し，本人の生命や財産を保護しようとするのが従来の支援であった。これに対して，本人の選択や決定をできる限り尊重するとともに，それが困難な場合においても，できる限り本人の選択や決定が可能となるように支援することによって，自立生活主体としての本人の選択権や決定権を支援すること，つまり，エンパワメントを目指す支援のあり方が望まれる。後見的支援における代弁や代理とは，本人になり代わって支援することであってはならない。本人の安全や他者の安全などのために本人の選択を制限する場合には，その選択肢以外には他に有効な方法がないことの立証責任が，制限する側に要求される。アドヴォカシー活動の目標は，本人のエンパワメントにある。エンパワメントに基づく後見的支援とは，限りなく本人の自己決定・自己選択そのものを支援していくことが大前提である。

第5章　成年後見制度と福祉の接点

　第三に，アドヴォカシーの活動開始における本人の訴えの必要性についてである。アドヴォカシーは，基本的に，本人の訴えに基づいて開始される。しかし，重度の知的障害者や精神障害者や認知症高齢者は，彼らがたとえ訴えたり不服を申し立てたとしても，それを軽視したり無視されることがある。不服申立権者を本人以外の配偶者，親族，法定代理人，行政機関，オンブズマン，ボランティアなどに広げるのみならず，彼らの立場に立ち，彼らの内なる声や叫びを受け止めるシステムが必要であり，本人の訴えがなくとも開始されるアドヴォカシーシステムが必要である。

　②の条件については，サービス利用者である高齢者や障害者の権利と，サービス提供者の権利との衝突がある場合，アドボケート（権利擁護者）は，高齢者や障害者の立場に立って，その権利の正当性を支援することになる。

　③の条件については，まさに，成年後見制度がその役割を果たすことになると考えられる。

6　高齢者・障害者の人権について

(1)　高齢者の人権

　先のノーマライゼーション理念は，高齢者についても用いられる。今日では平均寿命が伸び生命の質は十分に確保できるが，生活の質（QOL）をどのように維持するか，自立支援をどのようにするかという問題に直面している。そこで，日本における高齢者の人権について考察する。

　1981年の国際障害者年は，ノーマライゼーション理念をわが国に定着させることに役立った。同時に高齢者福祉サービスの重要性や有効性を発見することにつながり，行政課題が施設福祉から在宅福祉へとシフトする契機となった[18]。

　高齢者福祉はノーマライゼーション理念に導かれながら，入所から通所へ移行し，施設の地域化によってその社会化を発展させ，在宅福祉サービスを総合的に提供する地域の拠点に発展した。施設の入所者のみと関わっていた時代から，地域で生活する高齢者の在宅生活を支援し，在宅生活の質を高め，自立支援を基本とする福祉サービスの提供に責任を担う時代となったのである。

　老人保健施設・特別養護老人ホームの共通サービス評価基準に見られる高齢

---

[18]　前掲4）212頁，なお，高齢者の人権について，社会情勢や制度の変遷に着目して検討したものに，佐藤進編著『老人と人権』（同文舘，1977年）など。

者処遇の理念は「自己決定の尊重・残存能力の活用・サービスの継続性」である。高齢者に対する保健福祉サービスは生活の質の確保・その確実な継続・自立支援を目標として提供されるのである。在宅福祉サービス及び施設福祉サービスのどちらも高齢者一人一人が異なる人格の持ち主であり、人の生き方が多様であるという視点から、個別化を図ることが重要である。高齢者自身がどのような生活をしたいか自己決定することができ、どのような状況に置かれても、高齢者自身が希望する生活が維持できるように支援することが、高齢者の人権を擁護することになる。

さらに、1999年の、国連国際高齢者年では、「すべての世代のための社会を目指して」をテーマに、高齢者の自立（仕事や他の手段で収入を得る機会を持つことができる）、参加（政策の決定、地域活動やボランティアへの参加ができる）、ケア（医療や介護、保護を受けることができる）、自己実現（自己の可能性を発展させる事ができる）、尊厳（肉体的、精神的虐待がなく、公平に扱われる）を実現する社会を創設することを目標に掲げた。認知症高齢者の権利擁護についても、このような視点にたつことは重要である[19]。

(2) 障害者と人権

障害者基本法3条では、「全ての障害者が、障害のない者と等しく、基本的人権を享受する個人としてのその尊厳が重んぜられ、その尊厳にふさわしい生活を保障される権利を有する」と規定されている。しかし現在でも障害者への虐待・暴力といった権利侵害や、本人の意向を無視した処遇など人権に関わる問題がある。

このような状況を解決していくためには、権利を侵害され、自分の意思を表現することが困難な環境にいる人たちを代弁し、解決に向けて提言するアドヴォカシー（権利擁護）機能や、このような人々が自立に向けて自らの権利を主張できるように支援するエンパワメント（権限の強化）機能を地域に実体化させてゆくことが求められる。自治体レベルでのオンブズマン制度の導入などはその先駆的な試みである。また、1995年12月『障害者プラン』の中で、障害者の財産管理や権利擁護を内容とする成年後見制度の検討を明らかにしたのは、障害者の権利擁護を含む生活支援を法的に支える制度が必要であることを認めたことを意味する。基本的人権の尊重と個人の尊厳を保障することがノー

---

19) 厚生省監修『平成12年版厚生白書』（ぎょうせい、2000年）158頁。

マライゼーションの達成であり、このための基本的前提が自己決定、自己選択であり、成年後見制度はこれらの理念や前提を制度化したものである[20]。

7　障害者権利条約

2006年の第61回国連総会において「障害者の権利に関する条約」(以下、障害者権利条約)が採択された。障害者の権利に関する理念、行動計画について、法的拘束力のある条約が採択されたことになる。わが国はこの障害者権利条約を2014年に批准したため、条約の内容に従って法整備をしなければならない。1条では、障害者の概念を示しているが、成年後見制度の対象者は、この障害者権利条約における障害者の概念に当てはまる[21]。

この障害者権利条約でとくに重要視されているのは、2条に規定されている「合理的配慮」という考え方である[22]。合理的配慮とは、「障害者が他の者との平等を基礎としてすべての人権及び基本的自由を享有し、または行使することを確保するための必要かつ適当な変更及び調整であって、特定の場合において必要とされるものであり、かつ、均衡を失した又は過度の負担を課さないものをいう」と定義づけている。そして、「障害に基づく差別には、あらゆる形態の差別を含む(合理的配慮の否定を含む。)」と規定しているので、障害者が権利を行使できない環境に置かれている場合、その環境の改善を怠った場合は差別と位置づけることができる。

成年後見制度との関係で問題が指摘されているのは、12条2、3項に規定されている意思決定の支援に関する事項と29条に規定されている選挙権に関する事項に、わが国の成年後見制度が抵触する可能性があることである[23]。民法

---

20) 前掲4) 241〜242頁、なお、成年後見制度における権利擁護とアドボカシーについては、河野正輝・菊地高志編『高齢者の法』(有斐閣、1997年) 136〜159頁参照。

21) 障害者権利条約については、松井亮輔・川島聡編『概説　障害者権利条約』(法律文化社、2010年) を参照した。障害者権利条約1条では、障害者の概念を「障害者には、長期的な身体的、精神的、知的または感覚的な機能傷害であって、様々な障害との相互作用により他の者との平等を基礎として社会に完全かつ効果的に参加することを妨げ得るものを有する者を含む。」と規定している。条文は、2009年政府仮訳に基づいた。

22) 前掲書1) 49頁参照。

23) 障害者権利条約における成年後見制度の問題点については、田山輝明編著『成年後見制度と障害者権利条約——東西諸国における成年後見制度の課題と動向』(三省堂、2012年) 167〜176頁、新井誠「障害者権利条約と成年後見法——『前門の虎、後門の狼』——」千葉大学法学論集28巻1・2号 (2013年) 29〜61頁参照。なお、障害者権利

858条に規定されている本人の意思尊重義務は，成年後見制度が法定代理制度から導き出されるため，事実行為は法律行為を伴う事項に限られ，単独の事実行為は民法858条を根拠には認められない。したがって，民法858条の本人の意思尊重義務から，法律行為を伴わない単独の意思決定の支援に関する事項を導き出すことはできない。また，後見類型は，成年後見人が付されると，公職選挙法により自動的に選挙権・被選挙権が剥奪されていた。

　意思決定の支援については，2013年に改正された障害者基本法23条1項に障害者の意思決定の支援を明記した規定が設けられた。さらに障害者総合支援法では，施行後3年（2016年4月）をめどとした見直しをする検討課題の一つに，支援事業所の業務，相談支援事業所の業務に「障害者の意思決定の支援に配慮」との文言を追加して，対応を検討している。

　選挙権については，2013年に成年後見人が付された知的障害者らに選挙権を与えない公職選挙法11条が憲法16条，44条に違反し，無効であるとの判決が出た（東京地判2013年3月14日判時2178号3頁）。この判例を受けて2013年5月に公職選挙法が改正され，2013年6月30日に施行された。これにより，2013年7月1日以降に公示，告示される選挙について，成年被後見人は選挙権，被選挙権を有することになる。

第2節　成年後見制度とケアマネジメント

1　総　論

　成年後見人等は，介護・生活維持に関する契約等の法律行為を行う義務がある（民法858条）。ケアマネジメントは現在介護保険制度と障害者総合支援法

　条約12条2，3項，29条には次のように規定されている。
　12条2項「締約国は，障害者が生活のあらゆる側面において他の者との平等を基礎として法的能力を享有することを認める。」
　　　3項「締約国は，障害者がその法的能力の行使に当たって必要とする支援を利用する機会を提供するための適当な措置をとる。」
　29条 (a)「特に次のことを行うことにより，障害者が，直接に，又は自由に選んだ代表者を通じて，他の者との平等を基礎として，政治的及び公的活動に効果的かつ完全に参加することができること（障害者が投票し，及び選挙される権利および機会を含む。）を確保すること。（下線は筆者）」

第5章　成年後見制度と福祉の接点

において義務づけられているが，それぞれの制度は，契約により利用可能な制度である。したがって，成年後見人は，これらの制度を成年被後見人に代わって契約を締結する場合，手続上ケアマネジメントに関わる可能性がある。そこで，ケアマネジメントについてその概要を整理する。

ケアマネジメントとは，要援護者と社会資源を結びつけることによって，要支援者の地域社会での生活を支援していくことである[24]。高騰する医療費を抑制し，かつ利用者にとって質の高いサービスを提供する目的を果たすために有効な方法として開発されたものである。ケアマネジメントは財源抑制を第一義的な目的にすべきではなく，二次的な結果として検討されるべき事項である。ただし，要援護者の生活の質を高めることと，財源を抑制することが必ずしも矛盾するものではなく，ケアマネジメントを介して両者を同時に追求することができると考えられている。

ケアマネジメントは，利用者の地域での生活支援を目的としている。医学モデルのケアマネジメントが，要援護者よりもケアマネジャーの権限が大きく，専門家主導で実施していくケアマネジメントなのに対して，生活モデルのケアマネジメントは，要援護者が主導で，専門家が要援護者の生活設計を側面的に支援していくケアマネジメントであるといわれている。要援護者が主であり，専門職が従といった関係，あるいは両者が対等な関係で，アセスメント（情報収集）やニード（必要性）の決定，ケアプランの作成は両者の共同作業の結果と見る[25]。

ケアマネジャーは，要援護者の自己決定や自己選択を支援することになる。このようなケアマネジメントを行うことによって，要援護者の自立を支援することになる。ここでいう「自立」の意味は，自分で人生の生活設計を決定することで，身体的なADL（日常生活動作）での自立や経済的な自立よりも広い概念で考えられている。

要援護者を単に問題や希望を持った人といったマイナスイメージで捉えるのではなく，要援護者が持っている長所や強さといった良さを見つけ出し，それらを一層高めていくことに焦点を当てる考え方（エンパワメント）をケアマネジャーは持つ必要がある。そして，ケアマネジメント援助の結果，要援護者の

---

24)　白澤政和・橋本泰子・竹内孝二監修『ケアマネジメント講座第1巻　ケアマネジメント概論』（中央法規，2000年）2頁。
25)　前掲24) 2頁。

第2節 成年後見制度とケアマネジメント

生活の質(QOL)を高めることになる。このために,要援護者の自己決定や自立を重要な要素としていくことが求められる。

また,ケアマネジャーと要援護者の対等なコミュニケーションの持ち方が問われる。ケアマネジメントは,生活主体者の自己実現などでもって生活の質を高めることをねらいとしている以上,ケアマネジャーは単なる要援護者と社会資源を調節するだけではなく,要援護者との共同作業として弁護的機能(アドヴォケイト機能)が求められる。この弁護的機能は,個々の利用者の弁護をしていくケース・アドヴォケイト機能と,利用者と同じ対象者層を単位として集団的に弁護していくクラス・アドヴォケイト機能を含んでいる[26]。

ケアマネジメント実践に一貫している考えとして重要なことは,①個別性を重視した援助,②サービス利用者の必要性が中心になる考え(利用者中心),③生活者として障害者を捉える考え(生活の質=QOLの重視),④利用者自身が問題解決能力をつけていく考え(エンパワメント),⑤自己決定を中心に据えた自立の考え(自立の新しい考え方),⑥利用者の権利擁護(アドヴォカシー)である。特に,④,⑤,⑥は,知的障害者や精神障害者などのケアマネジメントを考える上できわめて重要なことである。そして,最終的なケアマネジメントの目標は,①自己決定を主とした自立の達成,②利用者の自己解決能力(エンパワメント)の向上である。このように,ケアマネジメントは,「ノーマライゼーション」理念を実現する最適な方法なのである。

2 ケアマネジメントの利用者

ケアマネジメントの利用者は,様々な生活課題を抱えている人である。その特徴については次の点があげられる[27]。
① 複数の,または複雑な身体的・精神的不全(impairment)を抱えている要援護者
② 複数のサービスを必要としている,あるいは受けている要援護者
③ 施設入所が検討されている要援護者
④ サービスが十分に提供されていない要援護者
⑤ 受けているサービスが不適切である要援護者

---

26) 前掲24)3〜5頁。
27) 『新版・社会福祉学習双書』編集委員会編『新版・社会福祉学習双書2004 第17巻 ケアマネジメント論』(全国社会福祉協議会,2004年)23頁。

第5章　成年後見制度と福祉の接点

⑥　世話すべき家族員がいない，あるいは十分世話ができていない要援護者
⑦　家族員のみで看ている要援護者
⑧　行政サービス以外のインフォーマルな支援（例えば，近隣やボランティア）を必要としている要援護者
⑨　行動や態度が他人の耐え得る範囲を超えている要援護者
⑩　何度も入退院を繰り返している，あるいは自分自身の健康管理ができない要援護者
⑪　自己の問題点やニーズについての判断力が曖昧である要援護者
⑫　金銭管理ができない，あるいは行政サービスを申請するのに手助けがいる要援護者
⑬　個人的な代弁者が必要な要援護者

ケアマネジメントの援助過程は，次のようになる。
①　ケース発見：複数のニーズを抱え，それらを解決できない状態の人を見つける段階である。ニーズ（必要性）を持っている人かを判断するスクリーニング（ケアマネジメントの適合性の確認）と，利用者の援助過程への参加を促すインテーク（ケアマネジメントの対象とするか否かの判断と支援契約を利用候補者と結ぶ作業）から成り立っている。
②　アセスメント（情報収集）：社会生活上のすべての観点から，利用者の現時点の問題やニーズを事前評価することである。
③　ケアプランの作成：ケアマネジメントの援助の目標（ケース目標）の設定と，このケース目標を達成するために，利用者に即した個別的な計画の作成をする。
④　ケアプランの実施：利用者が円滑にサービスやサポートが受けられるようにケアプランを実施する。ケアプランを利用することができない場合が生じたとき，利用者の代弁や擁護（アドヴォケイト機能）により，ケアマネジャーが調整するが，それでも困難な場合は，利用者と一緒にケアプランを一部修正する。
⑤　モニタリング（追跡）：利用者及びサービス提供状況についてのチェックとフォローアップ
⑥　再アセスメント：利用者にニーズを再確認し，必要があればケアプランを修正し，援助を提供する。
⑦　終結：利用者がケアマネジメントの援助を必要としなくなった段階で，

援助は終結する。終結する理由は，利用者の死去や施設への長期入所のほか，利用者がケアマネジメントの援助過程の中でエンパワメント（本来の力を失っている利用者が，援助者とともに本来の力を発揮できるように障害を解決する作業）が図られ，利用者自ら生活が行えるようになった場合（セルフケアマネジメント）が考えられる[28]。

成年後見制度の対象者について，援助過程の中で考慮しなければならないのは，次の点である。

高齢者の場合，ケース発見の段階で，サービスの存在を知っていても迷っている相談者や，相談窓口の活用方法を知らず，電話で相談事を訴えられない高齢者には，訪問機能がないと，相談窓口の相談がなされないままになってしまう。また，ケアプランの作成の際には，残存能力を活用しながらより良い生活を目指す自立や生活の質（QOL）の向上を具体的なイメージとして描くことが重要である[29]。

知的障害者の場合，ケアマネジメントは，①自立と社会参加の支援，②地域生活を維持するサポート，③障害者の人権と主体性（本人参加と自己決定）尊重を念頭におくものである。このようなニーズは，介護保険制度におけるケアマネジメントの「要介護度」のように測れるものではないことに留意すべきである[30]。

精神障害者の場合，ケアマネジメントの特定のニーズは，①日常生活上の問題処理を助ける，②危機介入，③個人レベルの権利擁護，④システムレベルの権利擁護，が特に求められる。直接サービスが必要とされるが，同時にケアマネジャーが引き受けすぎてはならない注意点があること，社会的不利のために社会資源そのものが不備であるため，権利擁護やサービス開発にも力を注がなければならないところに特徴があることが指摘されている[31]。

特に，障害者ケアマネジメントの場合，セルフケアマネジメントを行うようになることが，最終到達点であるといわれている。セルフケアマネジメントとは，地域での自立生活を作り上げていく中で行うマネジメントのことであり，

---

[28] 前掲27）27～39頁参照。
[29] 白澤政和・橋本泰子・竹内孝二監修『ケアマネジメント講座第2巻　ケアマネジメントの実践と展開』（2000年，中央法規）11, 15頁。
[30] 前掲29）49頁。
[31] 前掲29）56頁。

関連諸制度や地域の社会資源を利用する上で，自分自身で決定していくことである。

　平成15年度から，精神・知的・身体障害者への新たなサービス提供の手法として「障害者ケアマネジメント」が導入された。ケアマネジメントの理念や利用者や具体的な対応については，成年後見制度の理念や対象者とほぼ一致する。成年後見人，保佐人，補助人，任意後見人は，ケアマネジメント手法を転用して様々な援助をすることが，職務のひとつと考えられる。また，直接ケアマネジメントを行うこともあるだろう。身上配慮義務を考察する場合も，このような視点を視野に入れて議論を展開することが必要である。

はじめに

第6章　社会福祉法制と福祉契約

はじめに

　社会福祉に関わる契約には，従来は，市町村と社会福祉事業の経営者との間で締結される福祉サービスの提供に関する委任契約と，市町村との間で締結される保育所利用契約があった。社会福祉基礎構造改革によって，新たに，介護保険事業者と利用者の間で締結される介護保険対象サービスを利用するための契約と，社会福祉事業の経営者と利用者の間で締結される「福祉サービスを利用するための契約」が創設された。

　成年後見制度と特に関係があるのは，介護保険サービス利用契約と，障害者総合支援法における福祉サービスを利用するための契約，日常生活自立支援事業（地域福祉権利擁護事業）[1]である。このような福祉サービスの分野で，利用者の権利や自己決定権について指摘されるようになった。その背景には，まず要援護者像の変化とそれに伴うニーズの多様化があげられる。福祉の対象がごく限られた低所得者層から，所得の多寡を問わないすべての高齢者，障害者などへ普遍化するとともに，人々のニーズも，事後的，救済的な擁護から個人の自立を支援するサービスのニーズへと変化した[2]。そして，サービス供給システムが変化した。供給システムの多元化（措置から契約へ，サービス利用方法の多様化）が進み，営利・非営利を含めて民間事業者によるサービスが次第に拡大してきた。これは，利用者の選択肢が広がるとともに，サービスの仕組み全体を行政本位から利用者主導へ転換するものであり，他方，当事者の権利擁護の必要性を強めるものである[3]。

　ここでは，成年後見制度と関係があり，社会福祉基礎構造改革によって新た

---

1) 日常生活自立支援事業の前身である地域福祉権利擁護事業は，1999年10月に，国庫補助事業として都道府県社会福祉協議会を実施主体として開始された事業である。2007年に，国が国庫補助事業の名称を地域福祉権利擁護事業から日常生活自立支援事業に変更した。東京都など，地域によっては従来どおり地域福祉権利擁護事業の名称を使用しているところもあるが，本書では日常生活自立支援事業に統一する。
2) 河野正輝＝関川芳孝編『講座　障害をもつ人の人権①＜権利保障のシステム＞』（有斐閣，2002年）29頁。
3) 前掲2)と同じ。

に契約が導入された分野に限定して検討する。したがって，介護保険制度における介護保険事業者と利用者との間で締結される契約と，日常生活自立支援事業やサービス利用支援事業の提供者と利用者との間で締結される契約と，障害者総合支援制度における社会福祉事業者と利用者との間で締結される契約を対象にする。それぞれの制度や事業の概要を整理してから，社会福祉サービス利用契約について検討する。

第1節　社会福祉基礎構造計画と社会福祉法制

1　社会福祉基礎構造計画における社会福祉サービス利用契約制度の導入

(1)　背　景

これまでの社会福祉制度は，生活困窮者を保護・救済するため，昭和26年に制定された社会福祉事業法を中心に，行政主導で行う仕組みを制度化していた。しかし，生活水準の向上，急速な少子・高齢化の進展，核家族化などによる家族機能の変化などにより，国民の社会福祉の需要は増大・多様化し，福祉サービスの質の向上と効率化の必要が迫られている。

従来の社会福祉は，福祉サービスの提供につき，行政庁が行政処分をもって決定し，社会福祉事業者に委託する措置制度に基づくものであった。しかし，行政庁が一方的にサービスを決定する措置制度は，利用者本人の権利や，利用者の必要性に合致していることを保障するものではなかった。そこで，社会福祉基礎構造改革において，利用者本人の尊厳保障という視点から，利用者本人の自己決定を尊重するため，契約制度に転換していくことが定められた。

(2)　具体的内容

社会福祉基礎構造改革について（中間まとめ）では，社会福祉サービスの利用については，「行政処分である措置制度から，個人が自ら選択し，それを提供者との契約により利用する制度への転換を基本」とし，権利擁護については，「成年後見制度とあわせ，社会福祉分野において，各種サービスの適正な利用を援助する等の権利擁護の制度を導入・強化」するとしている。社会福祉サービスの一部が措置から契約へ移行する目的は，利用者の選択の可能性，サービ

スの提供を要求する権利性，利用者と提供者の対等性を確保するためである。措置から契約へ福祉サービスが移行する際，判断能力が十分ではない人への契約を締結するための支援が必要であるために，成年後見制度の導入の必要性が指摘された。介護保険制度と成年後見制度が2000年に同時施行されたのは，まさにこのような要請があったためである。

2　介護保険制度

　介護保険制度は，介護を必要とする状態になっても自立した生活ができるように，社会保険の仕組みを活用して，高齢者の介護を社会全体で支える制度である[4]。介護保険制度における介護・介護予防サービスを利用するためには，①利用者が行政に対して介護サービスの給付申請をし，②行政が要介護認定（給付決定）をした後で，③利用者が事業者と契約をする，という段階を経る必要がある。

(1)　介護保険給付の要件（18条・19条）

　介護保険給付が認められるのは，要介護状態または要支援状態にある場合である。要介護状態とは，「身体上または精神上の障害があるために，入浴，排泄，食事などの日常生活における基本的な動作の全部又は一部について，厚生労働省令で定める期間にわたり継続して，常時介護を要すると見込まれる状態」（7条1項）である。要支援状態とは，「身体上もしくは精神上の障害があるために，入浴，排せつ，食事等の日常生活における基本的な動作の全部もしくは一部について厚生労働省令で定める期間にわたり継続して常時介護を要する状態の軽減若しくは悪化の防止に特に資する支援を要すると見込まれ，または身体上もしくは精神上の障害があるために厚生労働省令で定める期間にわたり継続して日常生活を営むのに支障があると見込まれる状態」（7条2項）である。第1号被保険者は，要介護・要支援状態の認定を受ければ保険給付を受給できるが，第2号被保険者についての保険給付は，要介護・要支援状態が脳血管障害，初老期認知症などの，加齢に伴って生ずる心身の変化に起因する疾病がその原因となっているものである場合に限られる（7条3項）。

---

[4]　介護保険制度の内容については，佐藤進・河野正輝編『介護保険法──権利としての介護保険に向けて──』（法律文化社，1998年），堀勝洋・岩志和一郎編『高齢者の法律相談　新・法律相談シリーズ』（有斐閣，2005年）344〜348頁をもとに内容を整理して，法改正された部分を補足した。

(2) 介護保険給付の手続 (27条・32条)

介護保険を申請すると，日常的な生活動作のレベルによって，要介護，要支援，自立（非該当）のいずれかに認定される。要介護と認定された人は介護給付，要支援と判定された人は予防給付のサービスが利用できる。以下，申請からサービス開始までの手続の流れを整理する。

① 要介護認定申請：介護保険法に基づくサービスを利用するためには，まず保険者である市町村または申請を代行する窓口（居宅介護支援事業者，指定基準違反のない介護保健施設，または地域包括支援センター）に要介護・要支援認定の申請を行うことが必要である。

② 訪問調査：市町村などは認定作業を行うために，訪問調査員を派遣し，本人の心身の状態に関する調査（85項目の基本調査と特別事項調査）をし，調査票に記入する。

③ 第1次判定：基本調査で，要介護認定基準時間をコンピューターにより推計し，一次判定を行う。

④ 第2次判定：本人の主治医または市町村などが指定した医師の意見を求め，これらの必要情報を把握した上で，専門家で構成する介護認定審査会で二次判定を行う。

⑤ 要介護状態区分の認定：介護を必要とする状態区分を決定し，申請者に通知することとなる。

⑥ 介護サービス計画の作成：要介護認定に該当し，介護保険法に基づくサービスを利用する場合には，介護サービス計画（ケアプラン）の作成が必要になる。ケアプランの作成は，要介護は居宅介護支援事業者（ケアマネジャー），要支援は地域包括支援センターに利用者の負担なしで依頼することができる。居宅介護支援事業者や地域包括支援センターに介護サービス計画の作成を依頼する場合は，それぞれと契約を締結する必要がある。

⑦ 介護サービスの利用：介護サービス事業者と介護サービス利用契約を締結して，介護サービスを受ける。その際，費用の1割を利用者がサービス事業者に支払う。事業者は利用者が自由に選べる。

⑧ 要介護認定の見直し：高齢者は短期間で体調が変化することもあるので，認定は3～6カ月ごとに見直される。介護サービス計画（ケアプラン）も状態に合わせて変更が可能である。

(3) 介護保険制度におけるケアマネジメント

　要介護・要支援の認定を受けて，それぞれのサービスを利用するためには，ケアプランを作成しなければならない。ケアプランとは，本人の心身の状態や環境に応じて，本人が自立した生活を送れるように介護サービスを組み合わせた計画書のことである。要介護者の場合は居宅介護支援事業者（ケアマネジャー）に，要支援者の場合は地域包括支援センターに作成を依頼できるが，本人や家族が作成することができる。

　ケアプランをケアマネジャーなどが作成する場合には，本人が直面している困難や希望をケアマネジャーに伝えて，本人の生活状況や環境にあったサービスをケアプランに反映させる必要がある。そして，本人が納得がいくまでケアプランの見直し，調整，確認が行われる必要がある。

　ケアプランの作成を依頼する場合の流れは次のとおりである。要支援1・2と認定された場合は，①地域包括支援センターへの利用申し込み，②地域包括支援センターとの契約，③介護予防サービス計画（ケアプラン）作成の依頼，④ケアプランの原案の作成，⑤ケアプランの検討と利用者の合意，⑥介護予防事業者とサービスごとの契約，⑦介護予防サービスの利用，⑧地域包括支援センターによる継続的な見直し（モニタリング）である。要介護1～5と認定された場合は，①居宅介護支援事業者の選択，②居宅介護支援事業者との契約，③ケアマネジャーに居宅サービス計画（ケアプラン）の依頼，④ケアプランの原案の作成，⑤ケアプランの検討と利用者の合意，⑥介護サービス事業者とサービスごとの契約，⑦介護サービスの利用，⑧ケアマネジャーによる継続的な見直し（モニタリング）である。それぞれの手続の①～⑧を繰り返すことが，介護保険制度におけるケアマネジメントである。

3　障害者総合支援法

(1) 経　　緯

　現在の障害者総合支援法のもととなる支援費制度は，社会福祉基礎構造改革の一つとして，障害者福祉サービスを利用者の立場に立った制度を構築するため，これまでの行政がサービスの受け手を特定し，サービス内容を決定する「措置制度」から，障害者の自己決定を尊重し，利用者本位のサービスの提供を基本として，事業者などとの対等な関係に基づき，障害者自らサービスを選

択し，契約によりサービスを利用する仕組みである[5]。

　支援費制度の施行後，在宅サービスの利用者数の増加，障害種別のサービス格差，サービス水準の地域格差，在宅サービスの予算の増加と財源問題などの課題が生じた。このような問題に対処するために，2005年障害者自立支援法が成立し，2006年より施行された。その後，障害者自立支援法の抜本的な改正の必要性が高まり，2012年に障害者総合支援法が成立し，2013年から施行されている。対象者は，障害者・障害児（身体障害・知的障害・精神障害・発達障害・高次脳機能障害・難病患者等）である。サービスは大きく分けて，自立支援給付と地域生活支援事業に分かれる。

(2) 自立支援給付の基本的な手続の流れ

　自立支援給付の支給決定までの具体的な手続きの流れは，①市町村への相談・申請，②障害程度（支援）区分認定調査，③一次判定（市町村），④介護給付を希望する場合は二次判定（審査会）（訓練等給付を希望する場合は一次判定のみ），⑤障害程度（支援）区分の認定，⑥勘案事項調査（市町村），⑦サービス利用の意向聴取（市町村），⑧サービス等利用計画案の作成，⑨訓練等給付を希望する場合は暫定支給決定（サービスを一定期間試して適切かどうかを確認する），⑩支給の決定，である。それぞれの段階は，次のように行われる。

　まず，サービスの利用についてどのようなものがあるかを市区町村，市区町村障害者生活支援事業，障害児（者）地域療育等支援事業の各窓口に相談し，サービスが決まったら市区町村の窓口で支給申請をする。

　申請をすると，市区町村の職員が利用者から聞き取り調査を行い，支給決定に必要な事項を検討する。ここで検討される内容は，障害の種類及び程度やその他心身の状況，介護を行う者の状況，利用に関する意向の具体的内容，利用者の置かれている環境などである。

　支給決定に必要な検討がされた結果，自立支援給付の支給決定がされる。決定内容に不服がある場合は市区町村へ不服申し立てが出来る。

　支給が決定した後，自立支援給付におけるサービスを利用するために，サービス利用契約の申し込みをする。利用者は施設や事業者と利用するサービス内

---

[5] 障害者総合支援法の内容については，監修京極高信，初山泰弘，支援費制度辞典編集委員会編『支援費制度辞典』（社会保険研究所，2003年），京極高宣『障害者自立支援法の解説』（全国社会福祉協議会，2006年）をもとに内容を整理して，法改正された部分を補足した。

容を十分に確認してから契約を締結する。契約においては，言葉による説明での誤解を避けるため，社会福祉法76条によって利用者への書面（重要事項説明書）の交付が義務づけられている。

利用者はサービス利用の費用のうち利用者負担額を事業者・施設に直接支払う。

事業者・施設は提供したサービスについて市区町村に自立支援給付を請求する。市区町村は，一定の審査後に支給額を確定し，事業者・施設に自立支援給付を支給する。

(3) 障害者総合支援法と障害者ケアマネジメント

従来の支援費制度では，ケアマネジメントは導入されていなかった。しかし，制度を適用する中で，障害者ケアマネジメントが問題となった。具体的な問題点は，①在宅サービスの不足，②支援費におけるサービス必要量の判断根拠の問題，③障害者本人へのエンパワメント支援（自己決定への支援，自分の状況説明力の獲得，サービス利用への当事者の主体的な行動）が不十分なこと，があげられている[6]。

厚生労働省も，障害者ケアマネジメント等のあり方について，次のことを指摘している。

- ・障害者の生活を支え，自立と社会参加を進める観点からの総合的なケアマネジメントの制度化を図るべきである。
- ・障害者ケアマネジメントは，障害の特性に応じた様々な職種によるチームアプローチを基本とするとともに，その透明性や中立性の確保及び専門性の向上に配慮すべきである。同時に，エンパワメントの考え方に基づき，障害者がセルフケアマネジメントを行うという視点が重要である。
- ・契約方式の下では，制度を利用するに当たって，権利擁護が実質的に機能する方策を考える必要がある[7]。

支援費制度を改正した障害者自立支援法では，障害者や家族等からの相談に応じ，障害者等の個々の心身の状況，サービス利用の移行，家族の状況などをふまえて，適切な支給決定が行われるようにするとともに，さまざまな種類の

---

[6] 小澤温「障害者ケアマネジメントをめぐる課題」月刊福祉2004年5月号38頁。
[7] 厚生労働省社会保障審議会障害者部会『今後の障害者保健福祉施策について（中間的な取りまとめ）』（平成16年7月13日）。なお，この内容は，社会福祉の動向編集委員会編『社会福祉の動向2004』（中央法規，2004年）496頁による。

サービスを適切に組み合わせ，計画的に利用できるように，ケアマネジメントが導入された。

障害者ケアマネジメントは，障害者の権利擁護の観点に立って，生活ニーズと社会資源を適切に結びつける機能を持ち，障害者の自己決定・自己選択を尊重するために重要な援助方法である。障害者自立支援法77条1項1号では，ケアマネジメントを遂行するために相談支援事業について規定し，この相談支援事業を市町村の地域生活支援事業として位置づけ，これを相談支援事業者に委託できるようにしている。この規定は障害者総合支援法に引き継がれている。

2012年4月より，市町村は，必要と認められる場合として省令で定める場合には，指定を受けた特定相談支援事業者が作成するサービス等利用計画案（ケアプラン）の提出を求め，これを勘案して支給決定を行うことになった（障害者総合支援法22条6項）。このサービス等利用計画案をもとにして，支給決定時からケアマネジメントが実施される。

支給決定を受けた後，計画的かつ継続的な支援を必要とする人に対しては，サービス等利用計画を作成し，サービスの提供事業者や施設等からサービス利用の斡旋や調整等の支援が行われる（ケアマネジメント）。支給決定時のサービス等利用計画の作成及び，支給決定のサービス等利用計画の見直し（モニタリング）について，計画相談支援給付費が支給される（障害者総合支援法51条の17）。このサービス等利用計画を作成する相談支援事業者と利用者（障害者本人）とは，ケアプラン作成のための契約を締結しないことが，介護保険制度との違いである。

(4) 地域生活支援事業と成年後見制度

障害者総合支援法における地域生活支援事業は，障害者が，その有する能力及び適性に応じて，自立した日常生活または社会生活を営むことができるように，市町村を中心として事業を実施するものである。2013年4月から，地域生活支援事業の必須事項が追加され，成年後見制度の利用促進が強化された。

2012年4月から，「成年後見制度利用支援事業」が制度化され，成年後見制度の利用に要する費用のうち，成年後見制度の市町村長による申立てに要する費用（登記手数料，鑑定費用等）と後見人等の報酬の全部または一部を補助する事業が導入された（障害者総合支援法77条4項）。2013年4月から，「成年後見制度法人後見支援事業」が加わった（障害者総合支援法77条5項）。これは，市

民後見人の活用も含めた法人後見の活動を支援することで、障害者の権利擁護を強化しようとするものである。事業内容は、法人後見実施（予定）団体への研修、組織体制の整備、活動支援、立ち上げ支援などである。

(5) 障害者総合支援法と本人の意思決定の支援

2013年の障害者総合支援法制定に向けて、2011年に提言が出された[8]が、その中で成年後見制度について、本人の意思決定の支援の検討が必要であることを提起している。そして、2013年障害者総合支援法施行の際、施行後3年（2016年4月）をめどとした見直しの検討課題の中で、障害者の意思決定支援のあり方、障害福祉サービス利用の観点からの成年後見制度の利用促進のあり方を取り上げている。判断能力が十分ではない障害者本人の立場に立って、本人の意思決定を支援するしくみの創設が検討課題としてあげられているのである。

4　日常生活自立支援事業

(1) 目　的

日常生活自立支援事業は、認知症高齢者、知的障害者、精神障害者など、判断能力の不十分な人々が地域で自立した生活が送れるように、福祉サービスの利用援助を行うことにより、その権利擁護を行うために開始された社会事業で

---

[8] 障がい者制度改革推進会議総合福祉部会「障害者総合福祉法の骨格に関する総合福祉部会の提言——新法の制定を目指して——」（平成23(2011)年8月30日）では、成年後見制度について次のように指摘をしている。
　　［成年後見制度］
　　・現行の成年後見制度は、権利擁護という視点から本人の身上監護に重点をおいた運用が望まれるが、その際重要なことは、改正された障害者基本法にも示された意思決定の支援として機能することであり、本人の意思を無視した代理権行使は避けなければならない。また、本人との利害相反の立場にない人の選任が望まれる。
　　・同制度については、その在り方を検討する一方、広く意思決定支援のしくみを検討することが必要である。
　　・同制度において、被成年後見人であることが選挙権等の剥奪をもたらす欠格事由とされている等、様々な欠格条項と関連しており、関係法の改正が検討されるべきである。
　　選挙権については、平成25年3月14日に、成年被後見人について被選挙権剥奪を定める公職選挙法を違憲無効とする判決が出たのち、平成25年5月に公職選挙法が改正になり成年被後見人に選挙権、被選挙権が認められることになった。

第 6 章　社会福祉法制と福祉契約

ある。社会福祉基礎構造改革は，福祉サービスの利用に関して，個人の自己決定を尊重する観点から，個人が自らサービスを選択し，サービス提供者との契約により利用する制度を基本とする方針である。こうした制度を構築するためには，判断能力が不十分な人々を含め，誰でも必要なときに必要なサービスを適切に利用できる体制を整備することが前提となる。自己決定能力が低下しているため，福祉サービスを適切に利用できない人々の権利擁護のため，成年後見制度の導入と合わせて，社会福祉の分野でも，各種の福祉サービスの利用などを援助する制度の導入，強化を図る必要があるとの指摘から導入されたものである[9]。

(2)　基本的な枠組みと視点

日常生活自立支援事業は，次のような基本的な枠組みをもとに制度設計をしている[10]。

① 実施主体と本人又は代理人（法定後見人を含む）との委任契約（又は準委任契約）に基づき必要な援助を行うこと。

② 利用者の身近な場所に相談窓口を設置するとともに，個々の人事に直接援助を行う者（生活支援員）を配置すること。

③ 利用者の生活状況や需要を的確に把握し，自立支援の観点からも適切な援助内容を設定するとともに，生活支援員の業務の監督を行う専門職（専門員）を配置すること。

④ 援助の内容は，福祉サービスの利用援助など日常生活に必要不可欠な範囲とすること。援助の内容がこの用に日常不可欠なものであれば，実施主体と契約を締結する上で利用者に必要とされる判断能力も一定程度あれば足り，契約の有効性に問題が生じないこととなる。

⑤ 契約締結に必要となる判断能力の程度は，対象となる特定の契約内容に照らして，その性格や効果を理解する能力があるかどうかを評価していく必要があり，その評価に関する統一的なガイドラインを作成すること（契約締結判定ガイドライン）。

⑥ 利用者にとって利用しやすい，適切な契約書類など諸様式を作成するこ

---

[9]　日常生活自立支援事業については，青木重仁「社会福祉基礎構造改革と地域福祉権利擁護事業」判例タイムズ 1030 号（2000 年）162 頁～168 頁をもとに内容を整理し，改正された部分を補足した。

[10]　前掲 9) 164 頁。

と。
⑦　専門員，生活支援員の資質の向上のために適切な養成・研修体制を設けること。
⑧　事業の適正な運営を図るため，本人の判断能力に疑義が生じた場合に慎重な手続きを確保するため，専門的見地から判断能力の有無を評価する「契約締結審査会」を設けるとともに，有識者や利用者団体により構成され，第三者による客観的な監督を行う「運営監視委員会」を設置すること。
⑨　本事業については社会福祉法上の社会福祉事業（社会福祉法81条）として明確に規定すること。

(3) 内　　容

　対象者は，認知症高齢者，知的障害者，精神障害者などで判断能力が十分ではないため，日常生活を営む上で必要な福祉サービスなどを自己の判断で適切に選択・利用することが困難な者が対象となる。
　利用者本人との契約により支援を行うため，日常生活自立支援事業の内容を理解し契約を締結する能力があることが必要になる。医師の診断書や障害者手帳は不要である。
　援助内容には，基本サービスとして福祉サービスの利用援助がある。そして，追加サービスとして日常的金銭管理サービスと書類等預かりサービスがある。追加サービスのみの援助はない。
　福祉サービスの利用援助の内容は，①福祉サービスを利用する，または利用をやめるために必要な手続，②福祉サービスの利用料を支払う手続，③福祉サービスについての苦情解決制度を利用する手続などである。
　日常的金銭管理サービスの内容は，①年金及び福祉手当の受給に必要な手続，②税金や社会保険料，公共料金，医療費を支払う手続，③日常生活に必要な預金の払い戻し，預け入れなどの手続などである。
　書類等預かりサービスの内容は，金融機関の貸金庫で年金証書，預貯金の通帳，権利証（登記識別情報），契約書類，保険証書，実印・銀行印等を預かることである。

(4) 具体的な手続の流れ

　相談受付から終了までの手続の流れは，①相談受付，②訪問・調査・関係調整，③支援計画の作成，④契約締結，⑤援助開始，⑥支援計画の評価等，⑦解

第6章　社会福祉法制と福祉契約

約・終了である。

相談受付は，利用を希望する本人が住んでいる地域の基幹的社会福祉協議会が相談に応じる。

訪問・調査・関係調整は，専門員が本人の自宅等を訪問し，相談に応じる。ここでは，本人の生活状況の把握や事業の具体的な説明，利用希望の確認，契約締結判定ガイドライン[11]の実施による契約締結能力の確認等を行う。また，必要に応じて親族や関係機関との調整連絡を行う。本人の契約締結能力の確認が難しい場合は，社会福祉協議会に設置されている契約締結審査会で審査する。

支援計画の作成は，本人の希望や生活状況をふまえて，日常生活自立支援事業による支援内容を具体化した「支援計画」を作成し，本人に説明する。

契約締結の段階で，担当する生活支援員を紹介し，本人と基幹的社会福祉協議会などとの間で契約を締結する。訪問・調査・関係調整に携わった専門員と生活支援員との関係は，指示・監督関係にあり，コーディネーターの役割を果たす専門員と，日々の支援を行う生活支援員が連携・協力する。そのため，一人の利用者に，必ず専門員と生活支援員が一名ずつ担当する。

援助開始は，担当する生活支援員が，支援計画に基づき定期的に支援する。相談や支援計画の作成は無料だが，契約締結後の支援については有料となる。

支援計画の評価等は，専門員が定期的に利用者宅を訪問し，支援計画が適切かどうか，本人の判断能力や利用希望に変化がないかを確認する。利用者の心身の状況変化等により，支援計画の変更が必要な場合には，契約締結審査会で審査したうえで，変更する。

---

11)　全国社会福祉協議会地域福祉部『2008年　日常生活自立支援事業推進マニュアル』128頁に掲載されている契約締結判定ガイドラインの調査及び評価項目は次のとおりである。
　①コミュニケーション能力（意思表示能力，理解能力）
　②契約の意思（契約発意者の確認，契約の意思確認）
　③基本的情報，見当識（基本的情報，見当識の確認）
　④生活状況の概要，将来の計画，援助の必要性（日常生活の概要，社会生活の概要，将来の予測，計画，福祉サービスの利用確認，日常生活自立支援事業利用意思の再確認）
　⑤契約内容の理解（支援計画案の提示，苦情の申立に関する説明，契約解除・終了）
　⑥専門家の意見照会（必要時に専門家への意見照会に関する同意を本人から得る）
　⑦記憶，意思の持続（記憶，意思の持続確認・契約意思の再確認）
　⑧施行状況および継続の意思（サービス施行状況の確認，継続の意思確認）

解約・終了は，利用者が解約を申し出た場合は，一定の手続により解約する。利用者が他地区へ転居したり，施設入所や長期入院した場合，判断能力の低下等により日常生活自立支援事業の支援の継続が困難になった場合には，都道府県社会福祉協議会の同意を得て解約する。また，利用者が死亡した場合には，契約は終了する。

⑸　成年後見制度の併用

　日常生活自立支援事業と成年後見制度の併用は，従来は認められていなかったところもあった。東京都社会福祉協議会では，2008年から取り扱いを一部変更して，「成年後見制度と併用して地域福祉権利擁護事業（日常生活自立支援事業）を利用することが必要と判断される指標」[12]のいずれかに該当するときは，①すでに日常生活自立支援事業を利用している人について補助人・保佐人が選任された場合に，本人との契約を継続すること，②①の場合に補助人・保佐人と新たに利用契約を結ぶこと，③補助人・保佐人が選任されている人について日常生活自立支援事業を利用するための契約を締結すること，が可能になった。

　併用する場合は，東京都社会福祉協議会の契約締結審査会の承認が必要である。契約締結審査会とは，東京都社会福祉協議会に設置されている機関で，医師，弁護士，福祉・保健関係の専門家から構成されている。ここでは，利用希望者の契約締結能力の確認が困難な場合等に，専門的見地から審査等を行い，契約の可否を判断するとともに，その適正さを確保するため，利用者を支援する際の留意点等の助言を行う。また，基幹的社会福祉協議会等からの相談や対応が困難な場合の助言等の役割も担っている。

---

[12]　東京都社会福祉協議会「地域福祉権利擁護事業専門員マニュアル［東京版］」追加・変更資料集には，「成年後見制度と併用して地域福祉権利擁護事業を利用することが必要と判断される指標」として次の事項をあげている。
　　①権利侵害，虐待等を受ける恐れがあり，日常的な見守り体制が必要な場合
　　②同居者や親族が何らかの生活課題等を抱えており，本人の生活を支援するために，ファミリーソーシャルワークの観点から同居者や親族を含めた見守りが必要な場合
　　③精神的な問題等により，本人からの頻繁な訴えに対してきめ細かな対応が必要であり，複数の機関での関わりが必要な場合
　　④本人にとって，新しい人間関係を形成することが難しく，地域福祉権利擁護事業の支援がなくなることが本人に大きな不利益になると想定される場合

(6) 日常生活自立支援事業が利用できない場合

日常生活自立支援事業を利用するためには，管轄する社会福祉協議会と契約を締結しなければならない。そのため日常生活自立支援事業の内容を理解し契約を締結する能力があることが必要要件となる。したがって，認知症や障害が重い場合には，成年後見制度など他の制度を使用しなければならない。

第2節　福祉契約の法律関係

1　福祉契約の構造

福祉契約は，必ずしも概念が定まっていないが，ここでは，社会福祉事業で提供される社会福祉サービスを利用するための契約で，成年後見制度の対象者（成年被後見人等）が対象者となる社会福祉サービスに限定する[13]。したがって，検討対象は，介護保険法，障害者総合支援法，日常生活自立支援事業に限定される。

従来の福祉政策が措置から契約へ転換された結果，福祉サービスを受けるための契約が必要になった。契約方式を採用した目的は，①利用者の選択の可能性，②サービスを要求する権利性，③利用者と提供者の対等性を確保することである。しかし，この福祉契約は通常の契約とは大きく異なり，契約が成立するためには，①利用者は行政に対し給付申請をし，②行政が給付決定をした後で，③利用者と事業者の間で契約を締結する，という一連の過程を経る必要がある。

利用者に判断能力があれば利用者と事業者が契約を締結することになる。利用者の判断能力が十分ではない場合は，成年後見制度を利用して利用者本人名義の契約を締結する方法と，家族など利用者以外の者と事業者が第三者のためにする契約を締結する方法がある。成年後見制度を適用する場合，同意権者

---

[13] 福祉契約については，笠井修「福祉契約論の課題──サービスの「質」の確保と契約責任」森泉明編『著作権法　民法の現代的課題──半田正夫先生古稀記念論集──』（法学書院，2003年）674〜677頁，額田洋一「福祉契約論序説」自由と正義52巻7号（2001年）14〜21頁，日本社会保障法学会編『社会保障法』第19号（法律文化社，2004年）93頁以下の『シンポジウム　社会福祉と契約』に掲載されている各論文，小賀野晶一「成年後見と社会福祉法制」新井誠・赤沼康弘・大貫正男編『成年後見法制の展望』（日本評論社，2011年）260〜265頁を参照した。

（保佐人，補助人）の同意を得て本人と事業者が契約を締結する場合と，利用者の法定代理人と事業者が利用者名義の契約を締結する場合がある。

2　福祉契約の法的性格

福祉契約の多くは，有償・双務契約である。介護保険制度におけるケアプラン作成のための利用者と事業者の契約は無償契約である。福祉サービス提供者側の義務は，①サービス提供義務，②情報提供義務，③説明義務，④書面交付義務，⑤苦情解決義務，⑥安全配慮義務，⑦個人情報保持義務がある。サービス利用者には，①代金支払義務と②協力義務がある[14]。

福祉契約の法的性格は，委任契約，準委任契約，請負契約の複数の要素を含む契約であると考えられる。介護保険制度の場合，ケアプランの作成のために地域包括支援センターまたは居宅介護支援事業者との契約と，介護（介護予防）サービスを受けるための居宅サービス（介護予防）事業者との契約と2つの契約を締結する（ケアプランを自分で作成する場合は，居宅＜介護予防＞サービス契約のみである）。ケアプラン作成のための契約は，法律行為をすることを相手に委託するのではないので準委任契約である。介護（介護予防）サービスを利用するときは，費用を負担するとともに，サービス提供の完成を目的とするため，請負契約である。障害者総合支援法の場合，支給決定がされた後，利用者はサービス事業者と契約するが，介護（介護予防）サービス同様請負契約である。日常生活自立支援事業は，福祉サービスの利用援助と日常的金銭管理サービスについては委任契約で，書類等預かりサービスは準委任契約である。

3　福祉契約の特色

福祉契約には，次の特色がある。
①　消費者契約であること

福祉契約も契約である以上，消費者契約法の適用を受ける。サービス提供者に様々な義務や制限があるとはいえ，利用者とサービス提供者の間には情報の質や量，交渉力に差があることが多く，このような利用者を保護する必要があ

---

[14]　長沼健一郎『介護サービス契約のあり方に関する一試論――消費者保護にかかる8つのポイント――』ニッセイ基礎研究所『21世紀の社会保障改革に向けた視点』（ニッセイ基礎研究所，1998年）115頁～129頁参照。社会福祉法にも情報提供義務（75条），説明義務（76条），書面交付義務（77条）について規定がある。

るからである。消費者契約法には，事業者は消費者が契約内容を理解するために必要な情報を提供して，十分説明するよう努力しなければならない（消費者契約法3条），利用者が事業者から不適切な勧誘を受け，利用者が誤った認識をして契約を締結してしまったときは契約を取り消すことができる（同4条），契約条項の中に消費者にとって不当に不利な契約がある場合には，当該条項を無効にすることができる（同8条，9条，10条）などの規定がある。しかし，福祉契約の対象は利用者の人間としての生活基盤や生命・身体に直結する重大な利益であるため，より強い保護が求められる。

② 事業者が厳格な民事責任を負う契約であること

福祉契約に違反があった場合，債務不履行あるいは損害賠償責任が発生する。高齢者や障害者はもともと事故が発生しやすい状況にあるため，どのような状況のもとで契約違反といえるのか，その特定は容易なことではないといわれている。準委任契約に基づく福祉サービス提供義務の場合，提供者の行為に善管注意義務違反がある場合に債務不履行と判断される。また，サービス内容の不完全さにより利用者の身体・財産に被害が生じた場合も債務不履行が認められる。なお，福祉サービスにより利用者に損害が生じた場合は，安全配慮義務に基づく損害賠償責任や不法行為責任が発生する。

③ 継続的契約であること

福祉契約は，長期間にわたって多数回のサービスの提供を継続的に繰り返し行うことを内容とする契約であるため継続的契約にあたる。福祉契約の場合，契約書を取り交わして事業者がサービスを提供し始めた後で，その後の状況の変化によって，高齢者や障害者の状態に合わせて契約内容を変更せざるを得ない。また，福祉契約の場合は，信義則の法理が幅広く適用され，契約内容に直接盛り込んでいない付随義務が広く認められる。したがって，安全配慮義務，守秘義務等が認められる。

④ 契約自由の原則が行政の関与により制限される契約であること

福祉契約も，民法上の契約と基本的には考え方は同じである[15]。しかし，行

---

15) 内田貴「民営化(privatization)と契約(4)――制度的契約論の試み」ジュリスト1308号（2006年）93頁～94頁では，契約を「合意によって権利義務を変動させること，あるいはそのような合意」と理解したうえで，制度を「個人の意思の外部に確立された財やサービスの配分のための行動様式を意味する概念として」用いる。そして，「制度が

政処分を伴う契約であるため，契約自由の原則が制限される。社会福祉サービスは行政に対する申請とそれを受けての処分（要介護認定による給付決定や，障害者総合支援法における支給決定等）によって行われ，サービス内容の変更，サービスの打ち切り（要介護認定で自立＜非該当＞と認定されて受給資格を喪失した場合等）も行政処分によって行われる場合が多い。行政処分によりサービスの打ち切りが決定すると，事業者と利用者の間で有効に福祉サービス利用契約が成立していても強制解除となる。また，給付されるサービスや費用に上限があること，事業者に非常に多くの義務や規制があること，等の制約がある。

⑤ 利用者（高齢者・障害者）に対して権利擁護が必要な契約であること

民法が前提としている私的自治の原則は，自由かつ対等な関係を尊重しているものであり，そこから契約自由の原則が導かれる。しかし，実際の社会福祉サービス提供関係は，利用者と事業者とは必ずしも対等な関係に立っていない。サービス基盤が不十分であるために契約を拒否され，サービス提供を拒否される危険があること，利用者の判断能力が不十分であること，利用者は，必要な福祉サービスに関する情報を得にくい環境にあること，利用者が事業者と契約を締結するための交渉の際に支援が必要であること，等があげられる。そこで，これらの問題を補完して実質的に利用者と事業者が対等な立場になるよう，利用者の権利擁護が求められることになる。

権利擁護の概念は，特に社会福祉サービス分野で発展し，その基本理念はセルフアドヴォカシーとエンパワメントであると指摘される[16]。権利擁護は，サービス提供者，サービス利用者（被援護者）双方の立場から必要である。権利擁護とは，福祉サービス利用において，まず，サービス利用者（被援助者）の立場から，判断能力が十分ではない人々（認知症高齢者，知的障害者，精神障

　　契約を通じての提供に転換されたとき，そこで用いられる契約は，多くの場合，個別の当事者の意思が支配する領域は限られており，当事者の意思の外に存在している財やサービスの給付に関する仕組みの全体を視野に入れないと理解できない」として，このような契約を制度的契約と理解するとしている。そして，福祉契約を制度的契約の一つと理解したうえで，制度的契約が福祉契約以外にも広く見出せることを指摘する。

16) 河野正輝・菊池高志編『高齢者の法』（有斐閣，1997年）138頁〜139頁。セルフアドヴォカシーとは，選択と自己決定，尊厳の保持を中心に「自ら物を言う」ことであり，エンパワメントとは，サービス供給者と利用者の不平等関係を是正するところに視点を置いて，社会福祉サービスの利用者が自らの生活に影響を及ぼす事柄について，より力を発揮し，これを自らコントロールできるようにすることである，と指摘している。

第6章　社会福祉法制と福祉契約

害者等）の立場に立って，被援助者本人の意思決定・自己選択を最大限に尊重しながら本人の権利行使を擁護し，本人に必要な援助の実現を支援することである。サービス提供者にも，本人（サービス利用者）の意思を尊重しながら本人の権利行使を擁護し，本人に必要な援助の実現を支援することが要求される[17]。

　また，今日の社会福祉サービスは，基本的には利用者の申請主義である。この申請主義に基づく供給システムは，次の状況が整備されていることが前提とされている[18]。

① 福祉ニーズを持つ地域住民がそのことを十分自覚的に認識していること。
② その福祉ニーズが何らかの福祉サービスによって解決，あるいは緩和される可能性があることを理解していること。
③ 必要とされている福祉サービスの内容，手続きの窓口や方法，費用負担の程度などについて相当の情報をもち，しかも理解していること。
④ 福祉サービスの利用に伴いがちなスティグマから解放されているか，あるいはそれを無視せざるを得ないほどの状況に置かれていること。
⑤ 利用の申請に必要な判断能力や移動の能力を持っていること。
⑥ 利用に伴って必要とされる費用を負担する能力を持っていること。
⑦ 利用の可否についての判断が示されるまで持ち，こたえるためのインフォーマルな，あるいはフォーマルな社会資源が身近にあること。

　しかし，実際問題として，社会福祉の潜在的な利用者の中には，①福祉ニーズを抱えていることを自覚していない人々，②有効な福祉サービスについての情報を欠いている人々，③気後れや病身その他の身体的事情で申請ができない人々など，現行の申請制度に適合し得ない人々が多数存在している。このように福祉サービスの利用及び利用の過程をめぐる問題が存在することがあるので，福祉契約を援助する場合，福祉契約を行うことができるように環境を整える援助や，申請のための援助が必要である。そのため，福祉サービスの利用契約を締結する際には，契約締結のための支援と必要な福祉サービスを本人と結びつけるための支援が必要である。

---

[17] 菊池馨実「介護保険制度と利用者の権利擁護」季刊社会保障研究36巻2号（2000年）233頁。
[18] この指摘については，古川孝順編『社会福祉供給システムのパラダイム転換』（誠信書房，1992年）6〜7頁参照。

第2節　福祉契約の法律関係

⑥　利用者と利益相反の関係にならない人の援助が必要な契約であること

利益相反行為は，当事者の間で利益が相反することとなる内容の行為のことである。後見人が被後見人から財産を譲り受けたりすることがこれに当たる。この場合は，一方が他方を代理したり，一人が双方を代理したりすることは禁止され，違反して行われた利益相反行為は無権代理行為になる。

福祉契約における当事者の利害関係の有無は，それぞれの置かれている立場や契約の目的等により判断される。例えば，介護保険制度を利用するためには，介護支援専門員（ケアマネジャー）と相談または連携して，本人（成年被後見人等）にとって最良の介護サービスを利用できるようにする。介護支援専門員は，①居宅介護支援事業所に所属して，介護サービスを利用しようとする本人と契約し，②その上で，ケアプランを作成するという関係にある。介護支援専門員は契約の当事者であり，サービスを直接利用する人の側に立つことができないので，本人とは利益相反関係になる。

また，介護支援専門員はケアマネジメントを行うが，現状では居宅介護支援事業所と訪問介護事業所（介護サービス提供機関）を兼ねている事業所も少なくない。そのため，介護支援専門員が所属している訪問介護事業所に有利になるようにケアマネジメントを行うことは利益相反行為となる。このように，居宅介護支援事業所と訪問介護事業所が利益相反の関係にある場合，本人の立場に立って介護サービス利用契約（福祉契約）を援助する必要がある。その際，成年後見人等は，本人の利益にかなうように介護保険契約を締結する際支援する必要がある。本人の立場に完全に立って，契約をする際に本人を支援する人が必要な契約であることが特徴である。

第7章　身上監護と権利擁護

1　内容の整理

　ここまで成年後見制度について，身上監護に関する内容を中心に検討をしてきた。今までの内容を整理する。

(1)　ドイツ法

　ドイツの成年後見制度に相当する世話法は，従来の能力を制限することにより本人を保護する制度から，本人の能力を最大限に引き出すことにより自己決定権を尊重する新たな制度に改正された。世話法1896条では必要性の原則と補充制の原則を規定し，1897条では，個人的な世話について，被世話人の個別的な必要性を考慮し，それに対応するための規定が設けられた。1901条では，世話人は本人の福祉に配慮する義務があることを規定し，1904～1906条では，裁判所の許可が必要な重大な身上監護事項（医療に関する事項，施設収容，不妊手術に関する事項）について特に規定を設けている。1897条の個人的な世話は，わが国の身上監護についての一般規定（民法858条）に相当する規定である。規定の方法の特徴として，①身上監護事項について，医療同意や居所指定等に関する具体的な規定のほかに，「個人的な世話」という一般規定を置いている，②「個人的な世話」の内容を示すために，世話人の義務規定（1901条）を置いていることである。それぞれの条文の内容を整理，検討した。

　世話法においては，「本人の意思を尊重すること」を重要な世話人の職務と位置づけた。世話法の基本原理として，本人にとって必要がなければ世話法を適用しないことを定めた必要性の原則（1896条）や，本人の意思を確認するための同意の留保（1903条）の規定を置き，自律（Autonomie）や私的自治（Privatautonomie）について検討されるのもそのためである。そして，この本人の意思を尊重する義務を，個人的な世話の具体的な内容として理解している。個人的な世話の職務範囲（契約の締結の援助など）は限定することができるが，世話人の本人の意思を尊重する義務は，すべての職務範囲に対して生じる。個人的な世話を遂行するためには，世話人と本人との間で，コミュニケーションをとることが重要である。個人的な世話の核心となる職務は，個人的な接触

第7章　身上監護と権利擁護

(persoenliche Kontakt) であり，本人に対する相談業務が重要である。本人の意思決定や同意を尊重することを「個人的な世話」として，世話人の職務に位置づけている。

　世話法では，世話に対する費用は一定の条件のもとで国庫から支出されることになっており，世話が必要な人に対してきめ細かな配慮がなされた制度となっている。しかし，世話が利用されればされるほど，国家から支出される費用が増大し，国家財政を圧迫することになってしまった。そこで，1999年に法改正されて施行された。主な改正は，世話の内容を「法律上の世話」に該当する内容に限定することにより，世話法の適用を厳格にすることが目的であった。しかし世話の利用件数は増加しつづけ，世話に対する国庫の莫大な費用支出に歯止めがかからなかった。また，1999年改正に前後して，「世話の質」をめぐる議論がされ始めた。1897条で規定されている「個人的な世話」の内容が曖昧なために介護や看護，介助などと混同されがちで，職業世話人が世話をした場合，世話として評価され，報酬を請求できるかが裁判で争われた。世話が，介護や看護などを調整することであることが指摘された。また，世話の質を維持し，世話の調整を有効に行う方法として，ケアマネジメント手法による世話についての議論が展開されるようになった。

　2003年に連邦と州の研究会が第二次世話法改正法案に対して提言を行ったが，その中でケアマネジメント手法について検討された。そして2005年の世話法改正の際に，ケアマネジメント由来の「世話計画」（ケアプランに相当する）が，世話法1901条4項に新たに規定されることになった。世話人は世話の職務を行う際に，必要に応じて被世話人の世話計画を作成し，世話を行うための目標と目的達成のための対策を明らかにすることとなったのである。

(2)　アメリカ法

　アメリカには，成年後見制度に相当する制度に法定後見制度 (guardianship) がある。任意後見に相当する制度として持続的代理権 (durable power of attorney) がある。コモンロー上は，本人の意思能力が喪失すると代理権が消滅するため，本人の意思能力が喪失しても代理権が持続する制度が必要なので新たに創設されたのが持続的代理権である。法定後見，持続的代理権ともに財産管理と身上監護の事項を含む。また，財産管理後見人，身上監護のための持続的代理権を併用して適用することが認められ，本人の残存能力の活用のた

めには，むしろこのように目的を限定した法定後見や持続的代理権の適用が奨励される。また，これらの制度の代替方法として信託やリビングウィルなどが活用される。本人の意思を尊重する立場から，持続的代理権が法定後見に優先する。身上監護のための持続的代理権を適用する場合，必ずその内容を書面で明らかにすることが要求されている。持続的代理権は，手軽で利用しやすい制度である反面，代理人を監督する制度がないために，代理人の権限濫用が問題となる。

法定後見制度は，裁判上の手続において権利侵害があること，後見人が付されると，被後見人の権限が剥奪されてしまうことが従来から問題点とされており，現在も議論が継続している。法定後見制度の問題点に対応するために，新たな裁判所の対応，仲裁制度の活用，後見人の権限を限定すること（限定後見），後見計画の作成，様々な社会資源の活用について検討されている。法定後見制度の問題を回避するために持続的代理権制度や信託制度が活用される。成年後見制度と福祉を結びつけるためのケアマネジメントに関する議論がある。これらの制度や，ケアマネジメントに関する事項を検討，整理した。

(3) イギリス法

イギリスには，成年後見制度に相当する制度として，1985年持続的代理権授与法があった。対象は財産管理のみで，身上監護事項は含まれない。しかし，事前の意思表明の重要性や，医療に関する同意や生活事項に関する持続的代理権の必要性が指摘されるようになり，1995年に政府は法改正へ向けての報告書を公表した。これを受けて，2005年意思能力法が制定された。1985年持続的代理権授与法の内容は，2005年意思能力法に引き継がれた。特徴は，本人の能力の判断基準や，最善の利益（best interests）について規定を設けたことである。対象は，医療，財産管理，生活事項に及ぶ。

1983年精神保健法は，2007年に一部改正された。本人を保護することを主に目的とした制度で，精神障害者の強制入院，強制治療に関する規定がある。また，法定後見制度（guardianship）に関する規定があり，成年後見（adult guardianship）に相当する。法定後見人の職務内容は，本人の福祉の必要性に焦点を当て，本人のためのケアプランを作成し包括的な福祉に対応することで，本人の立場に立って権利擁護することに限定されている。

本人の意思を尊重し，できる限り本人の自律を支援するためには，2005年

意思能力法がより適切である。本人の保護が必要な場合1983年精神保健法が適用される。両制度が重なる場合，2005年意思能力法が優先する。それぞれの法制度で，本人の意思の尊重と保護，医療や福祉のサービスへのアクセスに関する事項，代行決定に関する基準，人権を保護するための方法や手段が具体的な規定，判例や運用指針で明らかにされているところに特徴がある。「本人の自律と保護の調和」の一つのあり方についての示唆が得られた。

(4) わが国の成年後見制度

民法858条を中心に制度の沿革について検討した。わが国の成年後見制度における身上監護に関する議論は，明治民法922条における禁治産者の療養看護義務にさかのぼる。療養看護をさほど重要視せず，自宅への監置を認めたことから，禁治産者の人権を侵害したものであった。また，成年後見制度が制定される前は，現在の精神保健福祉法が禁治産者の療養看護義務について定めた民法の特別法の役割を果たしていたことから（精神保健福祉法の立法過程や民法旧858条参照），事実上精神保健福祉法の規定に移行したと解されていた。成年後見制度における議論から身上監護に関する議論が本格的に行われたと見てよい。

成年後見制度制定の際に，『成年後見問題研究会報告書』と『成年後見制度の改正に関する要綱試案の解説──要綱試案・概要・補足説明──』が公表された。この2つの報告書の中で検討された身上監護に関する議論を整理した。

本人の意思尊重義務と身上配慮義務については，自律と保護の調和の視点から検討した。身上監護については，法律行為に付随する事実行為が認められるが，固有の事実行為は認められない。しかし，法律行為に付随する事実行為の範囲は特定されていないため，可能な限り認められるべき事実行為を検討した。身上監護事項としては，介護に関連する事項や医療，虐待について検討した。学説については，財産法と家族法に関する議論や，扶養義務や身上監護に関する議論を検討した。

(5) 成年後見制度と福祉の関係

成年後見制度と福祉の関係については，成年後見制度と福祉の理念が一致すること，成年後見制度の対象者は多くの場合福祉の援助の対象者であること，社会福祉基礎構造改革により，福祉契約が締結されるようになったので，契約の援助に関する議論が必要であることを踏まえて必要事項を整理，検討した。

国連で採択された「知的障害者の権利宣言」（1971年），「障害者の権利宣言」（1975年），「高齢者の権利宣言」（2000年）などにより，高齢者や障害者の福祉施策の基本的な理念が示された。これらの権利宣言が，最終的に2006年の障害者権利条約の採択に結びついた。このような流れが，世界各国で成年後見制度の立法化に少なからず影響を与えた。その基本理念は，ノーマライゼーション，自己決定権の尊重，残存能力の活用である。この基本理念を実現するための具体的な援助技術や考え方であるノーマライゼーション，リハビリテーション，アドボカシー，エンパワメント，ケアマネジメントを検討，整理した。

(6) 社会福祉法制と福祉契約

社会福祉基礎構造改革により，福祉の分野で新たに契約制度が導入された介護保険法，障害者総合支援法，日常生活自立支援事業（地域福祉権利擁護事業）の基本事項を検討，整理した。そして，これらの3つの制度を対象に福祉契約について成年後見制度との関係を意識しながら検討した。成年後見制度の対象者が契約を締結するためには，契約締結のための支援と必要な福祉サービスを本人と結びつけるための支援が必要であることを念頭において検討した。

(7) 小　　括

ドイツ，アメリカ，イギリスの成年後見制度の特に身上監護に関する事項を中心に検討した。すべての国に共通することは，①身上監護の対象が生活や療養看護のほかに医療の分野を含むこと，②成年後見人の権限を特定の内容に限定する限定後見であること，③本人の自己決定と自己選択を最大限に尊重すること（自律）を最優先にするが，本人の心身，生命の安全確保のための保護についても対応すること，④本人の必要に応じた個別の成年後見計画やケアプランの作成を義務づけたり推奨していることである。

これらの内容をふまえて，身上監護事項，ケアマネジメント，自律と保護の調和について検討する。そして，今後の検討課題に触れる。

2　身上監護事項

(1) 事実行為について

民法858条は，「生活，療養監護及び財産管理の事務」を行うにあたって，「本人の意思尊重義務」と「身上配慮義務」があることを規定している。本人の意思を尊重するとは，ノーマライゼーションの考え方に基づいて，被後見人

の自己決定権を最大限に尊重することである。身上に配慮するとは、まず要援護者の心身の健康や安全を確保するために必要な対応をすることである。そのためには要援護者と十分なコミュニケーションを図ること、そのための環境を整えることが必要である。具体的には、見守りを行うことにより要援護者の状況を常に把握し、必要に応じて援助者や援助機関との交渉や契約締結、契約履行を行うことである。

　立法担当者は、後見の「事務」は法律行為と法律行為に付随する事実行為を指すものである、との態度を示しているが、これは、被後見人の介護、医療同意、居所指定という事実行為を義務づけるのでないことを明らかにした、一種の注意規定と考えるべきである。また、事実行為は、法律行為に付随するものに限られず、法律行為に関連しない事実行為も認められると考えられる。事実行為の内容を限定するのは、成年後見人等に過重な負担をかけないための配慮であると考えられる。したがって、成年後見人等の負担にならない範囲で要援護者を支援するための事実行為を認めることは問題ないと考えられる。厳格に解釈してすべての事実行為を排除することは、高齢者、障害者の権利擁護を実現するための本人の意思尊重義務や身上配慮義務を遂行するためにはむしろ妨げになるだろう。もし、身上監護事項は法律行為や法律行為に付随する事実行為に限定されることを盾に取り、必要な援助や支援を行わないとしたら本末転倒である。むしろ、様々な身上監護ができるようにその範囲を拡大していくべきである。

(2) 成年後見制度と福祉の連携

　従来の成年者に対する後見制度は、本人の能力を制限することにより財産を保護することを目的とし、本人の残存能力を活用したり、本人の要望を受け入れるために十分な制度ではなかった。しかし、社会状況は大きく変化してノーマライゼーションの考え方が浸透した。また高齢社会が到来し、従来の福祉のあり方では問題に対応できなくなり、変革を迫られた。介護保険法や障害者総合支援法の導入により福祉の分野に契約が導入され、一人暮らしの高齢者や障害者が増加している現状では、もはや、特定の人々のための特別な制度では対応できなくなり、すべての人々が安心して社会生活を営むための生活支援を行うことを前提とした制度が必要になった。成年後見制度も従来の財産管理を中心とした制度からの転換を迫られていると考えられる。成年被後見人等に対す

る生活への配慮は，民法のみではなく，福祉の分野からの視点も考慮されなければならない。

　成年後見制度の担い手として，従来は原則親族のみだったのが，第三者や法人にも拡大された。第三者後見人の担い手は，弁護士，司法書士，社会福祉士の活動のほかに，公証人，税理士，行政書士なども含まれうる。市民後見人も活躍している。法人後見は，社団法人成年後見センター・リーガルサポートのほかにも，社団法人，社会福祉法人や福祉公社，中間法人なども活動している[1]。このように，従来は親族や個人的な人間関係の中では適切な援護者を見つけることができなかった要援護者も，権利擁護の専門家団体や地方自治体が関わることにより必要な支援が受けられるようになった。これが，いわゆる「成年後見の社会化」と呼ばれるものである[2]。身上監護について検討する際も，このような状況を念頭に置かなければならない。社会福祉基礎構造改革により，社会福祉分野に契約手法が導入された。社会福祉と民法の連携方法が具体的に問われる中で，実務のあり方も問われる。単なる契約締結の援助のみではなく，総合的な生活支援を想定すべきである。そのためには，支援すべき身上監護事項を明らかにし，身上配慮義務が適切に履行される必要がある。

3　身上監護とケアマネジメント

(1)　成年後見法においてケアマネジメントを検討する意義

　ケアマネジメントとは，要援護者や家族が持つ複数のニーズと社会的資源を結びつけることである。もともとは精神障害者の脱施設化に伴い，障害者の地域生活を支援するために考案されたものである。ケアマネジメント手法による支援を後見人の職務の一つと考える議論は，1980年代後半からアメリカやドイツなどで検討されてきたが，21世紀に入って，後見人の職務として認知されつつある。

　高齢化にともない医療・保健・福祉の分野で改革が進められる中で，これら

---

[1]　成年後見制度における第三者後見，法人後見の活動については，新井誠編『成年後見——法律の解説と活用の方法』(有斐閣，2000年)，前田稔「法人後見の活用と任意後見契約」実践成年後見3号 (2002年) 22頁以下，延命政之「後見職務のアウトソーシング」家族<社会と法>20号 (2004年) 81頁以下参照。

[2]　成年後見の社会化については，上山泰「『成年後見の社会化』について」みんけん (民事研修) 552号 (2003年) 3頁以下。なお，第1回成年後見法学会の統一テーマとしても検討された。内容については，成年後見法研究2号 (2005年) 27頁以下。

第7章　身上監護と権利擁護

が連携する方法としてケアマネジメントが検討されてきた。一方では高齢化にともない高騰する社会保障費を抑制するコストコントロールを目的とし，他方要援護者が今まで以上に質の高い生活を維持・促進することを目的としている。ケアマネジメントが成年後見制度に具体的にどのように関わるかは国によって異なる。ドイツでは，ケアマネジメント手法の支援を世話人の職務内容に転用して世話計画を作成する業務を義務づけた。アメリカでは，直接後見人の職務として位置づけてはいないが，医療や福祉と財産管理や成年後見業務と連携する方法としてケアマネジメントを取り入れている。イギリスでは，法定後見人が要援護者を支援するためにケアプランを作成することになっている。ケアプランを作成するためにはケアマネジメント手法による関与が必要なため，法定後見人はケアマネジメントに関わることになる。わが国では，介護保険制度のようにケアマネジメントが義務づけられている制度の利用を支援するために成年後見人等は間接的にケアマネジメントに関わるが，成年後見人等が独自にケアマネジメント手法の支援を職務内容に転用する支援は行われていない。

　ケアマネジャーは要支援者又はその家族との共同作業を通じてケアプランを作成していくことになるが，最終的にケアプランを了承していくのは本人や家族であり，ケアマネジャーは本人や家族がケアプランを決定していく過程を「支援する人」にほかならない。従って，ケアマネジャーは「要援護者の自己決定」の原則に十分配慮しなければ，要援護者の自立支援には結びつかない。

　成年後見制度におけるケアマネジメントについて，Carney は積極的な議論を展開している[3]。まず，成年後見を考える上で大きく①法と精神医療，②福祉，③行政，④個人的な目的の四つの要素があると考える。法と精神医療は被後見人の能力に関する事項であり，福祉は本人の意思決定の援助やソーシャルワークなどに関する事項であり，行政は様々な法手続きの援助や社会保障に関する事項であり，個人的な目的については任意後見や信託など法定後見以外の事項である。高齢者の財産管理と福祉を結びつけるケアマネジメントは，アメリカなどで従来から存在していたが，より広い範囲で，①〜④のすべてを結びつけるケアマネジメントを想定することが可能であると主張する。法律と様々な対人サービス，医療，福祉を結びつけるケアマネジメントを想定しているのである。しかし，結びつけるべき社会資源が公的機関や民間と多岐にわたるので複

---

3) Terry Carney, "Globalisation and Guardianship Harmonisation or (Postmodern) Diversity?", International Journal of Law and Psychiatry 24, 2001, at 97-98.

雑で困難な問題があることも同時に指摘している。

(2) 成年後見計画の作成

成年後見計画の作成については，わが国の成年後見制度における身上監護の職務範囲に含まれるか，検討の可能性がある。社会福祉基礎構造改革により，福祉サービスの利用者と福祉サービス提供事業者（施設・機関の経営者）が直接交渉する契約制度が導入された。これにより，本人が自己の意思に基づいてサービスや施設を選択できる可能性が開かれたが，契約制度である以上，契約の成否は当事者間の交渉に委ねられることになるため，判断能力の十分ではない者は，契約締結のために支援が必要である。成年後見人の身上監護の職務として，このような福祉サービス契約の支援が含まれるが，介護保険法や障害者総合支援法など，制度の中にケアマネジメントが含まれている場合，その既存のケアマネジメントを支援することが含まれる。しかし，より積極的に，成年後見人が，本人のために，独自のケアマネジメント手法による支援を行い，成年後見計画を作成することは認められるべきではないか。成年後見制度を利用するために，裁判所へ申し立てる時に，財産目録など必要書類を提出する必要があるが，その中に，本人の成年後見計画として，身上に関する事項や，必要があれば，ケアマネジメントに関する事項を記載した書類を提出するようにすることも，方法の一つであると考えられる。

成年後見制度におけるケアマネジメント手法による支援は，成年被後見人と成年後見人が共同で成年後見計画を作成することと，成年被後見人の意思決定や要望があればそれを書面に残すこと，成年後見人が，医療・保健・福祉・行政の広範囲の社会資源を結びつけることが特に重要な職務ということができるだろう。

(3) 身上監護事項とケアマネジメント

身上監護事項に，このケアマネジメント手法による支援が含まれると考えられるのだろうか。筆者は，身上監護事項に，ケアマネジメント手法による支援が含まれると考える。理由は，ケアマネジメントは，ノーマライゼーション理念を実現する最適な方法であると考えられるからである。後見人は，ケアマネジメント手法による援助によって，被後見人の自己決定や自己選択を支援することになる。ケアマネジメント手法による支援を身上監護事項に転用することは可能であると考える。具体的な内容は，ドイツにおける近時の議論から示唆

を得ることができる[4)]。つまり，①後見人は，被後見人と接触して被後見人の置かれている状況を把握し，問題があれば対応するようにする，②福祉サービスの利用を含めて被後見人に対して必要な援助の方法や内容を把握する，③被後見人とよく話し合って相談しながら後見計画をたてる，④後見計画を実行し，必要があれば，被後見人と話し合いながら後見計画を変更したり，中止したりする。⑤必要に応じて①〜④を繰り返すこと，である。必要があれば，①〜⑤を行うための成年後見計画や財産計画を立てることは，重要な後見人の職務である。

身上監護に関する「事務」の内容について，通説は，介護契約，施設入所契約，医療契約，社会保障給付などあらゆる法律行為や，これに当然伴う介護・看護の手配や見守りであると考えられている。ケアマネジメント手法による援助は，この身上に関する法律行為に伴う事実行為に含まれると考えられる。専門家に限らず，家族なども援助することが考えられる。ただ，あくまで本人の自己決定権を尊重し，権利擁護を目的とするので，状況によってはケアマネジメント手法による援助が必要ないと考えられる場合は，その援助を行わないことも重要なことである。

ケアマネジメント手法による援助を行う場合，後見人はあくまで被後見人の立場に立たなければならないので，施設の職員など利益相反の対場に立つ可能性のある人は行うことができない。このケアマネジメント手法による援助は，法定後見における適用が中心だが，法定後見に限らず，任意後見契約においても適用が可能であると考えられる。

4　自己決定権の尊重と本人保護との調和

わが国の成年後見制度における身上監護については，民法858条に一般規定を設けている。この一般規定による成年後見人の身上監護に関する義務の範

[4)]　ドイツでは，世話人の職務はソーシャルワークそのものではないことを確認している。わが国においても，成年後見人等の職務はソーシャルワークそのものではない。わが国のケアマネジメントはソーシャルワークの一部であるとする考え方もあるが，ケアマネジメントにも様々なモデルがあり，合意には至っていないとされているので，ケアマネジメントがソーシャルワークそのものではないと考え，ケアマネジメント手法による支援が成年後見人等の職務に含まれると考える。わが国のケアマネジメントに関する指摘については，直井道子・中野いく子・和気純子編『高齢者福祉の世界［補訂版］』（有斐閣，2014年）188頁参照。

囲は，成年後見人の法律行為に関する権限の行使に当たっての善管注意義務の具体化という規定の性質上，契約等の法律行為に限られるものである。民法858条に規定されている本人の意思尊重義務は，成年後見制度が法定代理制度から導き出されるため，事実行為は法律行為を伴う事項に限られ，単独の事実行為は民法858条を根拠には認められない。したがって，民法858条の本人の意思尊重義務から，法律行為を伴わない単独行為としての「本人の意思を尊重する」義務を導きだすことができない。しかし，契約等の法律行為以外の場面で，「本人の意思を尊重する」ために本人と接触して，本人の意思確認をすることや，本人の自律を尊重する行為に対し，これまで身上監護の職務としてあまり意識されてこなかったのではないか。本人の自律を尊重することを契約や財産管理の中のみでとらえるのではなく，身上監護の単独の職務内容として捉えるべきではないか。

　成年後見制度を利用する際，本人の意向を確認し，「本人の意思を尊重する」ことは，本人の自律を尊重することである。具体的な職務として構成しにくいものの，制度を運用するための原動力となる最も重要な事項である。成年後見制度を利用する際，本人の意向を確認し，「本人の意思を尊重する」ことは，財産管理や契約の場面に限られることではなく，本人の生活全般にかかわることなので，身上監護として位置づけるべきである。生まれつきハンディキャップのある者は，意思決定について代諾や代行決定の必要が生じる場面がある。それは，本来，本人の意思を尊重することが制度上十分に保障され，第三者や中立公平な監督機関や相談機関があって初めて認められるべきものである。

　しかし，本人の意思を十分に確認できない場合は，身体，生命の安全を確保し，本人の人権を擁護するために，本人の意思を推し量って代行決定して保護せざるを得ない。「本人の意思を尊重する」とは，本人の意思の内容に従って行動するのみでなく，本人の人権を擁護するために情況に対応して保護することが内在していると考えられる。

　本人の意思を尊重することは，代行決定を適用する場面を極力縮小することである。代行決定が開始される前提として，本人が意思決定をする能力を有していないことが必要条件である。やむをえず代行決定をする場合は，本人の保護と最善の利益を考えて行うべきである。このように，本人の立場を尊重して行った代行決定は，本人の意思尊重義務に違反するとはいえないだろう。代行

決定を行う際の基準や決定を行うべき具体的な内容については，解釈に委ねられているが，とくに本人の生命や身体にかかわる事項については，それが認められると考えるべきである。ただし，代行決定や保護が認められるのは，あくまで本人の生命身体の安全を確保しなければならない場合に限られ，本人の自律を尊重することが最優先である。

本人の意思の尊重と保護の関係は，個別の事情に則して調整すべきである。本人の身体，生命の安全を確保すべき場合，本人の意思を尊重するよりも，保護することを優先せざるを得ないことがある。そのような場合，本人の保護を優先することは，本人の意思尊重義務に反しないと考えられる。

5　今後の課題

民法858条に規定されている本人の意思尊重義務は，成年後見制度が法定代理制度から導き出されるため，事実行為は法律行為を伴う事項に限られ単独の事実行為は民法858条を根拠には認められない。近時，本人の意思決定の支援のあり方が問題になっているが，本人の意思決定の支援とは私的自治が行われやすいように条件や環境を整備することである。現在特別法（障害者総合福祉法）の制定が検討されているが，本来は身上監護事項に位置づけるべきであると考えられる。

また，医療同意権については現在成年後見人等の職務として認められていない。しかしドイツで2009年に医療のための任意後見制度やリビングウィルについて法制度化され，イギリスでも，2005年に医療同意の問題に対応できるように法改正したことを考慮すると，わが国においても，医療同意の問題に対し法整備をする必要があると考えられる。

成年後見制度の運用を通して単独の事実行為として認めることが必要な事項に関して検討を重ねて，最終的には法制度化するための議論を深化させることが今後の課題である。

初出一覧

第1章
「ドイツ成年者世話法における世話人の職務について」國學院法研論叢27号（2000年）87〜113頁。
「ドイツ成年者世話法におけるケースマネジメントについて」國學院法研論叢28号（2001年）43〜66頁。
「ドイツ成年者世話法における個人的な世話（persoenlich Betreuung）と世話計画（Betreuungsplan）について——『本人の意思決定の自立（自律）』を尊重する視点から——」千葉大学法学論集28巻1・2号（2013年）403〜433頁。

第2章
「アメリカの成年後見制度」千葉大学社会文化科学研究2号（1998年）189〜213頁。
「成年後見制度とケアマネジメント」（一部第1章で引用）國學院法研論叢29号（2002年）21〜44頁。

第3章
「イギリスの成年後見制度と障害のある成年者の意思決定について」國學院法研論叢26号（1999年）107〜131頁。
「イギリス1983年精神保健法と成年後見制度」國學院法研論叢36号（2009年）83〜107頁。
「イギリス精神保健法と成年後見制度——本人の意思を尊重することが困難な方への援助を検討する手がかりとして——」國學院法研論叢41号（2014年）79〜111頁。

第4章
「身上配慮義務に関する一考察」國學院法研論叢30号（2003年）3〜24頁。
「成年後見制度における『身上監護』について」國學院法研論叢34号（2007年）77〜104頁。
「成年後見制度と精神保健福祉法」國學院法研論叢35号（2008年）105〜132頁。

第5章
「成年後見法からみた社会福祉について」國學院法研論叢31号（2004年）29〜50頁。

索　引

［あ行］

アセスメント（情報収集）　74,75,136,264,266
アドヴォカシー　6,214,248,256,258
安全配慮義務　283,284
医学モデル　255
意思決定　92,135,137,146,150,151,193,244
意思決定の支援　262,263,277
意思決定の代行　151,153,154,191
意思能力法（2005年）　163,191
医的侵襲　27,207,215,234
医的侵襲行為　234
委任契約　283
医療　6,7,59,110,113,115,142,206,213,236
医療（health care）のための持続的代理権　114
医療契約　233
医療同意　193,233,243,289
医療同意権　207,215,233
医療保護入院　207,216,220,221,222
インテーク　74,136,266
請負契約　283
永続的代理権　163,166
エステイト・プランニング　90,112,128,138
援助計画　82
エンパワメント　231,248,257,258,285

［か行］

介護サービス　235,236
介護保険制度　271
家庭裁判所　201,202,245
虐待　95,100,102,238
QOL（生活の質）＝生活の質（QOL）　86,254,260,265,267
教育・リハビリに関する事項　209
行政処分　270,284,285
強制治療　168
強制入院　168
居住用不動産　90
居所指定　43,97,216,289
居所指定権　208,209,216,219
禁治産後見　195,198,227,228
禁治産者　4,196,200,201,202,227
ケアプラン　127,136,137,179,187,190,273
ケアマネジメント　6,263,295
継続的契約　284
契約自由の原則　284,285
契約締結審査会　280,281
ケースマネジメント　55,58,61,67,71,86,132,134,141
決定権限　229,232
限定後見　23,137
限定された決定　145
権利擁護　177,184,238,261,270,285,289
行為能力　17,19
拘禁　174,179
後見　89,95,188

303

索　引

後見計画　　95,96,146
後見裁判所　　59
後見制度　　10,92,102,103,181,187,198,
　　226,228
後見制度支援信託　　139
後見人　　93,100,186,188,220
公的扶養　　222
合理的配慮　　262
高齢者虐待　　100,238
高齢者虐待防止法　　240
高齢者の権利宣言　　293
高齢者の人権　　260
高齢者法（Elder Law）　　89,134
国際障害者年　　253
国連国際高齢者年　　261
個人的な接触　　29,39,53,84,289
個人的な世話　　23,29,48,49,65,85,289
コモンロー上の代理権　　102,103,108,
　　138,185
コモンロー上の能力　　172

[さ　行]

財産管理後見人　　98,99
財産法と家族法　　226
最善の利益　　101,153,154,164,244,291
残存能力の活用　　3,4,217,231,261
自益後見　　11,12
自己決定権の尊重　　3,4,86,213,217,228,
　　231,256,298
事実上の拘禁（de facto detention）
　　167,174
持続的代理権　　103,104,105,106,107,112,
　　114,128,139,142,159,290
持続的代理権授与制度　　89,138,139,237
持続的代理権授与法（1985 年）　　149,
150,163
持続的代理権制度　　102,128,185
私的自治　　21,22,84
私的自治の原則　　22
私的扶養　　222
社会資源　　146,268
社会精神医療サービス　　59
社会福祉基礎構造改革　　5,269,270
社会福祉基礎構造計画　　270
社会福祉サービス利用契約　　270
社会老年学センター　　145
住居の確保　　208,213,214
収　容　　27,59,99,100
受認者　　91,97,104,246
準委任契約　　283
障害者虐待　　241
障害者虐待防止法　　242
障害者ケアマネジメント　　268,275
障害者権利条約　　262
障害者総合支援法　　273
障害者と人権　　261
障害者の権利宣言　　184,253
消費者契約　　283
職業世話人　　64
職務範囲　　33,45,59,81
自律（autonomy）　　21,84,184,191,289
自立支援給付　　274
自立生活運動　　253,254
自立生活思想　　254
人権法（1998 年）　　176
身上監護　　41,128,159,203,210,211,217,
　　218,219,229,235,289,295
身上監護義務　　210
身上監護事項　　204,209,213,218,229,231,
　　243,246,293

身上後見人　93,97
身上のための持続的代理権　110,112
身上配慮義務　4,211,214,231,245,249
信託条項　125,127
信託制度　122,128,139
信認関係　104,246
スタンドバイ信託　124,131
生活モデル　255
精神医療　198
精神衛生法　201,202
精神衛生法（1959年）　166,181
精神障害　177,179
精神障害者　4,56,141,198,202,220,238,267
精神病院法　200
精神病者監護法　198
精神保健福祉法　220
精神保健法　143,150,162
精神保健法（1983年）　166,191
生前信託　103,123,126,131
成年後見　176,186
成年後見計画　297
成年後見制度　4,141,240,242,263
成年後見制度の改正に関する要綱試案の解説―要綱試案・概要・補足説明　211
成年後見制度利用支援事業　241,243,276
成年後見人　239,268
成年後見問題研究会報告書　204
セルフアドヴォカシー　285
セルフケアマネジメント　267
セルフ・ケースマネジメント　86
世話　20,32,50
世話官庁　40,62

世話管理　63,67,72,73
世話計画　67,69,76,77,85,290
世話裁判所　26,28
世話代理　35
世話人　25,26,39,289
世話人の義務　29,83
世話人の職務範囲　43
世話の質　64,65
世話法　30,55,86
善管注意義務　205,206,212,214,217,245
選挙権　262,263
注ぎ込み遺言　126,127

［た行］

代行決定　6,146,194,244,299
代理　35,37,43,89
代理権　35,37,107,112,210,212,215,236
代理人　93,104,109,115,116,118,130
他益後見　11
脱施設化　57
地域生活支援事業　276
地域福祉権利擁護事業　236
地域包括支援センター　273
知的障害者　4,141,184,238,242,252,267
知的障害者の権利宣言　184,252
仲裁　144
忠実義務　245,246
治療　113,155,157,168,175,207,220,237
治療行為　46,156,237
治療的法学　142
撤回可能生前信託　123,129,140
ドイツ普通法　11
統一持続的代理権授与法（1979年）　103
同意の留保　23,24,59

索　引

[な 行]

日常生活自立支援事業　236,277
任意後見契約　220,246
任意後見制度　5,35,36,89,149,219,243
任意後見人　219,236,237,268
能　力　97,109,137,152,153,171
ノーマライゼーション　3,4,151,217,231,251

[は 行]

パターナリズム　191,192,211
パレンス・パトリエ　97
非強制入院　173
被後見人　100,135,145,146
被世話人　21,42,72
必要性の原則　23,25,59,84
福祉契約　282
普通法　14,15
不妊手術　27,59,207,219,234
扶　養　222,225
扶養義務　202,203,222,223
包括型地域生活支援プログラム（Assertive Community Treatment＝ACT）　133
法人後見　221,277,295
法定後見制度　5,89,91,92,140,142,144,149,290,291
法定代理人　167,260
法と精神医療　89
法律上の世話　54,64,83
ボーンウッド（Bournewood）事件　173,174,176
保護義務者　203
保護裁判所　182,185
保護者　220

保護者制度　221
保佐人　19,197,221,239,246,268
補充制の原則　24,25,59,84
補助人　221,239,246,268
本人の意思尊重義務　4,231,245,249,263
本人の意思の尊重　213,243
本人の保護　3,4,213,217,244

[ま 行]

明治民法　195,199,200,223,224,247
問題を解決する裁判所　144

[や 行]

遺　言　34,89,109,129
遺言信託　127
遺言代用信託　140
遺言能力　19,34
要介護　272
要介護認定　220,236
要支援　272

[ら・わ 行]

利益相反　70,287
利益相反行為　287
リハビリテーション　77,132,254
リビングウィル　112,120,138,142,155,237
療養看護　196,198,200,201,203
療養看護義務　195,203,205,210
レシーバーシップ　161,185
老後に予め備える代理権　21,35,36,38,82,84
老人ホーム　205,208
ローマ法　10
ローマ法の継受　10,14

〈著者紹介〉

渡 部 朗 子（わたなべ さやこ）
- 1971年　東京生まれ
- 1994年　國學院大学卒
- 1996年　國學院大学大学院博士課程前期修了
- 2002年　千葉大学大学院社会文化科学研究科単位取得退学
- 博士(法学，千葉大学)，日本成年後見法学会会員

〈主要論文〉

「遺言執行者の地位・権限に関する一考察」千葉大学社会文化科学研究創刊号（1997年）
「ドイツ成年者世話法におけるケースマネジメントについて」國學院法研論叢28号（2001年）
「成年後見制度とケアマネジメント」國學院法研論叢29号（2002年）
「成年後見制度における『身上監護』について」國學院法研論叢34号（2007年）
「制限行為能力者の遺言能力について」國學院法研論叢37号（2010年）
「成年後見制度と利益相反行為」國學院法研論叢38号（2011年）
「ドイツ成年者世話法における個人的な世話（persoenliche Betreuung）と世話計画（Betreuungsplan）について──『本人の意思決定の自立（＝自律）』を尊重する視点から──」千葉大学法学論集28巻1・2号（2013年）

民法・成年後見

❀ ❀ ❀

身上監護の成年後見法理

2015(平成27)年4月15日　第1版第1刷発行

著　者　渡　部　朗　子
発行者　今井　貴　稲葉文子
発行所　株式会社　信山社
〒113-0033　東京都文京区本郷6-2-9-102
Tel 03-3818-1019　Fax 03-3818-0344
henshu@shinzansha.co.jp
笠間才木支店　〒309-1611　茨城県笠間市笠間515-3
笠間来栖支店　〒309-1625　茨城県笠間市来栖2345-1
Tel 0296-71-0215　Fax 0296-72-5410
出版契約2015-5526-3-01010 Printed in Japan

©渡部朗子，2015．　印刷・製本／東洋印刷・牧製本　P328
ISBN978-4-7972-5526-3 C3332　50-324.651-a010民法・成年後見
5526-0101；012-020-020《禁無断複写》(AT43)

JCOPY　〈㈳出版者著作権管理機構　委託出版物〉
本書の無断複写は著作権法上での例外を除き禁じられています。複写される場合は，そのつど事前に，(社)出版者著作権管理機構（電話03-3513-6969，FAX 03-3513-6979，e-mail: info@jcopy.or.jp）の許諾を得てください。

岩村正彦・菊池馨実 責任編集
社会保障法研究　創刊第1号

荒木誠之	1	社会保障の形成期

● 第1部　社会保障法学の草創

稲森公嘉	2	社会保障法理論研究史の一里塚
尾形　健	3	権利のための理念と実践
中野妙子	4	色あせない社会保障法の「青写真」
小西啓文	5	社会保険料拠出の意義と社会的調整の限界

● 第2部　社会保障法学の現在

水島郁子	6	原理・規範的視点からみる社会保障法学の現在
菊池馨実	7	社会保障法学における社会保険研究の歩みと現状
丸谷浩介	8	生活保護法研究における解釈論と政策論

● 第3部　社会保障法学の未来

太田匡彦	9	対象としての社会保障
岩村正彦	10	経済学と社会保障法学
秋元美世	11	社会保障法学と社会福祉学

岩村正彦・菊池馨実 責任編集
社会保障法研究　第2号

岩村正彦	1	社会保障の財政
高畠淳子	2	社会保険料免除の意義
柴田洋二郎	3	社会保障と税
新田秀樹	4	財政調整の根拠と法的性格
橋爪幸代	5	社会保障給付の一部負担をめぐる法的問題

〈研究座談会〉社会保障法研究の道程と展望―堀勝洋先生を囲んで―
堀　勝洋・岩村正彦・菊池馨実・島崎謙治・太田匡彦

信山社

岩村正彦・菊池馨実 責任編集
社会保障法研究　第3号

◆ 特集1 ◆ 社会保障法の法源(その1)
笠木映里　社会保障法と行政基準
嵩さやか　社会保障法と私法秩序

◆ 特集2 ◆ 社会保障の法主体(その1)
小島晴洋　企　業

◆ 特集3 ◆ 平等・差別禁止・ジェンダー(その1)
山本まゆこ　日本国憲法第14条と社会福祉の関係についての一考察

◆ 立法過程研究 ◆
和田幸典　平成24年年金制度改革の立法過程

岩村正彦・菊池馨実 責任編集
社会保障法研究　第4号

◆ 特集 ◆ 社会保障の法主体(その2)
石田道彦　医療法人制度の機能と課題
原田啓一郎　社会福祉法人
倉田賀世　NPO法人
　　　　　──社会福祉サービス供給体制におけるNPO法人の位置づけ──

◆ 立法過程研究 ◆
岡部史哉　短時間労働者への社会保険適用をめぐる検討経緯と
　　　　　今後の課題

〈研究座談会〉社会福祉法研究を振り返って──河野正輝先生を囲んで──
河野正輝・岩村正彦・菊池馨実・笠木映里・西田和弘・新田秀樹

信山社

◇ 好評の入門シリーズ　ブリッジブック・シリーズ ◇

先端法学入門	土田道夫・高橋則夫・後藤巻則 編
法学入門〔第2版〕	南野 森 編
法哲学〔第2版〕	長谷川晃・角田猛之 編
憲　法	横田耕一・高見勝利 編
行政法〔第2版〕	宇賀克也 編
先端民法入門〔第3版〕	山野目章夫 編
刑法の基礎知識	町野　朔・丸山雅夫・山本輝之 編著
刑法の考え方〔第2版〕	高橋則夫 編
少年法	丸山雅夫 著
医事法	甲斐克則 編
商　法	永井和之 編
裁判法〔第2版〕	小島武司 編
民事訴訟法〔第2版〕	井上治典 編
民事訴訟法入門	山本和彦 著
刑事裁判法	椎橋隆幸 編
社会保障法	菊地馨実 編
国際法〔第2版〕	植木俊哉 編
国際人権法	芹田健太郎・薬師寺公夫・坂元茂樹 著
近代日本司法制度史	新井　勉・蕪山　嚴・小柳春一郎 著
法システム入門〔第2版〕	宮澤節生・武蔵勝宏・上石圭一・大塚 浩 著
社会学	玉野和志 編
日本の政策構想	寺岡 寛 著
日本の外交	井上寿一 著

信山社

本澤巳代子／ベルント・フォン・マイデル 編
家族のための総合政策 I
―日独国際比較の視点から―

ISBN 978-4-7972-8546-0　定価:本体 7,600円(税別)

本澤巳代子／ベルント・フォン・マイデル 編
家族のための総合政策 II
―市民社会における家族政策―

ISBN 978-4-7972-5456-3　定価:本体 7,500円(税別)

本澤巳代子／ウタ・マイヤー゠グレーヴェ 編
家族のための総合政策 III
―家族と職業の両立―

ISBN 978-4-7972-5464-8　定価:本体 7,500円(税別)

信山社

法学六法 '15
収録数 72件、全 576頁
定価：本体 1,000円（税別）

標準六法 '15
収録数 130件、全 1232頁
定価：本体 1,480円（税別）

石川 明・池田 真朗・宮島 司・安冨 潔
三上 威彦・大森 正仁・三木 浩一・小山 剛 編集代表

スポーツ六法 2014
全 848頁
定価：本体 2,500円（税別）

小笠原 正・塩野 宏・松尾 浩也 編集代表

ジェンダー六法〔第2版〕
定価：本体 3,500円（税別）

山下 泰子・辻村 みよ子
浅倉 むつ子・二宮 周平・戒能 民江 編

医事法六法
収録数 109件、全 560頁
定価：本体 2,200円（税別）

甲斐 克則 編集代表

保育六法〔第3版〕
収録数 230件、全 800頁
定価：本体 2,600円（税別）

田村 和之 編集代表

コンパクト学習条約集〔第2版〕
全 584頁
定価：本体 1,000円（税別）

芹田 健太郎 編集代表

―― 信山社 ――